地球編年史
THE EARTH CHRONICLES
6

THE COSMIC CODE

·宇宙密碼·

撒迦利亞·西琴
ZECHARIA SITCHIN

徐冬妲、宋易 —— 譯

本書內容經過充分研究且具說服力……西琴為本書帶來了少見的邏輯和學術知識……他展示了既有理論中的缺陷，並揭露了一些古老的騙局。

——《圖書館雜誌》（*library Journal*）

《地球編年史》揭示的古老密義在第六部中得到了新的解答：宇宙的真相就藏在我們自身的DNA之中！本書再次證明，西琴有通天徹地的能力。

——《書目雜誌》（*Booklist*）

西琴的研究精深，證據充分……在學識方面，他猶如眾多著名作家背景中閃亮的明星。

——《紐約城市論壇》（*New York City Tribune*）

前言

讀者也許會記得，我以對《聖經》中有關納菲力姆（Nefilim）的一段話提出疑問，做為《地球編年史》系列的開端。然後，這種探索擴展到神話、考古學、語言學、天文學、宗教學……就這樣產生了一系列的書。在這些書中，古代文獻和資料都與希伯來《聖經》相符，也與現代科學的發現相合。結果有了將《聖經》當作科學彙編的新觀點，也是對古代（在創世之初）「科學即宗教，宗教即科學」的認識。

儘管從《宇宙密碼》首次出版至今不過十年，基因學在如此短的時間內所取得的科學進步，卻是革命性的。那些改變的典範超越了生物學或醫藥學，擴展到科學的各個方面。令大多數人驚歎的是，人們在地球上發現的許多跡象，似乎與透過太空任務如射電望遠鏡在天際所發現的相符。無法預料到的是，哲學和神學已在變化的風雲中交織。突如其來地，一個有才智的設計理論引起了對進化論的新一輪挑戰。

然而，科學和宗教是相對立的，一切科學的進步都能把我們帶回整個循環的源頭（創世之初）嗎？那時，這兩個部分是硬幣的兩面。《宇宙密碼》中重申了《創世記》及其來源的《聖經》記述的完整性，以及蘇美的《創世史詩》對「生命種子」起源的描述，確認了古代蘇美宇宙學家們的斷言：從被稱為尼比魯（Nibiru）的外星球帶到太陽系的生命種子，實際上是在天體碰撞時期植入地球的。因而，我們（那個種子的產品）是宇宙密碼的一部分。

這本書最突出的發現之一是，由二十二個希伯來字母所組成的字母表，是在模仿二十二對DNA染色體。此外，希伯來文字透過模仿組成蛋白質的三個核苷酸，創造出由三個字母組成的動詞結構設計。這一發現不僅提供了語言學上的新視角，也為神學研究開闢了新途徑。它讓我們逐漸認識到，當一切都被揭曉之後，我們終將明白，那些「創造」我們的神，只是從另一個空間來的、使我們和宇宙得以連結的信使。

撒迦利亞・西琴

二〇〇六年十月於紐約

1．星星石陣

幾十年前，近東發生過一場激烈而血腥的戰爭。戰後，人們在那裡發現了一座極其神祕的古代遺蹟。如果它算不上最令人難以捉摸，也肯定是最令人費解的，而且是建造於遠古時代。過去幾千年裡，曾經在近東蓬勃發展的偉大文明遺蹟中，到目前為止，還沒有發現能與之相比的結構。而與它最相似的結構，出現在橫越海洋和其他大陸的千里之外。通常，它會令人想起遠在英國的史前巨石陣。

在倫敦西南方大約八十英里處，一個迎風的平原上，壯麗的圓形巨石組成了整個大不列顛最重要的史前遺蹟。數個直立巨石的上方由楣石連接起來，組成一個半圓形，包圍著一個較小的半圓形直立石陣，而它們又被外側兩個更大的圓形巨石陣包圍著。曾造訪巨石陣遺蹟的人會發現，只有一些巨石依然矗立著，而其他一些則倒臥在地或是不知去向。然而，學者和研究人員已經勾畫出這種圓圈包圓圈的結構（見圖1，特別標記

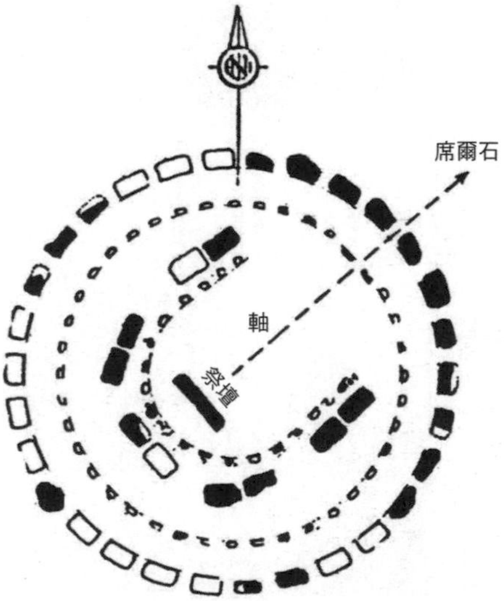

圖1：英國的史前巨石陣結構圖

了還矗立著的巨石），並且觀察到那些洞暗示了在巨石陣建造前期還有另外兩個圓圈（石圈或木樁圈）曾經存在過。

那些馬蹄半圓形和那個被戲稱為「屠殺石」（Slaughter Stone）的倒臥巨石，指出了巨石陣的結構是以東北－西南軸線定位的。它們所指向的視線，穿過了兩個直立石頭，通過一條長長的土方工程大道（Avenue），一直到席爾石（Heel Stone，見圖2）。所有研究的結論都是，這樣的排列具有天文學目的。大約在西元前兩千九百年（前後誤差大約一個世紀），它們第一次於夏至日當天指向日出方向；之後，為了再次在夏至日那天指向日出方向，大約在西元前兩千年和西元前一千五百五十年，先後被重新排列過（見圖3）。

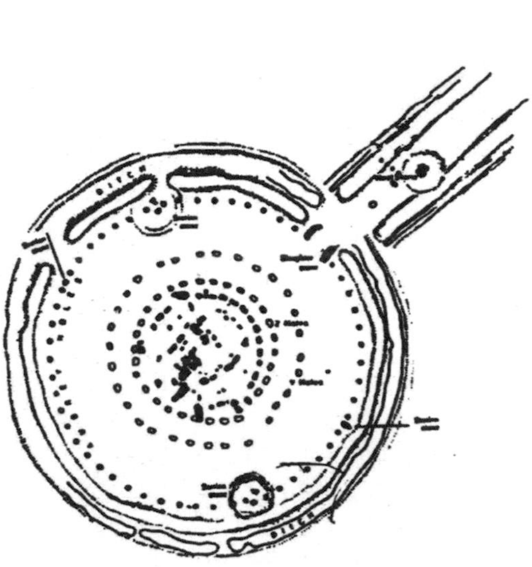
圖2：巨石陣的視線方向

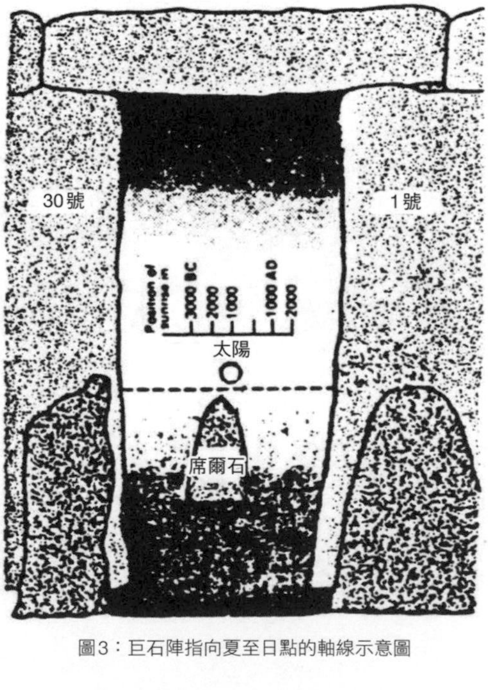

圖3：巨石陣指向夏至日點的軸線示意圖

近東的「史前巨石陣」

近來，在中東發生的時間最短、最激烈、最殘忍的一場戰爭，就是一九六七年的六日戰爭（Six Day War）。被圍困的以色列軍隊打敗了埃及、約旦和敘利亞的軍隊，並且占領了西奈半島、約旦河西岸和戈蘭高地（Golan Heights）。在接下來的幾年裡，以色列的考古學家對那些地方進行了廣泛的調查和挖掘，發現那裡的定居歷史始於早期的新石器時代，一直到《聖經》所敘述的時代，再到古希臘、古羅馬和拜占庭時期。然而，沒有一個地方比荒蕪無人煙、幾乎寸草不生的戈蘭高地更令人驚奇。人們不僅發現，在人類開始定居的最早時期，戈蘭高地就是非常熱鬧的居住地和耕種地區，還發現了西元前數千年的定居地遺蹟。

在茫茫荒野中，一個迎風的平原（曾被以色列軍隊用來進行砲兵訓練）上，從空中看下時，排成圈圈的石頭變成了近東的「史前巨石陣」（見圖4）。

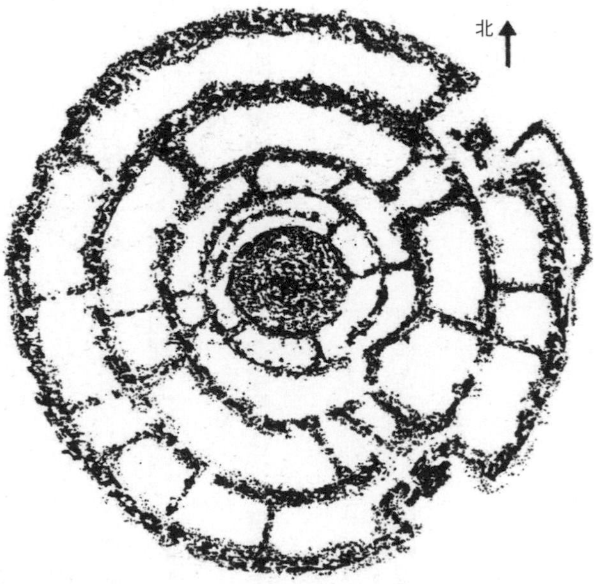

圖4：近東的史前巨石陣

這個特別的結構包含幾個同心圓石圈，其中三個是完整的圓形，另外兩個只形成半圓形或是「馬蹄形」。外面圓圈的周長大約是三分之一英里，其他圓圈的圓周則隨著越靠近結構的中心而逐漸變小。這三個主要石圈的牆壁高達八英尺以上，寬度超過十英尺。它們由粗石建造而成，粗石的尺寸包含了小石頭到五噸甚至更重的巨石。在其中幾個地方，有直牆將這些同心圓牆連接在一起；那些直牆的寬度比圓形牆窄，但是高度與圓形牆相同。在這個複雜結構的正中央，高聳著一堆巨大而輪廓鮮明的石頭，大概有六十五英尺寬。

除了獨特的外形之外，它也是到目前為止人們所發現的西亞最大純石造建築之一。事實上，它非常大，甚至可以從地球軌道上的太空船中看到它。

對遺蹟進行過研究的工程師認為，即使以現在的條件，若要建造這個結構，需要超過十二萬五千立方英尺、總重量接近四萬五千噸的石頭。他們估計，至少需要一百個工人花六年的時間來建造這個宏偉的結構。工人需要收集玄武岩，把它們運到那裡，再按照預先的建築計畫放好，築起牆（無疑比現在所見的遺蹟高得多），並組成內部的複雜建築。

所有這些都讓人們充滿疑問：它是由誰於何時，又是為何而建造的？

最容易回答的是最後一個問題，因為建築本身暗示著它的原始用途。最外面的圓圈清楚地顯示它有兩個缺口或開口，一個坐落在東北側，另一個坐落在東南側，是用來指出夏至日和冬至日的日出方向。

以色列考古學家透過清除落石，以及弄清楚原始格局後，發現位於東北側的開口上，在兩個相鄰同心圓圍牆的窄縫間，有一座帶有兩個展開的「翅膀」的厚重正方形建築（見圖5），這個方形建築提供了（並保護著）進入複雜石造結構中心的巨大入口大門。在此入口的牆壁中，有那些最大的、重達五．五噸的玄武岩巨石。外環的西南缺口也為進入結構內部提供了通道，但是那個入口並非巨大的建築物；另外，有一堆落石從那個入口一直延伸到外面，暗示著沿東南方向延伸的石造大道的側邊輪廓，可能勾勒出一條曾經用於天文觀測的大道。

這些跡象顯示，這個地方就跟不列顛的巨石陣一樣，被建來當作天文觀測臺（主要用於確定至日點）。在其他地方也存在著類似的觀測臺結構，而且與戈蘭的觀測臺更相似，因為它們不僅具有同心圓牆，也有連接這些圓牆的直牆。令人驚訝的是，這些相似的結構全都在地球的另一邊，美洲的古代遺址上。

其中一個位於墨西哥猶加敦（Yucatan）半島的馬雅遺址奇琴伊察（Chichen Itza，見下頁圖6a），名為卡拉科爾（Caracol，意思是蝸牛），由天文觀測塔裡的彎曲樓梯而得名。另一個位於祕魯，在可以俯瞰印加首都庫斯科（Cuzco）的沙克沙華孟（Sacsahuaman）岬角頂端的圓形天文臺（見下頁圖6b）。這裡就跟奇琴伊察的遺址一樣，可能有一座瞭望塔。它的地基顯示了此結構的格局和天文視線，並清楚呈現了同心圓和連接圓形的直線。

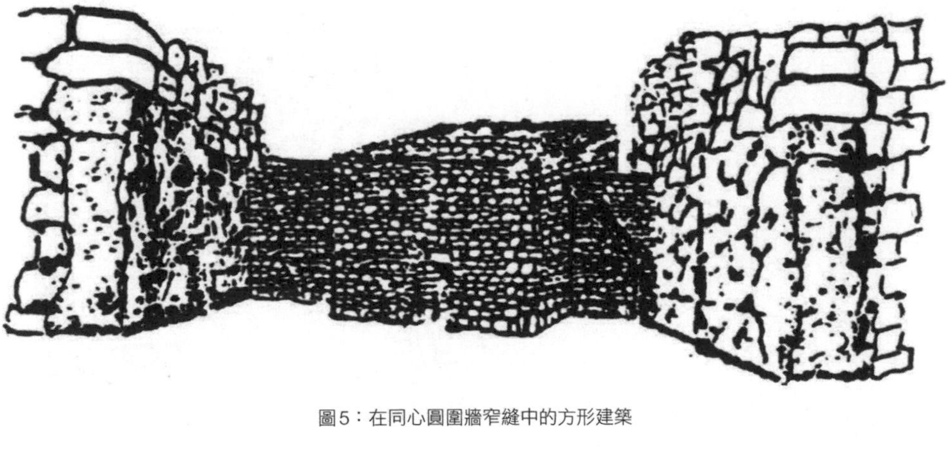

圖5：在同心圓圍牆窄縫中的方形建築

古代神廟的朝向與建造年代

這些相似建築的發現，足以使以色列科學家拜訪美國的安東尼・艾維尼（Anthony Aveni）博士，他是國際公認的古代天文學權威，尤其是哥倫布時代之前的美洲文明。他的任務不僅是確認戈蘭遺址設計背後的天文學朝向，也有助於確定它的建造年代，因此，他能同時回答「為何」和「何時」的問題。

自從諾曼・洛克耶（Norman Lockyer）的《天文學的黎明》（*The Dawn of Astronomy*）在一

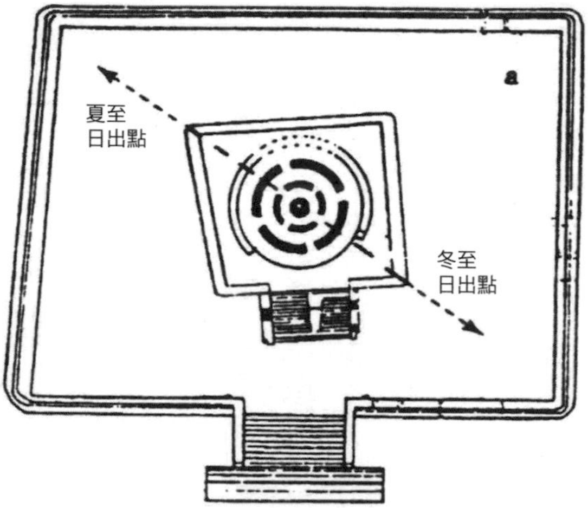

圖 6a：卡拉科爾天文觀測塔

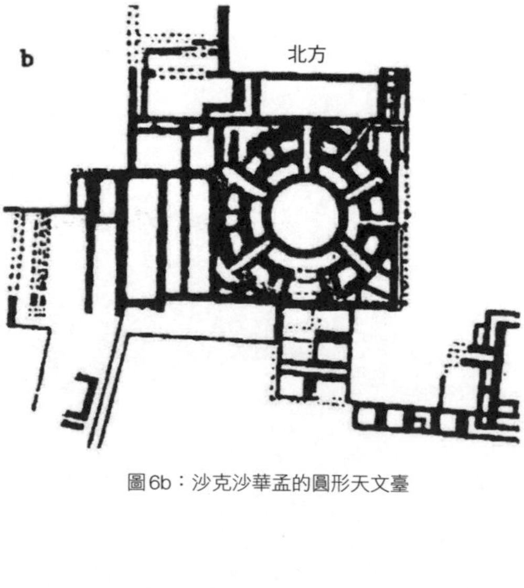

圖 6b：沙克沙華孟的圓形天文臺

八九四年出版以來，「一個結構的朝向（如果是對準兩個至日點）可以反映出它的建造年代」已經成為考古天文學家認可的工具。太陽從北到南再從南到北的運動，之所以會形成四季循環，是因為地軸（地球繞著地軸自轉，形成了白天／黑夜的循環）相對於地球繞日軌道的平面（黃道平面）是傾斜的。

在這個天體舞蹈中，是地球在移動而非太陽，但從地球上觀察時，好像是太陽在移動，它往前又往後，到達遠處某個點之後，徘徊，停住腳步，然後又改變心意回來，然後它繞過赤道到達另一個端點，再徘徊，停在那裡，然後又回來。每年它會經過赤道兩次（分別在三月和九月），這時被稱為平分日（春分、秋分），而那兩次停頓（六月停在北端，十二月停在南端）都叫做至日點（solstice，意思是太陽停頓、靜止）。對於地球北半球的觀察者來說，分別為夏至日和冬至日，就如人們在史前巨石陣和戈蘭高地看到的一樣。

洛克耶在研究古代神廟時，把它們分為兩類。例如，耶路撒冷的所羅門聖殿（Temple of Solomon）和黎巴嫩巴勒貝克（Baalbek）的宙斯神廟，是沿著東西軸線建造而成，朝向平分日點的日出方向。其他如埃及的法老神廟，是對準西南－東北軸線，代表它們是朝向至日點的。然而，令他感到驚訝的是，他發現前者的朝向從沒有改變過（因此他稱它們為「永恆神廟」），而後者，例如位於卡納克（Karnak）的雄偉埃及神廟，卻顯示出一代又一代法老為了在至日那一天看到太陽的光線射向至聖所，不斷改變著通道和走廊的方向，以便與天空中最細微的差異保持一致。在史前巨石陣那裡，也有這樣重新排列的情況。

是什麼導致了朝向的方向變化？洛克耶的回答是：地球的搖擺不定導致了傾斜度的變化。

目前，地軸相對於地球軌道路徑（黃道）的傾斜度是二十三．五度。這個傾斜度，決定了太陽隨著季節轉換會在北端或南端的多遠之處出現。如果這個傾斜度保持不變的話，那麼至日點也將保持不變。然而，天文學家已經得出結論，由於地球的搖擺，造成傾斜度在千百年來持續變化，不斷增大又縮小。

如今，正如幾千年前那樣，傾斜度處於不斷變小的階段。大約在西元前四千年時，它曾經超過二十四度；大約在西元前一千年，它縮小到二十三．八度，然後繼續縮小，直到現在略小於二十三．五度。諾曼．洛克耶的偉大創新，在於把這個地球傾斜度的變化，運用到古代神廟的研究上，確立了卡納克大神廟各個階段的建造時期（見圖7），這個方法同樣適用於史前巨石陣的不同時期（**正如席爾石位置的變化所顯示的那樣，見10頁圖3**）。

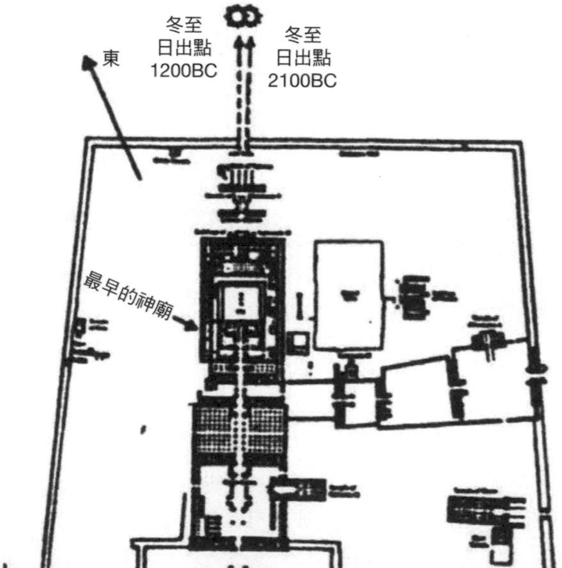

圖7：卡納克大神廟

在二十世紀早期，同樣的原理也被用於確定南美洲當地具有天文朝向之結構的建造年代，如亞瑟．波斯南斯基（Arthur Posnansky）對於的的喀喀湖（Lake Titicaca）岸邊的蒂瓦納庫（Tiwanaku，**即蒂亞瓦納科**〔Tiahuanaco〕）遺址的解釋，以及洛夫．穆勒（Rolf Muller）對於馬丘比丘（Machu Piechu）的半圓形石塔（Torreon）和庫斯科著名的太陽神殿的解釋。他們嚴謹的研究顯示出，為了精確地確定該建築建造年代的地球傾斜角度（**這代表要將海拔和地理位**

置考慮在內），關鍵是要確定北方的位置。

這對於戈蘭遺址的研究具有重大意義。研究者發現，能夠在晴天看到的黑門山（Mount Hermon）山峰就位於該結構中心的正北方。因此，安東尼．艾維尼博士和他的以色列同事約納森．米茲拉奇（Yonathan Mizrachi）與馬坦尼．佐哈爾（Mattanyah Zohar）得以確定，這個遺址之所以被這麼定位，是因為要讓觀測者站在遺址的中心，順著穿過東北通道中心的視線，看到太陽在六月的夏至日黎明從那裡升起，而那個日出位置竟然大約發生在西元前三千年！

科學家的結論是，到了西元前兩千年時，太陽出現的地方會稍微偏離觀測中心點，但可能還是在通道裡。再過五百年之後，這個結構就失去了做為精確天文觀測臺的價值。後來，大約在西元前一千五百年到西元前兩千年的這段時間裡（經由在那裡發現的小工藝品的放射性碳定年法確認），中央的石頭堆被擴大成為一個石塚（石堆下面被挖了一個洞穴），也許是被當作墓室來使用。

事實上，這些階段的年代與史前巨石陣的三個時期，是相同的。

巨人後裔利乏音人的傳說

由於石塚下方的洞穴（被假定為墓室）有上面的一堆石頭保護著，是古代遺址中保存最完好的部分。在最先進的地震儀器和透地雷達的輔助下，人們已經確定了它的位置。研究者曾經進行過一次大型的洞穴挖掘行動，在約納森．米茲拉奇博士的帶領下所挖的一條溝渠，讓他們得以進入一個直徑超過六英尺、高度大約五英尺的圓形房間。這個房間又通向一個更大的橢圓形房間，它大約有十一英尺長、四英尺寬。後者的牆是由六層玄武岩打造而成，而且呈波浪形上升（即隨著牆升高而向內傾斜）。這個房間的天花板是由兩塊巨大的玄武岩板組成，每塊大約重五噸。

那裡既沒有棺材，也沒有屍體，在另一個房間或接待室裡也沒有其他人類或動物的殘存物。但是，考古學家確實曾在那裡發現一些特別的東西，就在精心篩選出的土壤中，有幾隻金耳環、幾顆由瑪瑙紅寶石製成的珠子、燧石刀片、青銅箭頭和陶瓷碎片。他們因而做出結論，認為這裡是一座墓室，但可能在古代就被洗劫一空。一些用來鋪在房間地板上的石頭被撬出來，進一步證實了這個地方曾有盜墓者來過的結論。

這些出土物品的年代可以追溯到後青銅時期，大約從西元前一千五百年到西元前一千兩百年。《出埃及記》的故事就是發生在這段時期，以色列的子民在摩西（Moses）的帶領下從埃及逃了回來，並在約書亞（Joshua）的領導下占領了那片應許之地。十二個支派中，流便（Reuben）支派、迦得（Gad）支派，以及瑪拿西（Manasseh）支派的一半，被分配到外約旦（Transjordan），從南端亞嫩河（River Arnon）到北端黑門山山麓丘陵地帶的一些地方。這些領地包括了約旦河以東的基列（Gilad，編按：《聖經》中為 Gilead）山脈和現在的戈蘭高地。因而，以色列的研究者轉向《聖經》尋找這個問題的答案：到底是誰建造了這個巨石陣？

根據《民數記》和《約書亞記》記載，基列山北部曾經由來自巴珊（Bashan）首都，名叫「噩」（Og）的君王所統治。在《申命記》第三章中，記述了噩的領地被占領的事。「巴珊王噩和他的眾民都出來，在以得來與我們（以色列人）交戰。」（3：1）。以色列人打贏這場戰爭後，占領了六十座城池，「這些城都有堅固的高牆、有門有閂，此外還有許多無城牆的鄉村。」（3：5）。因此，建造一座由石牆和門組成的高大建築（謎樣的戈蘭遺址的特徵），是噩王的王國有能力辦到的事。

根據《聖經》記載，噩王是個高大且粗壯的男人：「他的床是鐵的，長九肘，寬四肘（分別超過十三英尺和六英尺）。」《聖經》中暗示，他的身材會如此巨大，是因為他是利乏音人（Repha'im）的後代。利乏音人是曾經住在那片土地上的半神巨人種族。（《聖經》中提到的利乏音人的其他巨人後裔，包括歌利亞〔Goliath〕，是大衛時代的非利士人〔Philistines〕）。有些以色列人將有關利乏音人的資料，結合了《聖經》中所提到的，關於約書亞在渡過約旦河後豎立了圓形石頭結構，還將吉爾加（Gilgal，《和合本》譯為吉甲）這個地方命名為「圓形石堆」的事蹟，而把戈蘭高地暱稱為「吉爾加利乏音」（Gilgal Repha'im），意思正是「利乏音人的圓形石堆」。

儘管《聖經》中的相關內容並不支持這樣的命名，也沒有真的把噩王和那些墓室連結起來。但《聖經》的主張很有趣，它宣稱那個地區曾是利乏音人的領地，噩王是他們的後代；而利乏音人及其後代在迦南人的神話和史詩傳說中都曾被提到。

一九三〇年代被發現於敘利亞（古代名稱為烏加里特〔Ugarit〕）北部沿海地區的泥版文獻中，清楚記載了一些神和半神的行動及事件就發生在前文提及的這些區域。這份文獻描述了一群神的故事，他們的父親是伊爾（El，意思是至尊神，編注：本系列前書部分以E I指稱），並以伊爾的兒子巴爾（Ba'al，意思是「主」）和他的姊妹阿娜特（Anat，意思是她是回應者）的故事為中心。巴爾的注意力焦點，是在山脈要塞和聖地扎豐（Zaphon，意思是「北方之地」和「祕密之地」）。巴爾及其姊妹的領地都是在現今的以色列北部和戈蘭。與他們一起漫遊在該地區上空的，還有他們的姊妹夏佩西（Shepesh，名字的含義不明確，可能與太陽有關）。關於她的文獻明確地指出，「她掌管神聖的利乏音人」，還統治半神和凡人。

有一些被發現的文獻，都與這三個主角有關。其中一份文獻被學者稱為《阿迦特的傳說》（*The Tale of Aqhat*），裡面提到了，丹尼爾（Danel，Daniel的希伯來文，意思是上帝審判的人）

是利乏曼（Rapha-Man，也就是利乏音人的後代），卻無法生子。隨著他逐漸年老，對於沒有男性後代一事感到沮喪，便請巴爾和阿娜特輪流替他向伊爾求情。伊爾在同意了這個利乏曼的請求後，灌輸一個「加快生命呼吸」的方法，讓他能與妻子結合，最後生了一個兒子，被神賜名為「阿迦特」。

另一個傳說是《克雷特國王的傳奇》（*The Legend of King Keret*，Keret 的意思是「首都、大都會」，也被用來稱城市及其國王），主要是關於克雷特因自己具有神聖血統而要求永生。然而，他卻生病了。他的兒子大聲地質疑他：「伊爾的後代『仁慈者』怎麼會死呢？神會死嗎？」兒子們預見到令人難以置信的半神之死，想像著扎豐山山峰和寬距之圈（Circuit of Broad Span），並為克雷特哀悼著：

為了你，父親，
巴爾的扎豐山應該哭泣。
神聖偉大的圈，
寬距之圈，
為了你，應該悲傷感嘆。

這裡提供了兩個備受敬畏之處的參考資料，它們都為了半神的死去而哀悼：巴爾的扎豐山，以及著名的聖圈結構，「神聖偉大的圈，寬距之圈。」如果扎豐山，即「北方之山」，恰巧是戈蘭北方的黑門山，那麼聖圈指的是不是謎樣的戈蘭遺址呢？

伊爾出於憐憫，同意了他們的請求，在最後一刻派女神夏塔克忒（Shataqat，消除疾病的女人）去拯救克雷特。在她執行任務的途中，「飛過了一百個城鎮和數不清的村莊」，及時趕到克雷特的家中，使他起死回生。

但是，因為克雷特只是半神，最終他還是死了。那麼，後來他是被埋葬在那個「神聖偉大的圈，寬距之圈」裡的墓穴嗎？儘管迦南的文獻中沒有提供年代方面的線索，但顯然它們與青銅時代的事件有關，這個時間範圍與在戈蘭遺址墓穴中發現的工藝品的年代相符。

我們無從確認這些傳奇中的統治者們最終是否被安葬在戈蘭遺址，尤其自從有考古學家研究這個遺址並提出「侵入式墓葬」（intrusive burials）的可能性之後；也就是將後來的亡者埋葬在先前的墓穴中，而且通常不會移走先前的屍體。然而，他們能夠確定（**根據結構特徵和多種定年法技術**）這種「圓形」的結構（**同心圓石牆，由於其天文學功能，我們可以稱之為星星石陣**）比石堆及其墓室的出現，早了一千年到一千五百年。

吉爾伽美什尋求永生之旅

史前巨石陣、其他巨石遺址，還有戈蘭遺址，到底是誰建造的？在測定它們的年代，並用先進的天文知識確定它們的朝向後，更加深了這個謎團。在戈蘭遺址的案例中，除非建造者本身是神祇，否則誰有能力在西元前三千年左右完成這樣的壯舉？

西元前三千年，在西亞只有一個足夠發達、足夠複雜的文明，擁有特別的天文學知識，能夠設計及確定天文朝向，還可以實現前面提到的那種主要結構：那就是蘇美文明。它曾經在現今的伊拉克南部繁榮發展，卻「突然的，意想不到的，一下子就灰飛煙滅」，學者們這麼說。

在幾個世紀之內（**即人類進化的瞬間**），我們認為對高度文明而言必不可少的所有首創事物，從輪子到磚窯、磚塊、高聳的建築，到書寫、詩歌、音樂，到法律、法庭、法官和契約，到神廟、祭司、國王、管理者，到學校、教師、醫生和護士，還有驚人的數學、精確科學和天文學。蘇美人的曆法（如今仍被使用在猶太曆〔又稱希伯來曆〕中）是在西元前三七六〇年於一個名叫尼普爾（Nippur）的城市開始啟用的，其中包含了我們正在討論的這個結構所需的所有複雜知識。

這是一個早期的文明，大約比埃及文明早了八百年，比印度河文明早了一千年。巴比倫、亞述、西臺、埃蘭（Elamites）、迦南和腓尼基（Phoenicians）文明都比它晚，而且晚得多。這些文明都留下了蘇美文明的印記，並且借用了蘇美的許多首創事物。隨著時間的推移，希臘和地中海島嶼的文明也興起了。

蘇美人的冒險範圍是否抵達了戈蘭高地呢？這是毫無疑問的，因為他們的國王和商人都朝西方前往地中海（他們稱之為上海域〔Upper Sea〕），也航行到下海域（Lower sea，也就是波斯灣），一直到其他的遠方陸地上。當時，烏爾（Ur）是他們的首都，其商人對古代近東的每個地方都很熟悉。蘇美最有名的君王吉爾伽美什（Gilgamesh），是著名的烏魯克（Uruk，即《聖經》中的以力〔Erech〕）國王，很可能來過這個遺址。時間大約是在西元前兩千九百年，是在戈蘭遺址第一次建好後不久。

吉爾伽美什的父親是這個城市的大祭司，他的母親是女神寧松（Ninsun，又譯寧桑）。吉爾伽美什為了成為偉大的君王並強化自己的城市，藉由挑戰當時蘇美的權威城市基什（Kish），展開了他的統治。有一個泥版上以基什君王阿格（Agga）的名字為標題，兩次提到他是「粗壯」的。基什是當時廣闊領地的首都，所統治的區域跨越了幼發拉底河。有人可能想知道那個粗壯的阿格王是不是《聖經》故事中巨人噩的祖先，因為以較早期的前任君王之名，來為後來的君王命名，是近東常見的做法。

吉爾伽美什在年輕時妄自尊大、野心勃勃，常常虛張聲勢，隨著年齡的增長，他更加堅定了信心。為了保持他的威力，他走遍自己的城邦，拜訪新婚夫妻，聲稱王室擁有新娘第一次性愛的權力。當市鎮裡的人們再也無法忍受時，便向神明祈求幫助。眾神做出了回應，為吉爾伽美什創造雙重形象，阻止了他的詭計。吉爾伽美什在屈服之後變得十分陰鬱，喜歡深思。他看到了年紀與自己相當或更年輕的人死去，然後想到自己有另一條道路可以走：畢竟他擁有部分的神血統，不只是一個半神，而是三分之二神，因為他的母親是女神！

吉爾伽美什該像凡人那樣在最終死去，還是被授予神的永恆生命呢？他將自己的情況告訴母親。她告訴他：「你是對的。但是，為了擁有神的生命，你必須登上天國，到達神的住所。」她告訴吉爾伽美什，從他的教父烏圖（Utu，即後來世人所知的沙馬氏〔Shamash〕）所控制的那些地方升上天國，是有可能的。

烏圖試圖勸阻吉爾伽美什：「吉爾伽美什，誰能攀登上天國呢？只有眾神永遠居住在太陽底下。至於人類，他們的壽命是有限的。」這位神對他說：「回去吧，跟你的家人和市民一起享受你的餘生吧。」

吉爾伽美什的故事，以及他對於永生不死的追求，被記載在《吉爾伽美什史詩》（*Epic of Gilgamesh*）中。這是一個寫在泥版上的長篇文獻，並由考古學家發現了原始的蘇美語版本和各種古代翻譯版本。正如傳說中所說的，我們知道吉爾伽美什沒有被說服，而且一個從天空掉落的東西讓他斷定這是一個來自天國的徵兆，告訴他不應該放棄。寧松答應要幫助他，向他透露了雪松山就是眾神在地球上的登陸點，吉爾伽美什可以從那裡登上眾神的住所。她警告吉爾伽美什：「這將是一趟充滿危險的旅程。」他問她：「但是，我有其他選擇嗎？」他說：「如果我的追求失敗了，至少我的後代會知道我曾經努力過。」

寧松在祝福他旅途順利的同時，強調那個手造人（artificial man）恩奇都（Enkidu），會走在吉爾伽美什前面，一路保護他。這個選擇是適當的，因為恩奇都就來自他們的目的地所在的區域。他在那些山裡曾經和野獸同行。他向吉爾伽美什解釋道，這個任務是多麼危險。然而，吉爾伽美什堅持要繼續前進。

吉爾伽美什為了從蘇美（現今在伊拉克南部）到達雪松山，必須穿過戈蘭高原。事實上，我們發現，在列舉他的歷險和成就的史詩中，其前言曾經指出，「他切開山脈通過」。這是值得回憶的「第一次」，因為在那片名叫蘇美的大地上沒有山脈。

途中，吉爾伽美什有幾次停下來尋找從太陽神那裡前來的使者。當他們到達那座山和那片森林（在蘇美沒有類似的環境）後，吉爾伽美什做了一連串的預兆夢。在一個他們可以看到雪松山的十字路口，吉爾伽美什坐在由恩奇都做成的一個「圓圈」裡，試圖引起預兆夢。難道恩奇都擁有超人的力量，能為吉爾伽美什布置粗石並組成星星石陣？

我們只能猜測。然而，可以證明「那些世世代代住在戈蘭高地的人們，都很熟悉吉爾伽美什及其傳說」的物證，近來已在戈蘭高地被發現了。

在這位君王的冒險經歷中，最讓人津津樂道的是一個突發事

圖8：在戈蘭發現的石版

件。他遇到兩隻兇猛的獅子並打敗了牠們，而且是赤手空拳把牠們殺了。這個英雄事蹟是古代近東藝術家最喜歡的主題。然而，完全出人意料的是，在同心圓附近的遺址裡，人們發現了一塊帶有文字敘述的石版（見圖8，現今在卡茲林〔Qatzrin〕的戈蘭考古博物館中展出）。

儘管石版上的文字敘述和描繪，無法確實證明吉爾伽美什在前往黎巴嫩的雪松山途中，曾經到過那個遺址，但有一個令人好奇的線索可以列入考量。以色列考古學家從空中辨視這個遺址之後，發現它曾經被標記在敘利亞的軍事地圖上，其名字是「努格伊爾希利」（Rugum el-Hiri），這是令人困惑的名字，因為在阿拉伯語中，它的意思是「山貓的石堆」。

我們猜測，這個令人困惑的名字的解釋，可能會出現在《吉爾伽美什史詩》中，反映了關於君王與獅子搏鬥的回憶。

正如我們將看到的，那只是一個錯綜複雜且相互纏繞的關聯之開始。

2・命運的十二個站點

學者早已經意識到，儘管外形、名字和地點並不完全相同，具有相同主題和根源的傳說卻不斷反覆出現。例如，人們在一個名為愛因薩姆森（Ein Samsum，意思是參孫的活力〔Samson's Spring〕）的村莊附近，發現了刻有吉爾伽美什與獅子搏鬥的玄武岩石塊。也許有人記得，參孫也曾赤手空拳與一隻獅子打鬥過。那件事大約發生在吉爾伽美什之後的兩千年，而且不是發生在戈蘭高地。那個村莊的名字會是一個巧合？還是一個名叫「吉爾伽美什」的遊客變成「參孫」並成為永久的記憶呢？

拉比林特斯迷宮

只要與克雷特王有關的一切，都具有非常重大的意義。儘管迦南傳說中沒有指出地點，但許多人，例如塞勒斯・高登（Cyrus H. Gordon）的《克雷特王傳奇筆記》（*Notes on the Legend of Keret*），認為這位國王及其首都組成的名字，事實上確定了地點是在克里特島（Crete）。根據克里特島人和希臘人的傳說，在天神宙斯看到歐羅巴（Europa）後，文明開始出現了。歐羅巴是腓尼基（現今的黎巴嫩）國王的美麗公主。宙斯變身為公牛，劫持並背著歐羅巴游過地中海，到達克里特島。他們在那裡生下三個兒子，其中一個是米諾斯（Minos）。一直以來，米諾斯與克里特島人文明的開始息息相關。

由於米諾斯繼承王位受阻，便請求海神波塞頓（Poseidon）賜予他一個神聖恩寵的標誌。波塞頓回應這個請求，做了一頭從海中出現的純白色神聖公牛。米諾斯發誓要把那頭漂亮的牛當作祭品獻給神，但是他被這頭牛迷住了，把牠留給自己。神為了懲罰他，讓國王的妻子與那頭牛相愛並結合，其後代就是傳說中的彌諾陶洛斯（Minotaur），一個牛頭人身的生物。後來，米諾斯委託神聖工匠代達洛斯（Daedalus）在克里特的首都克諾索斯（Knossos）建造了一座地下迷宮，使這個牛人無法逃跑。這座迷宮被稱為「拉比林特斯迷宮」（Labyrinth）。

當遊客來到這座被挖掘出的克諾索斯遺蹟，會看到一個巨大的牛角石雕，但它不是拉比林特斯迷宮的遺蹟。但是，關於拉比林特斯迷宮的記憶和圓圈形狀，就像是一個通道被直牆擋住的同心圓牆迷宮（如同圖9中的格局），從來不曾被遺忘。

它的格局跟戈蘭遺址很類似，此外，它也令人回想起《吉爾伽美什史詩》中英雄與天國公牛（Bull of Heaven）的相遇。

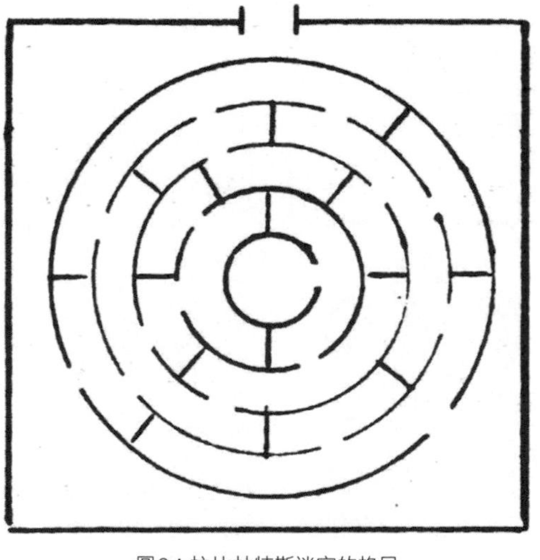

圖9：拉比林特斯迷宮的格局

吉爾伽美什之死

故事中提到，在吉爾伽美什試圖進入雪松森林的前一夜，他看到一艘火箭飛船從登陸點快速上升的畫面。第二天早上，他們發現了進入禁區的隱密入口。然而，當他們打算進去時，那個機器守護者擋住了他們的去路。它是「強大的，它的牙齒像龍的牙齒一樣，它的臉像一隻兇猛的獅子，它像洶湧的源頭河水那樣衝過來」。一股「輻射束」從它的前額發射過來，「吞噬了樹木和灌木」，「沒有人可以逃脫它的殺傷威力」。

烏圖（沙馬氏）看到吉爾伽美什和恩奇都陷入困境，「從天上跑下來與英雄對話」。他建議他們不要逃跑，只要在烏圖刮起一陣旋風，使塵土蒙蔽了守護者的視線時，他們就可以靠近這個怪物。就在風刮起的瞬間，恩奇都侍機攻擊並殺掉了它。古代藝術家把吉爾伽美什、恩奇都和烏圖（沙馬氏），還有兇惡的機器人，描繪在圓筒印章上（見圖10）。這些描繪讓人在腦海中浮現「天使與旋轉劍」這類典型的《聖經》畫面，上帝將它們安排在伊甸園的入口處，以確保被驅逐的亞當和夏娃不能重返伊甸園。

烏圖的雙胞胎妹妹伊南娜（Inanna，後來以伊師塔〔Ishtar〕之名著稱）也目睹了這場戰鬥。她曾經在一個差點讓人喪命的晚上，誘惑一個凡間男子與她共度一宿。當吉爾伽美什赤身裸體在附近的河裡或瀑布中洗澡時，伊南娜因為迷戀他的英俊而向他呼

圖10：吉爾伽美什、恩奇都對抗機器人

喚道：「來吧，吉爾伽美什，做我的愛人！」然而，吉爾伽美什知道她過去的作風，便拒絕了她。

吉爾伽美什如此無禮的拒絕激怒了伊師塔，她召喚天國公牛前來攻擊吉爾伽美什。他和恩奇都為了活命，奔逃回烏魯克；但是天國公牛在幼發拉底河畔追上了他們。在性命攸關的時刻，恩奇都再一次成功擊敗並殺死了天國公牛。

伊南娜（伊師塔）非常憤怒，「對天國發出哀號」，要求把那兩個夥伴處死。儘管他們暫時倖存，但最後恩奇都先死去，然後吉爾伽美什也過世了（就在他第二次到西奈半島的太空站旅行之後）。

蘇美時代的黃道十二宮

什麼是天國公牛（蘇美語是GUD.ANNA）呢？許多研究這部史詩的學者，例如喬治．德．桑提拉納（Giorgio de Santillana）和赫塔．馮．戴程德（Hertha von Dechend）在《哈姆雷特的石磨》（*Hamlet's Mill*）中已經得出結論，認為發生在地球上的史詩事件，反映了天國的事件。烏圖（沙馬氏）是太陽，伊南娜（伊師塔）是後來希臘和羅馬時代所稱的維納斯（Venus）。那個擁有獅子面孔的雪松山兇猛守護者就是獅子宮，而天國公牛的天體星群，從蘇美時代開始就被稱為金牛宮。

事實上，在美索不達米亞有許多關於獅子和牛的主題描繪（見下頁圖11 a、11 b），就如威利．哈爾特勒（Willy Hartner）在《近東，最早的星座史》（*The Earliest History of the Constellations in the Near East*）中提出的，大約在西元前四千年，蘇美人可能已經觀察到這兩個星宮位於黃道帶的關鍵位置，金牛宮是春分日出點所在的星宮，而獅子宮是夏至日出點所在的星宮。

如果黃道帶的內涵與地球上的史詩事件有所關聯，這就表示蘇美人曾經擁有這些天文知識。那時是西元前四千年，比一般所認為的由希臘人將星群組成星座並引進十二黃道星宮，早了三千年。事實上，小亞細亞的希臘學者曾解釋道，他們的知識來自美索不達米亞的「迦勒底人」（Chaldeans，編注：如今也用來指稱「占星家」），而且正如蘇美天文學文獻和圖示描繪所展現的，這份榮譽應該歸給他們。他們為黃道星宮所創造的名字和符號，直到現今都未曾改變過。

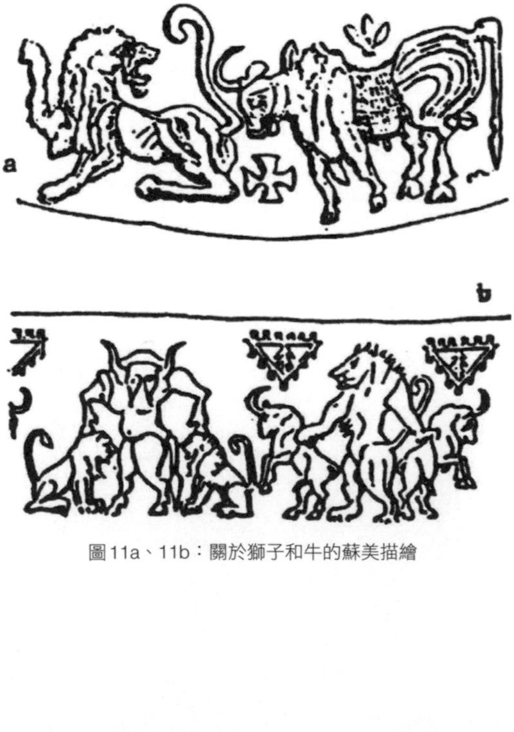

圖 11a、11b：關於獅子和牛的蘇美描繪

蘇美人的黃道宮列表開始於金牛宮，事實上，金牛宮是用於觀察太陽的。在西元前四千年的春分日那天，可以看到太陽在黎明時於金牛宮升起。它被稱為蘇美人的GUD.ANNA（意思是天國公牛），這與《吉爾伽美什史詩》所使用的詞彙相似，在故事中，伊南娜（伊師塔）召喚過它，那兩個夥伴也曾打敗過它。

大約在西元前兩千九百年，這種殺害能代表或象徵一個真正存在的天體事件嗎？顯然我們無法排除這種可能性。歷史紀錄顯示，那些主要的事件和重大的變化確實在那個時代曾發生在地球上；而天國公牛的「殺害」表示一個預兆，一個天國的預兆，甚至預言或觸發了地球上的事件。

在西元前四千年的大部分時間裡，蘇美文明不僅是地球上最偉大的文明，也是唯一的文明。

然而，大約在西元前三千一百年，尼羅河（埃及和努比亞〔Nubia〕）文明，加入了幼發拉底河－底格里斯河流域的蘇美文明之行列中。

地球上的分裂（由《聖經》中的巴別塔〔Tower of Sabel〕故事以及人類說同一種語言的時代之終結所暗示），是否透過《吉爾伽美什史詩》中所描述的，恩奇都拆解了天國公牛的前肢並擊敗它，來表達這樣的改變？埃及的天體－黃道帶描繪，的確把當地文明的開始，與切去金牛宮的前肢串連起來（見圖12）。

正如我們在《眾神與人類的戰爭》（*The Wars of Gods and Men*）所描述的，伊南娜（伊師塔）曾期盼成為新文明的女主人，但是文明（在字面上及象徵意義上）被從她身上除去。大約在西元前兩千九百年，當第三個文明出現時，她得到些許安慰，因為印度河谷的文明處在她的控制之下。

圖12：被切去前肢的金牛宮

正如天體預兆對於眾神具有重要的意義，這些預兆對於地球上的凡人更有重要意義。恩奇都這個手工創造的存在，親眼目睹了降臨到他們這兩個夥伴的命運，他跟凡人一樣死亡了，就連擁有三分之二神性的吉爾伽美什也無法逃脫死亡。儘管他再次去旅行，承受了艱難險阻，也發現了青春永駐之植物，他還是兩手空空地回到烏魯克。根據蘇美國王列表，「神聖的吉爾伽美什，其父親是人類、神廟區域的大祭司，吉爾伽美什統治了一百二十六年；吉爾伽美什之子烏爾盧伽爾（Urlugal），在他之後統治那片區域。」

我們似乎可以聽到吉爾伽美什的兒子在哭泣，就像克雷特王的兒子們那樣：「伊爾的後代『仁慈者』怎麼會死呢？神會死嗎？」雖然吉爾伽美什不只是半神，仍需要與他的命運抗爭。他的命運是公牛時代，而他殺害了它。他的命運是一個在天國造就的命運，從不朽的機會變成了凡人之死的機會。

亞伯拉罕家族與石堆

吉爾伽美什可能在戈蘭遺址停留過一段時間，而在一千年後，另一個古代的重要人物也來到戈蘭高地，他也曾看到寫在黃道星宮上的命運。他就是雅各（Jacob），亞伯拉罕（Abraham）的孫子。根據我們的推測，當時大約是西元前一千九百年。

有一個關於巨大結構的世界性問題經常被忽視，也就是為什麼它們要被建在那些地方呢？它們的位置明顯與特殊目的有關。我們曾在前面的作品中提到，吉薩（Giza）的大金字塔是通往西奈半島太空站的登陸走廊之錨點，並被精確地設在北緯三十度上。此外，曾經有頂尖的天文學家猜測，英國史前巨石陣會被豎立在那裡，是因為當地符合同時觀測太陽和月亮的天文學功能。

目前有關戈蘭圓圈的證據顯示，它會被設在那裡的可能原因是，它跨越了兩條主要國際路線（從古代至今）之間為數不多的連接線之一。沿著約旦河東岸山脈的國王公路（King's Highway），以及沿著地中海海岸西邊的海路（見地圖）。這兩條路線連接了美索不達米亞、埃及、亞洲和非洲，它們可能是為了和平的貿易或是軍事侵入而形成。在地理學和地形學上已確定了這兩條路線之間的連接點。在戈蘭遺址上，加利利海（Sea of Galilee，又稱基尼烈湖〔Lake Kinnereth〕）的任何一邊都可能有交叉點；（當時和現在）比較可能的地點是在北方。那裡的橋仍保留著它的古代名稱：雅各女兒之橋（The Bridge of the Daughters of Jacob）。

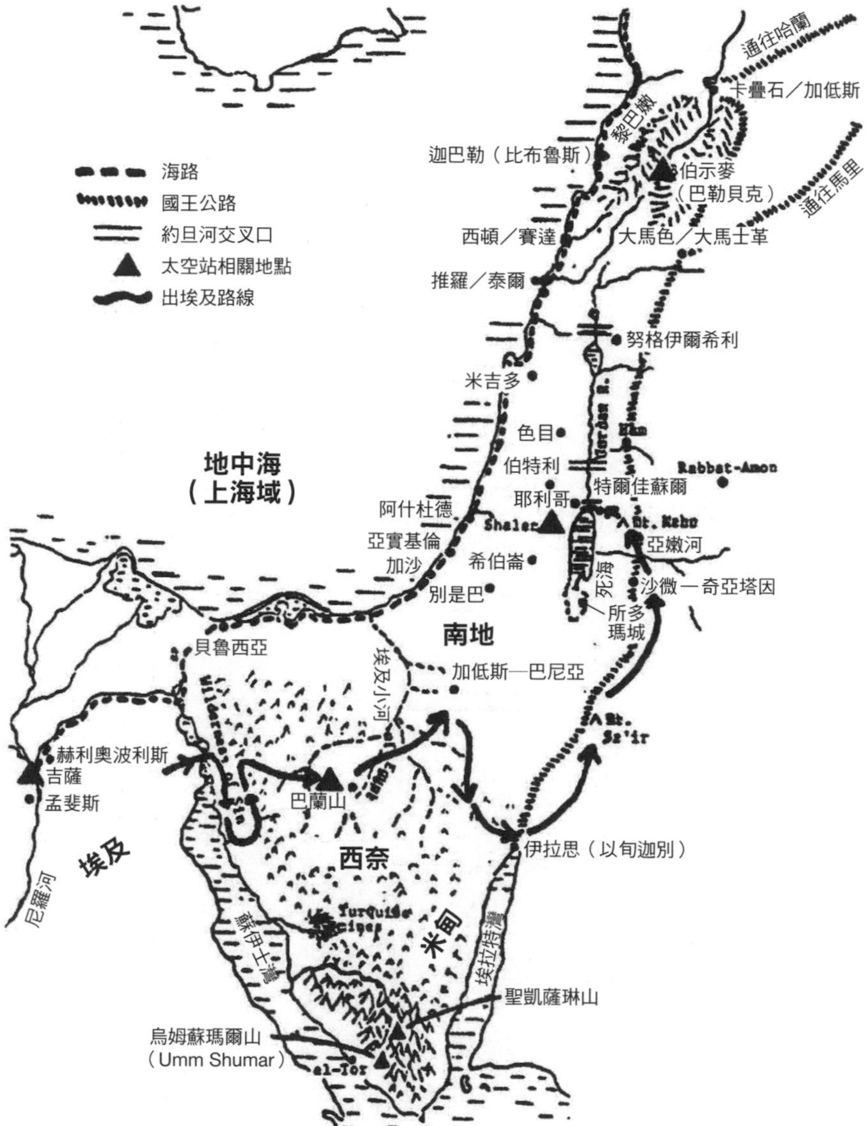
海路
國王公路
約旦河交叉口
太空站相關地點
出埃及路線
通往哈蘭
卡疊石／加低斯
黎巴嫩
迦巴勒（比布魯斯）
伯示麥
（巴勒貝克）
通往馬里
西頓／賽達
大馬色／大馬士革
推羅／泰爾
努格伊爾希利
米吉多
色目
伯特利
Rabbat-Amon
地中海
（上海域）
特爾佳蘇爾
耶利哥
阿什杜德
亞實基倫
加沙
希伯崙
亞嫩河
死海
沙微一奇亞塔因
別是巴
所多
瑪城
南地
貝魯西亞
埃及小河
加低斯—巴尼亞
赫利奧波利斯
吉薩
巴蘭山
孟斐斯
伊拉思（以旬迦別）
埃及
西奈
尼羅河
蘇伊士灣
米甸
埃拉特灣
聖凱薩琳山
烏姆蘇瑪爾山
（Umm Shumar）
紅海
地圖

因此，戈蘭遺址才會坐落在那裡。來自不同國家和本國各地的旅遊者，都可以停下來並觀看天空中的預兆，尋找有關其命運的線索；或許這裡是中立的神聖地點，有許多戰爭或和平問題在此處進行協商。

根據《聖經》和美索不達米亞的相關資料，我們相信這就是雅各曾經使用這個遺址的目的。

在蘇美，這個故事在雅各之前的兩個世紀就展開了。它不是以雅各的祖父亞伯拉罕為開端，而是他的曾祖父他拉（Terah）。他拉的名字暗示了他是一個預言祭司（Tirhu）；他的家族被認為是伊比利人（Ibri，希伯來），這暗示著他們把自己當成尼普爾人（來自尼普爾的人），尼普爾的蘇美語是NI.IBRU，意思是「美麗宜人的十字住所」（The Beautiful/Pleasant Abode of Crossing）。尼普爾的蘇美宗教和科學中心，就是「杜爾安基」（DUR.AN.KI，又譯杜蘭基，意思是天地紐帶），位於這個城市的神聖區域。這是保存、研究並解釋累積的天文、曆法和天體知識的中心；而亞伯拉罕的父親他拉是其中一位祭司。

大約在西元前兩千一百年，他拉被調到烏爾（Ur）。這段期間被蘇美學學者稱為「烏爾第三王朝」。當時，烏爾第三次成為蘇美的首都，是擴大的政治實體蘇美和阿卡德（Akkad）的首都，更是一個蓬勃發展的虛擬帝國的首都。這個帝國並非由武力統一，而是由先進的文化、統一的神系（所謂的宗教）、有效能的管理機構，以及蓬勃發展的貿易而團結在一起。烏爾也是月神娜娜（Nannar，又譯蘭納，之後被閃族人稱為「辛」〔Sin〕）的崇拜中心。蘇美的快速發展，讓他拉先被派往烏爾，之後轉往另一個更遠的城市：哈蘭（Harran）。它位在幼發拉底河上游和支流的交接處，是主要的十字路口和貿易站（其名字的意思是「商隊旅館」正指出了這一點）。這座城市是由蘇美商人建立的，並因當地也為月神建造了大神廟，而被尊稱為「遠離烏爾的烏爾」。

他拉在這些轉任的過程中，一直帶著家人。遷居到哈蘭的那一次，包括了他拉的第一個孩子亞伯蘭（Abram，亞伯拉罕的舊名），另一個兒子拿鶴（Nahor），以及兩個兒子的妻子撒萊（Sarai，後來被稱為撒拉〔Sarah〕）和密迦（Milcah），還有他拉的孫子羅得（Lot），他是亞伯蘭那位在烏爾過世的弟弟哈蘭（Haran）的兒子。根據《聖經》記載，他們居住在哈蘭「很多年」，他拉活到兩百零五歲時在當地過世。

之後，上帝對亞伯拉罕說：「耶和華對亞伯蘭說，你要離開本地，本族，父家，往我所要指示你的地去。我必叫你成為大國，我必賜福給你，叫你的名為大，你也要叫別人得福。」（《創世記》12：1－2）亞伯蘭帶著妻子撒萊、侄子羅得、所有僕人和財產，前往迦南之地；「亞伯蘭出哈蘭的時候，年七十五歲。」（《創世記》12：4）他的弟弟及其家人留在哈蘭。

亞伯蘭遵循神的旨意，很快就搬到迦南，並在南地（Negev）建立了居住地；那是與西奈半島接壤的迦南乾旱地區。亞伯蘭拜訪埃及時，曾受到法老宮廷的傳喚。回到迦南後，他經常與當地統治者打交道。在發生國際衝突時，他扮演了重要的角色，例如在《創世記》第十四章中記述的諸王戰爭。之後，上帝向亞伯蘭發出許諾，他的子孫將繼承並統治埃及小河（Brook of Egypt）和幼發拉底河之間的土地。亞伯蘭懷疑上帝的許諾，並指出他和妻子撒萊還沒有孩子。上帝告訴亞伯蘭不必擔憂。上帝對他說：「你向天觀看，數算眾星，能數得過來麼。又對他說，你的後裔將要如此。」（《創世記》15：5）但是，撒萊在之後還是沒能懷孕。

在撒萊的建議下，亞伯蘭與她的侍女夏甲（Hagar）同床共枕，而後夏甲為他生了兒子：以實瑪利（Ishmael）。然而，在所多瑪（Sodom）和蛾摩拉（Gomorrah）發生劇變之後，奇蹟出現了。當時這對夫妻的名字已改為亞伯拉罕和撒拉，而且亞伯拉罕已經一百歲，他的妻子九十歲，他們竟然有了一個兒子。儘管撒拉的兒子以撒（Isaac）不是長子，但在蘇美人的繼承慣例中，他才是合法繼承人，這是族長必須遵守的；因為以撒是其父親和同父異母的姊妹所生的兒子。亞伯拉罕曾這麼說撒拉：「她是我父親的女兒，但不是我母親的女兒。」（《創世記》20：12，《和合本》譯為：「況且他也實在是我的妹子，他與我是同父異母，後來作了我的妻子。」）

在終身伴侶撒拉死後，亞伯拉罕「年紀老邁」（據我們的推算是一百三十七歲），也越來越擔心他那未結婚的兒子以撒。他擔心以撒最後會與迦南人結婚，便派遣家族中的一個僕人去哈蘭，到那裡的親戚中為以撒找一個新娘。當僕人在拿鶴的村莊住下時，他遇見了正在打水的利百加（Rebecca），這個女子就是拿鶴的孫女，最後她前往迦南，成為以撒的妻子。

在他們結婚二十年後，利百加生了一對雙胞胎，以掃（Esau）和雅各。以掃先結婚，娶了兩個西臺人（編注：《和合本》譯為赫人）少女當妻子。「她們常使以撒和利百加心裡愁煩。」（《創世記》26：35）這個問題在《聖經》中沒有詳細記載，但是婆媳之間的情況很糟糕，以至於利百加對以撒說：「我因這赫人的女子連性命都厭煩了。倘若雅各也娶赫人的女子為妻，像這些一樣，我活著還有什麼益處呢？」（《創世記》27：46）因此，以撒把雅各叫過來，命令他前往哈蘭，到他母親的家鄉找一個新娘。雅各遵循父親的話，「出了別是巴（Beersheba），向哈蘭走去。」（《創世記》28：10）

《聖經》對於雅各從迦南南部前往遙遠的哈蘭的旅途，只記載了一小段情節，卻是非常重要的一段。那是雅各的夜間異象，「他到了一個地方……夢見一個梯子立在地上，梯子的頭頂著天，有神的使者在梯子上，上去下來。」（《創世記》28：11－12）雅各醒來後，意識到自己已經來到「伊羅興（Elohim，又譯耶洛因。編注，意思是眾神）之地和通往天堂的入口」，他「把所枕的石頭立作柱子」（《創世記》28：18）以留下記號，並把它叫做「伯特利」（Beth-El，意思是神殿）。之後，他繼續前往哈蘭，但所走的路線並沒有記錄下來。

後來，他在城市的外圍看到兩個牧羊人和羊群在曠野上的水井旁。他上前問路，並詢問他們是否認識拉班（Laban），那是他母親的哥哥。那兩個牧羊人說，我們確實認識他，他的女兒拉結（Rachel）正趕著羊群往這邊過來。雅各的眼裡含著淚水，向拉結介紹說自己是她的姑姑利百加的兒子。拉班一聽到這個消息，立刻奔跑過來，擁抱及親吻他的外甥，並邀請他住在家裡，介紹他與另一個較大的女兒利亞（Leah）見面。這個父親對婚事的意見很清楚，然而雅各卻愛上了拉結，並答應為拉班工作七年以換取聘金。但是在婚禮的當夜，拉班在宴會後把婚床上的拉結換成了利亞……

早上，當雅各發現新娘的身分後，拉班假裝為難。他說，姊姊沒有結婚，妹妹是不可以先結婚的；你為什麼不再為我工作七年，然後跟拉結結婚呢？因為雅各仍愛著拉結，便同意了。七年後，他和拉結結婚了；然而，狡猾的拉班繼續讓雅各為他做苦工，仍讓雅各做牧羊人，不放他走。拉班為了防止雅各逃走，允許雅各飼養自己的羊群；但是雅各越成功，拉班的兒子們就越嫉妒地抱怨。

當拉班和兒子們在為羊群修剪羊毛時，雅各把妻子、孩子和羊群召集在一起，逃離了哈蘭。「他起身過大河（幼發拉底河），面向基列山行去。」（《創世記》31：21）

「到第三日，有人告訴拉班，雅各逃跑了。拉班帶領他的眾弟兄去追趕，追了七日，在基列山就追上了。」（《創世記》31：22－23）

基列（Gilad）在希伯來文中的意思是「永恆石堆」（The Everlasting Stone Heap），也就是戈蘭的圓形觀測臺！

這個遭遇以痛苦的交換和彼此的譴責為開端，最後以和平條約告終。在那時的邊界條約問題上，雅各選擇了一塊石頭，將它豎立起來做為見證石柱（Witnessing Pillar），以標出界線，拉班不能越過它進入雅各的領地，雅各也不能越過它進入拉班的領地。因為這種邊界石具有圓形頂部，阿卡德人將之稱為「庫杜如」（Kudurru），在近東的許多遺址中都曾被發現。通常，庫杜如上面都刻有條約的細節，包括由雙方的神做為證人和擔保人。

根據習俗，拉班請求「亞伯拉罕的神和拿鶴的神」保證條約執行。雅各則是「指著他父親以撒所敬畏的神起誓」（《創世記》31：53）。然後，他在那個場合和地點加入了自己的風格：

雅各又對眾弟兄說，你們堆聚石頭。他們就拿石頭來堆成一堆……（《創世記》31：46）

雅各卻稱那石堆為迦累得（Gal'ed, Galeed）。（《創世記》31：47）

在基列（Gilad）和迦累得（GalEd）之間有微小的發音差異，雅各改變了名字的意思，從「永恆石堆」改成了「見證石堆」（The Stone Heap of Witnessing）。

我們如何確定它就是戈蘭圓形遺址的所在地呢？我們相信這裡有令人信服的線索：在條約誓言中，雅各把遺址描述為哈米斯巴（HaMitzpeh），也就是觀測臺！

《禧年書》（*Book of Jubilees*）屬於偽經、旁經，以各種早期資料來源為根據，重述了《聖經》中的故事，並為已記載的事件增加了後記，「雅各在那裡堆了一座石堆做為見證，因此這個地方被稱為『見證石堆』。但在這之前，他們習慣將基列之地稱為『利乏音之地』。」

因而，我們回到了謎般的戈蘭遺址和它的暱稱「基列利乏音」（Gilgal Repha'im）。

黃道星宮與雅各的十二個孩子

通常，人們在近東發現的庫杜如邊界石上，不只有協議條款和做為擔保人的眾神名字，還有這些神的天體符號，有時是太陽、月亮和其他行星的符號，有時是黃道星宮的符號（如圖13所示），一共有十二個。從最早的蘇美時代開始，黃道星宮的數量就是十二個，並且有各自的名字：

古安納（GU.ANNA）：天國公牛，天牛（金牛宮）

馬西塔巴（MASH.TAB.BA）：雙胞胎，孿生子（雙子宮）

杜布（DUB）：夾子，鉗子（巨蟹宮）

圖13：黃道星宮的符號

烏爾古拉（UR.GULA）：獅子（獅子宮）
阿布辛（AB.SIN）：她的父親是辛（處女宮）
茲巴安納（ZI.BA.AN.NA）：天命（天秤宮）
吉爾塔布（GIR.TAB）：撕抓者，利爪切割者（天蠍宮）
帕比爾（PA.BIL）：衛士（射手宮）
蘇忽爾馬什（SUHUR.MASH）：山羊魚（摩羯宮）
古（GU）：水的主人，水神（水瓶宮）

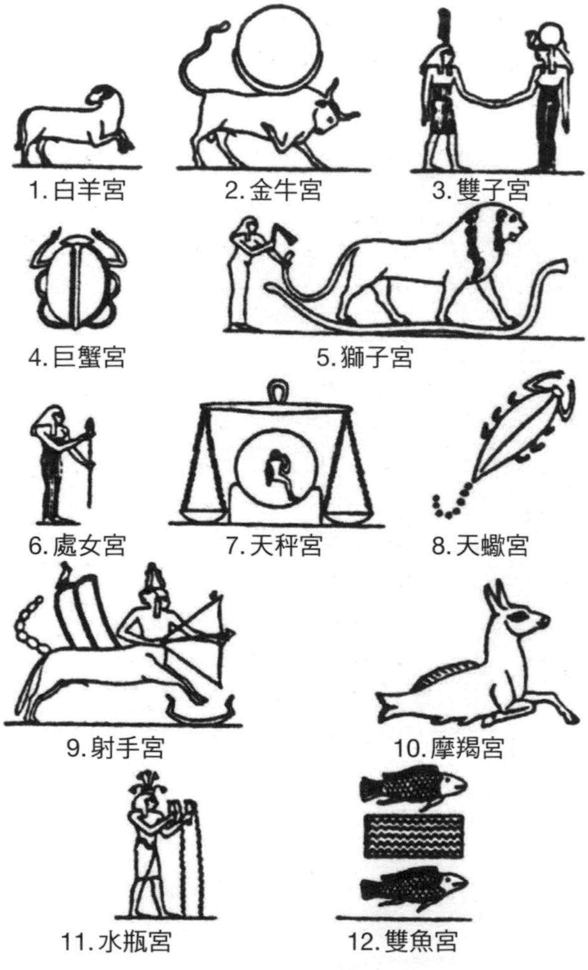

圖14：在埃及發現的黃道星宮符號

辛穆馬（SIM.MAH）：魚（雙魚宮）

庫瑪（KU.MAL）：牧場居民（白羊宮）

儘管並非所有十二個黃道星宮的符號都是從蘇美時代（或巴比倫時代）留存至今，但是它們都曾在埃及的山脈中被發現，而且有著相同的描繪和名字（見圖14）。

是否有人會懷疑，當神告訴亞伯拉罕（天文祭司他拉的兒子）要觀察天空並在其中看見未來時，亞伯拉罕已經認識了這十二個黃道星宮？神告訴亞伯拉罕，你在天空所觀察到的星星，你的後代也將會看到。當女僕夏甲為他生下長子時，神透過預言祝福了這個男孩：以實瑪利（意思是由神聽到）：

至於以實瑪利，我也應允你，我必賜福給他，使他昌盛極其繁多，他必生十二個族長，我也要使他成為大國。（《創世記》17：20）

《聖經》將這些預言式的祝福，與亞伯拉罕所觀察的星空連結起來，首次記錄了「十二」這個數字及其重大的意義。它講述了以實瑪利的兒子確實是十二個（而且每個都是一個部落的首領）。《聖經》在按照名字把他們列舉出來的同時，還強調：「照著他們的村莊、營寨，作了十二族的族長。」（《創世記》25：16）他們的領土包括了阿拉伯和北部的荒漠。

《聖經》再次使用「十二」這個數字，是在雅各回到他父親於希伯崙（Hebron）住處時，列出了他十二個兒子的名單。「雅各共有十二個兒子。」（《創世記》35：22）《創世記》第三十五章所列出的名字，是後來為人熟知的以色列十二支派之名：

利亞所生的，是雅各的長子流便，還有西緬、利未、猶大、以薩迦、西布倫。拉結所生的是約瑟、便雅憫。拉結的使女辟拉所生的是但、拿弗他利。利亞的使女悉帕所生的是迦得、亞設。

（《創世記》35：23－26）

然而，這份名單是使用某種技巧列出來的，因為這並不是與雅各一起回到迦南的孩子的原始數字：便雅憫是最小的孩子，由拉結所生。當這個家庭回到迦南時，她已因生育而在伯利恆（Bethlehem）過世。而雅各的孩子在那之前就已經有十二個了：最後一個孩子是由利亞所生的女兒底拿（Dinah）。這份名單是由十一個男性和一個女性所組成，剛好吻合由一個「女性」（處女）和十一個「男性」組成的黃道星宮名單，也許這不只是巧合。

雅各（在穿越約旦河時，與一位神打鬥，之後更名為「以色列」）的十二個孩子所具有的黃道帶意義，可以在《聖經》的持續敘述中看出兩次。一次是當約瑟（託夢及解夢大師）向兄弟說他夢到了太陽和月亮（老年的雅各和利亞）和十一個科哈維姆（Kokhavim）向他鞠躬。「科哈維姆」這個詞總是被翻譯為「星星」，但這個詞語（從阿卡德語而來）是用於指稱星宮。約瑟的夢一共有十二個，全都暗示他是一個大星宮，使得他的兄弟很不高興。

第二次是奄奄一息的老年雅各把十二個兒子叫到跟前，祝福他們並預言其未來。這被稱為「雅各的預言」（Prophecy of Jacob），族長最後的一番話，是將長子流便與阿茲（Az）連結起來。阿茲是指黃道星宮白羊宮（當時已取代金牛宮，成為春分日出點所在的星宮）。西緬和利未被當作雙胞胎結合在一起，即雙子宮。雅各預言道，他們由於妹妹被強暴，為了復仇而殺害很多人，將被驅趕到其他支派，並且喪失其領地。

猶大被比作獅子宮，並被預言將成為王權的擁有者；這就是對猶大王權的預言。西布倫被預言成為海上的居住者（寶瓶座），後來果然如此。他繼續預言著十二個兒子的未來，並把他們的名字和符號與黃道星宮連結在一起。最後是拉結的兒子們：約瑟被描述為弓箭手（射手宮）；最後是便雅憫——已經取代了他妹妹底拿（處女座）——被描寫成一個吞食他人的掠奪者。

《聖經》中嚴格遵守數字「十二」，以對應黃道十二宮，但都涉及常被忽略的另一個手法。在出埃及之後，應許之地被分配給十二個支派，後來他們又進行了重新整理。突然間，對享有領地的十二個支派的描述中，還列舉了約瑟的兩個兒子（約瑟在埃及時所生）：瑪拿西和以弗所。不過，列舉的數目仍然是十二：因為正如雅各的預言，西緬和利未的支派並沒有被分配到領地，而是遭到其他支派的驅趕。天上十二宮的神聖要求，再次得到保護。

命運與黃道星宮的關聯

那些前去聖地挖掘猶太會堂的考古學家，經常感到困惑的是，在這些會堂的地板上，都裝飾了黃道十二宮的圓圈，上面描繪著它們的傳統符號（見下頁圖15）。他們傾向於將這些發現視為：來自早於基督教數個世紀的希臘人和羅馬人的影響之轉變結果。這種態度源自於此做法是被《舊約》禁止的，但實際上卻忽略了關於命運的歷史紀錄：希伯來人很熟悉黃道星宮，以及它們與未來的預言之間的關聯。

透過世代傳承至今，你仍然可以在猶太人的婚禮上或男孩接受割禮時，聽到「Mazal-tov! Mazal-tov!」這樣的祝賀。不管你問任何人這是什麼意思，答案都會是：它代表「好運」，讓新婚夫妻和小男孩擁有好運。

然而，很少人知道這並非此短語的原意。Mazal-tov字面上的意思是「一個好的或是良好的黃道星宮」。這個詞語來自阿卡德語（閃族的第一種語言或母語）。在阿卡德語中，Manzalu意味著「站」，那是太陽在婚禮或出生那一天，看起來所位在的「黃道站」。

一個人的黃道宮與他的命運之間有某種關聯，這種看法因為占星術而造成流行。首先要（透過出生日）來確定符號，可能是雙魚宮、巨蟹宮或其他十二個黃道星宮的其中之一。回過頭來，我們可以根據雅各的預言，說出猶大是獅子宮、迦得是天蠍宮，拿弗他利是摩羯宮。

圖15：猶太會堂中的黃道十二宮圓圈

為了得知命運的徵兆而觀測天象，是由天文祭司團所負責的工作，並且在巴比倫時期的皇家決定中扮演關鍵的角色。國王、地域和國家的命運，從行星在特定黃道星宮中的位置來區分。皇家的決定必須等待天文祭司所給予的說詞。位在射手宮中的月亮，是否被雲層遮蓋了？在金牛宮中看到的彗星，是否已轉移到另一個星宮？同一天晚上，木星在射手宮升起，水星在雙子宮升起，土星在天蠍宮升起，這對於國王或觀察之地的意義是什麼？

上百個碑刻上的紀錄顯示，這些天象是在預測入侵、饑荒、洪災、內戰；或是另一方面：國王的長壽、穩定的王朝、戰爭中的勝利、繁榮等。這些觀察的紀錄大多數都是以整齊的詩句寫在泥版上。有時候，這些占星曆書看起來就如同天宮圖手冊，是以相關的黃道星宮符號來說明。在所有情況下，命運都被天空預示出來了。

現今占星術的根源，要追溯到遙遠的巴比倫時代，也就是希臘人所稱的「迦勒底人」。「命運與十二星宮是同一個事件過程的兩面」之觀念，以及一年十二個月的曆法，至少在曆法啟用之時就開始了。而曆法是在西元前三七六〇年於尼普爾開始啟用（這是猶太曆法開始計數的時間）。

在我們看來，這種關聯可以從蘇美的星宮名稱之一「茲巴安納」（ZI.BA.AN.NA）找到。這個詞語被理解為「天命」，字面意思是「天空裡的生命決定」（Life-Decision in the heavens），也可以理解為「生命的天秤」（The Heavenly Scales of Life）。這個概念被記載在埃及的《亡靈書》（*Book of the Dead*）中；它是一個信念，即一個人對於永恆來世的希望，取決於他的心在審判日時的重量。這些場景被描繪在《阿尼的莎草紙》（*Papyrus of Ani*）中，神阿努比斯（Anubis）正在天平上測量心的重量，神圖特（Thoth，神聖抄寫員）將結果記錄在板子上（見圖16）。

圖16：在審判日測量心的重量

在猶太傳統中有一個未解之謎：為何《聖經》中的上帝會選定第七個月，即提斯利月（Tishrei），做為希伯來新年的開始，而不是以美索不達米亞地區使用的第一個月尼散月（Nissan）為開始呢？如果這是源自企圖從美索不達米亞的星體和行星崇拜中尋求突破的渴望，那麼為何仍稱它為第七個月，而不是將之重新編號為第一個月呢？

在我們看來，答案就在星宮的名字：茲巴安納（ZI.BA.AN.NA），以及它與「命運衡量」（Scales of Fate）的關聯之中。我們相信，至關重要的線索是與黃道帶有關的曆法。在出埃及時期（西元前兩千年中葉），春分日那天，日出點所在的星宮是白羊宮，而不是金牛宮。從白羊宮開始算起，天秤宮（生命的天秤）的確是第七個。在猶太人展開新一年的那個月，天國裡將決定誰可以生、誰將要死、誰會健康或生病、誰將富裕或貧困，誰會開心或不開心，而這第七個月就相當於天秤宮的黃道月份。

在天國裡，命運有十二個站點。

3．眾神的後代

十二星宮圖與其古代遺物帶來了兩個謎團：是誰創造了它？為什麼天體要分成十二個部分呢？

要回答這個問題，需要先跨越一個門檻，也就是意識到要將天空劃分成十二個部分且具有占星術意義，需要高度複雜的天文學知識。而且這種天文學先進到從一開始就不可能是由人類自己來劃分的。

在地球繞日一圈的年度軌道上，太陽每個月（一年的十二個部分之一）會在不同的站點升起。在古代，被認為最重要的那一次，是太陽在春分那天升起的站點（見圖17），而這個站點也確定

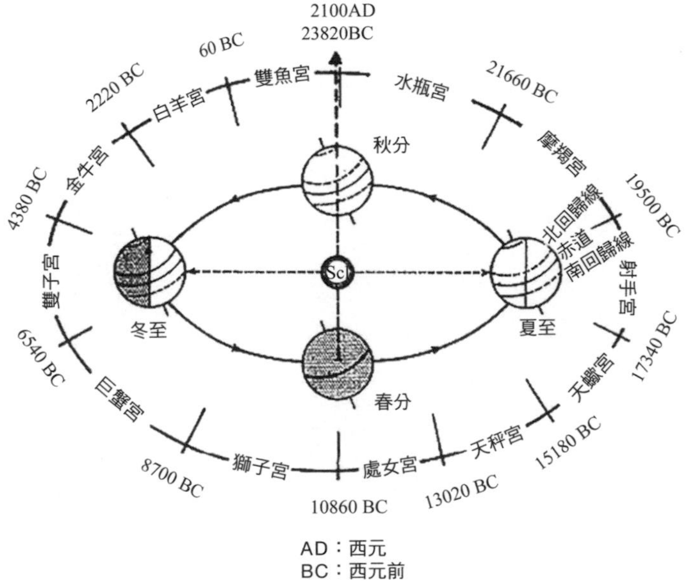

圖17：地球繞日的歲差現象

了從一個時代到另一個時代的轉移（從金牛宮到白羊宮，再到雙魚宮，然後到水瓶宮）。

然而，在這個年度軌道上，地球並不會回到完全相同的那個點。這個現象被稱為「歲差」，雖然這是小小的偏差，但每七十二年累積起來就差了一度。由於地球沿著逆時針方向繞太陽運行，這樣的偏差導致太陽在春分日的日出位置逐漸往後移動。太陽在春分日升起時的背景星宮（例如金牛宮）會逐漸轉移到前一個星宮（也就是白羊宮），而這樣的轉移（假設每十二個部分是相等的，各有三十度）需要兩千一百六十年（72 × 30）。

即使在蘇美或《聖經》所敘述的時代，擁有較長壽命的人（他拉活到兩百零五歲，亞伯拉罕活到一百七十五歲），一生中也只能注意到一度（七十二年）或兩度（一百四十四年）的偏差，而且，若不借助先進的天文設備，也不可能實現這樣的觀測。要瞭解並驗證兩千一百六十年的完整黃道時代的轉移，需要很大的能耐。有許多學者認為，即使是大洪水之前的時代，那些非常長壽的人（活到九百六十九歲的瑪土撒拉〔Methuselah〕和活到九百三十歲的亞當）也沒能活到可以觀察到一個完整的黃道時代。挪亞（Noah）是大洪水時代的英雄，他也只活到九百五十歲。然而，在蘇美人對大洪水事件的回憶中，指稱它發生在名為獅子宮的黃道星宮時代。

這只是蘇美人所擁有的不可能的知識之其中一部分。他們是怎麼知道的呢？他們的解釋是：所有我們知道的，都是阿努納奇（Anunnaki）告訴我們的。阿努納奇的意思是「從天國來到地球的眾神」。他們來自另一個軌道週期較大、生物壽命也更長的星球，其一年相當於三千六百個地球年，因此他們毫不費力就能辨別歲差現象，並設計了十二星宮。

阿努納奇來到地球

有一系列構成古代科學和宗教基礎的文獻，後來也以其他語言呈現，包括了希伯來《聖經》。這些文獻中，蘇美人關於阿努納奇（古代眾神）的傳說，一直是「神話」故事的素材。在西方神話文化中，首先跳入我們腦海的便是希臘神話。然而，就像世界上所有民族的古代神話和神系，它們都是來自蘇美人的原始信仰和文獻。

蘇美人說，曾經有一個時期，有文明的人類還未出現在地球上，動物還是野生的，未被馴養，農作物也還沒被種植。在那個遙遠的時代，有五十個阿努納奇來到地球上。在艾（E.A.，意思是他的家是水）的帶領下，他們離開母星球尼比魯（NIBIRU，意思是十字行星）來到地球，降落在波斯灣的水域上。

在一份被學者稱為《艾與地球》（*Ea and the Earth*）的「神話」中，描述了第一批阿努納奇如何涉水上岸，並發現自己身處沼澤地。他們的首要任務是排乾沼澤的水、清理河道，並檢查食物的來源（魚和家禽）。然後，他們開始使用黏土造磚，建立了地球上有史以來第一個由外星人建造的定居地。他們把定居地命名為「埃利都」（ERIDU），意思是「遙遠的家」或「遠行的家」。在一些最古老的語言中，這個名字是「地球」（Earth）之名的起源。這個時間點是在四十四萬五千年前。

這些太空人的任務，是從海灣的水中萃取黃金。在尼比魯，黃金是生存所需之物。因為他們的星球正在失去大氣層和其內在的熱度，慢慢地危及到生命的延續。然而，這個淘金計畫被證明無效，領導者們回到家鄉後，決定只能透過一個艱難的方法來取得黃金，也就是在儲藏豐富的非洲東南部開採。

這個新計畫需要地球上有夠多的阿努納奇，當時大約有六百名。同時，他們還需要一個精細的運作模式，以便將提煉出來的黃金從地球運走，並帶來各種補給品。因此，他們還雇用了三百個尼比魯人來擔任伊吉吉（IGI.GI，意思是看和觀察的人），以控制軌道平臺和登陸飛船。尼比魯的統治者安（AN，意思是「他住在天國」，阿卡德語中的「阿努」〔Anu〕），也來到地球監管數量龐大的操作人員。他帶著兩個孩子一起過來：兒子恩利爾（EN.LIL，意思是指揮之主）是嚴守紀律者，擔任營運總監；女兒寧瑪赫（NIN.MAH，意思是偉大的女士）擔任首要醫務官。

在開拓者艾和新到任的恩利爾之間的職責劃分，被證明是十分棘手的；而在某個陷入僵局的時刻，阿努還打算由自己待在地球上，讓兒子們在尼比魯擔任總督。最後，他們三個抽籤，結果是阿努回去統治尼比魯，恩利爾留在最初登陸的地方，並把那裡拓展為伊丁（E.DIN，意思是正直者之家）。他的任務是建設其他的定居地，每一個都有明確的功能（一個太空站，一個地面任務指揮中心，一個冶金中心，一個醫療中心或登陸地標）。而艾將在非洲東南部繼續組織採礦作業，但這項任務並不適合他這位傑出科學家。

執行這項任務是艾的職責，但他並不喜歡這個遠離伊丁的工作。為了補償他的調任，他被授予頭銜「恩基」（EN.KI，意思是大地之主）。

恩利爾可能意識到這只是一個表面姿態。然而，艾（恩基）非常看重這個頭銜。儘管他們都是安（阿努）的兒子，卻是同父異母的兄弟。艾（恩基）通常會繼承父親的王位。但是，恩利爾是由阿努的同父異母姊妹所生，根據尼比魯的繼承法則，即便他不是長子，仍是合法繼承者。目前，這兩個同父異母的兄弟在另一顆星球上，面臨一場潛在的衝突：如果到地球的使命成為一項持續擴展的任務（也許是在另一顆星球上永遠殖民），誰將會擁有至高無上的權力呢？是大地之主或指揮之主？

地球上的繼承權

當恩基看到兒子馬杜克（Marduk）和恩利爾的兒子尼努爾塔（Ninurta）也都在地球上時，這件事就成了一個敏感的問題；因為馬杜克是由恩基的正式配偶所生，而後者是由恩利爾同父異母的姊妹寧瑪赫在尼比魯所生，當時他們都還沒有結婚。恩利爾在地球上娶了寧利爾（Ninlil），寧瑪赫從未結婚。這使得尼努爾塔在繼承問題上，比馬杜克占了更大的優勢。

恩基是一個愛跟女人調情的大膽男人，他決定跟同父異母的姊妹寧瑪赫發生性關係，希望能跟她生一個兒子，以補救現在的狀況。然而，他們卻生了一個女兒。等到這個女兒剛成熟，恩基就不分晝夜地跟她睡覺，但她生的也是女兒，寧瑪赫只好阻止恩基再做這種嘗試。

儘管恩基無法跟同父異母的姊妹有一個兒子，但他還有其他男性子嗣。除了同樣來自尼比魯的馬杜克（MAR.DUK，意思是純淨山丘之子）之外，其他兒子是奈格爾（NER.GAL，意思是偉大的看守者）、吉比爾（GIBIL，意思是火神）、尼那格爾（NIN.A.GAL，意思是偉大的水之王子）和杜姆茲（DUMU.ZI，意思是生命之子）。但是，我們無法確定是否每個兒子都是由恩基的正式配偶寧基（NIN.KI，意思是大地之女士）所生。真正能確定的是他的第六個兒子，寧吉什西達（NIN.GISH.ZID.DA，意思是工藝／生命樹之主）的母親之身分。他是恩基和恩利爾的孫女厄里斯奇格（Ereshkigal）在前往非洲的船上私通所生，當時厄里斯奇格是船上的乘客。一個蘇美的圓筒印章上描繪了恩基和兒子們（見下頁圖18）。

恩利爾有一個正式配偶，她是年輕的護士，後來被給予了稱號：寧利爾（NIN.LIL，意思是指揮之女士）。恩利爾對她的忠實從未動搖過。他們有兩個兒子，長子是月神娜娜（NANNAR，意思是明亮者），後來，閃族語系民族稱他為「辛」；小兒子是伊希庫爾（ISH.KUR，意思是山上的他），後來較為人熟知的名字是「阿達德」（Adad，意思是受寵愛之子）。與恩基的子孫比起來，娜娜（辛）和配偶寧加爾（NIN.GAL，意思是偉大的女士）只有三個孩子，子嗣不多，因此雖然他們的子孫屬於阿努之下的第三代，仍然很快就進入阿努納奇的領導層。這些子孫就是前面提到的厄里斯奇格（ERESH.KI.GAL，意思是偉大土地的女主人），以及雙胞胎烏圖（UTU，意思是閃亮者）和伊南娜（意思是安的寵兒）——他們就是後來神系的沙馬氏（Shamash，意思是太陽神）和伊師塔（Ishtar，亦是阿施塔特〔Astarte〕或維納斯〔Venus〕）。

待在地球上的阿努納奇，數量最多時有六百名，文獻提到了他們的許多名字，但通常沒有指出他們的角色和職責。第一份有關恩基初次降落的文獻，列出了其中一些管理者和所肩負的任務。他們為阿努納奇建立的每個定居點都分派了管理者，就跟大洪水之前在伊丁的十位統治者一樣。因恩基的惡作劇而出生的女性後代和她們的丈夫，都被分派為主要大神的管家和使者，以及負責特定活動的男神和女神（例如寧卡西〔Ninkashi〕負責釀造啤酒）。

圖18：恩基和兒子們

阿努納奇的階級制度

與耶和華（《聖經》中的神）完全沒有家譜的情況相反，阿努納奇「眾神」充分意識到家譜和世代相傳。將阿努納奇「眾神」按家譜／世代逐一列出的眾神列表，被當成祕密知識的一部分而被保留在神廟中。這類已被發現的名單中，列出了至少二十三對神聖配偶，他們都是阿努（以及恩利爾和恩基）在尼比魯的先祖。一些列表中只依年代列出了阿努納奇眾神；而其他眾神只被仔細記錄了其神聖母親和父親的名字。因為在繼承法則中，母親的身分決定了後代的社會地位。

在眾神之上，往往是一個十二主神圈，這也是希臘神系十二位奧林匹亞主神的先驅。這「十二之圈」（Circle of Twelve）始於「古老的眾神」，然後隨著時代和世代的變化，其中的組成也發生了變化，其中的然而始終保持十二位；因為有些神會被除名，由另一位神替補；有的神被提高地位，其他神就得被降職。

圖19：蘇美神明頭上的帽子

蘇美人把他們的神明描繪成戴著獨特帽子的模樣（見圖19），我們推測，帽子上的角的對數反映了神明的階級。在原始的蘇美人神系中，這種階級開始於阿努的六十級（蘇美人數學中的基本數字）；然後是五十級，給合法繼承者恩利爾；四十級給恩基；

三十級給娜娜（辛）；二十級給烏圖（沙馬氏）；十級給伊希庫爾（阿達德）。女性則被給予階級五十五、四十五、三十五、二十五，分別授予主神的配偶：安圖（Antu）、寧利爾、寧基和寧加爾，十五級給沒有結婚的寧瑪赫，五級則是給單身的伊南娜（伊師塔）。隨著世代的變化，後來有其他神明獲得了階級十五，而寧瑪赫下降到五。

值得注意的是，爭奪地球上繼承權的兩位競爭者——尼努爾塔和馬杜克，他們被排除在最初的「奧林匹亞神」名單之外。但是，當這個競爭升溫時，眾神議會確定了尼努爾塔為合法繼承人，並授予他階級五十，跟他父親恩利爾的階級一樣。另一方面，馬杜克則被降到十級。

這些階級劃分被視為神聖的祕密，只會透露給被選中的祭司「新成員」。那些刻有「眾神的祕密數字」的泥版（例如尼尼微〔Nineveh〕神廟的K.170泥版）中，包含了嚴格禁止展示給la mudu'u（不識此道者、門外漢）的說明。關於眾神的資料，通常不是使用他們的名字來記錄，而是使用他們的祕密數字，例如，「神三十」代表娜娜（辛）。

圖20上的泥版是按照出身和階級來確認主神的身分，標出了十二位主神。

然而，為什麼是「十二」呢？

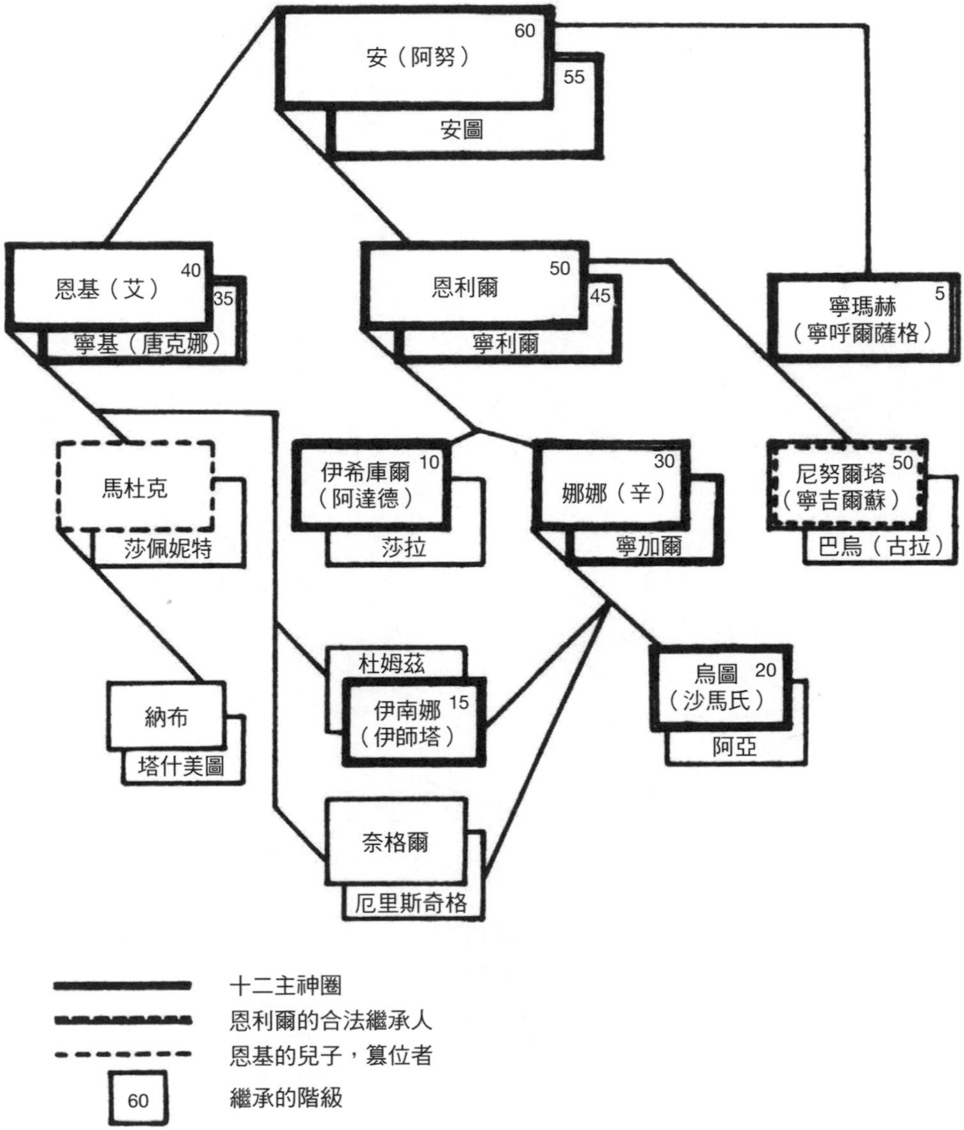

圖20：泥版上的眾神階級

數字十二與星宮的關係

我們相信，這個答案可以在另一個主要問題中找到。這個問題是阿努納奇把一次性採礦任務擴展為幾乎包括了一千名成員的長期定居。以他們的觀點來看，他們從一個有「正常」軌道的星球，來到一個瘋狂圍繞太陽運行的星球。這顆星球在尼比魯的一年（一個軌道週期）中，圍繞太陽運行三千六百次。除了身體上的調整之外，他們還需要知道如何把地球時間和尼比魯時間連結起來。

他們在尼普爾的地面任務指揮中心建立了複雜的設備（即前面提及的「杜爾安基」〔天地紐帶〕），肯定意識到我們所說的歲差的持續發展，並且認識到地球除了有一個較快的恆星年（編注：地球的軌道週期）之外，還有一個較長的週期，它需要兩萬五千九百二十年才會回到原來的天文點，這個週期後來被稱為大年（編注：也稱為柏拉圖年或歲差年，是春分點完整繞行黃道一圈所需的時間）。

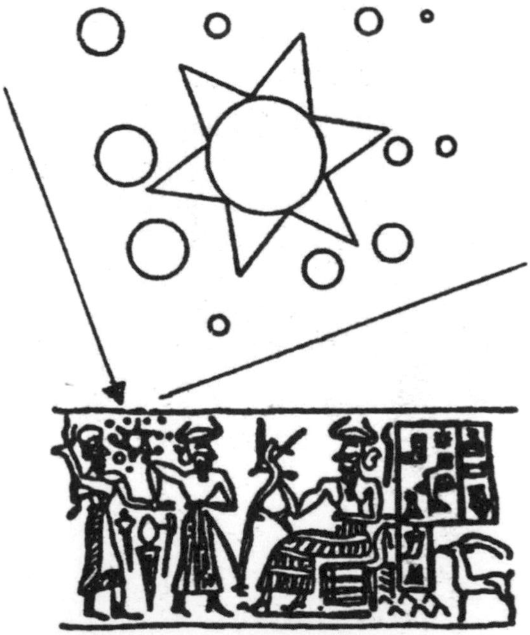

圖21：太陽系的十二個星體

正如圓筒印章上（見圖21）的描繪所顯示的，阿努納奇認為太陽系是由十二個星體組成：太陽（位於中心）、月亮（前面已解釋過原因），以及我們現在所知的九大行星，還有另一顆行星，也就是他們的母星尼比魯。對於他們來說，「十二」是一個基本數字，適用於所有影響到天地紐帶的所有天體事物，包括了對於圍繞太陽的星空之劃分。利用詳細的天空圖表，他們把每個天域裡的星星劃分為一個星宮。他們將如何命名這些星宮呢？為何不以他們的領導者來命名呢？

艾（他的家是水）飛降到地球的波斯灣水域，喜歡坐在船裡航行於沼澤上，把魚放進一座座湖泊中。他們用兩個星宮來尊稱他，船夫（水瓶宮）和魚群（雙魚宮）。在蘇美時代，他被描繪在圓筒印章上（見圖22a），而對他禮拜的祭司也打扮成漁夫的樣子（見圖22b）。恩利爾堅強有力，常常被比喻成一頭牛，因此尊稱他的星宮為金牛宮。

寧瑪赫渴望結婚卻終身未婚，因此用「處女宮」來為她的星宮命名。尼努爾塔常常被稱為恩利爾最重要的戰士，尊稱他的星宮為「射手宮」。艾的長子倔強而頑固，被喻為漫步的公羊，也就是白羊宮。當雙胞胎烏圖（沙馬氏）和伊南娜（伊師塔）出生時，只有一個星宮適合他們，於是以「雙子宮」來尊稱。（恩利爾一族的祭司打扮成鷹人的樣子，以讚譽恩利爾和烏圖在阿努納奇太空事務中所擔任的角色，見圖22c）。

圖22a：艾

圖22b：向艾禮拜的祭司

圖22c：打扮成鷹人的祭司

隨著階級的變化，以及第二代和第三代的阿努納奇聚集到地球上，所有十二個星宮都被指定為阿努納奇的相對應成員。

因此，是眾神發明了十二星宮圖，並非人類。

而且，無論如何怎麼改變，數字加起來都是「十二」。

原始工人的誕生與大洪水

那些被派到金礦場的阿努納奇，在第一次抵達金礦場之後，經過了四十個尼比魯年，發生叛變。一份名為《阿特拉－哈西斯》（*Atra-Hasis*，又譯阿特拉－雜湊斯）的文獻，描述了發生在叛變之前的事件、叛變過程，以及它帶來的後果。其中最重要的就是亞當的創造；這份文獻敘述了人類是如何產生的。在恩基的慫恿下，叛變主要是針對恩利爾和他的兒子尼努爾塔（NIN.UR.TA，意思是完成基礎之主）。恩利爾要求給那些叛變者最大的懲罰。而恩基表示，那些叛變者不可能繼續做那些繁重的苦工，阿努也站在恩基這一邊。然而，黃金仍是他們生存所需之物，要怎麼獲取黃金呢？

就在陷入僵局之時，恩基向阿努納奇的領導階層提出了一個驚人的建議。他說：「讓我們來創造能夠勝任這項工作的原始工人（Primitive Worker）吧！」眾神議會的與會者驚訝地詢問如何才能創造一種新的生物時，恩基解釋，這種生物「已經存在」在他的腦子裡了，那是已經在地球上進化，但還沒有達到阿努納奇進化程度的原始人。他說，我們所要做的事，就是「將眾神的標記」賦予他們，也就是在基因上把他們改造得像阿努納奇。

這個討論過程和提出來的解決方案，在《聖經》中也有提到：

> 神說，我們要照著我們的形像，按著我們的樣式造人。（《創世記》1：26）

這是一種在生理和心理上都類似阿努納奇的生物。恩基保證這種生物「將會負責眾神的所有工作，他們可以變得輕鬆」。眾神著迷於自己將從繁重的勞苦工作中解脫的前景，便答應了。

有幾份蘇美文獻描述了恩基如何在寧瑪赫的幫助下，經過了無數次試驗和錯誤，一個路路（Lullu，意思是混合物）被創造出來。寧瑪赫對她創造出來的這個「完美模型」感到很滿意，她高高地舉起，大喊道：「我的雙手把它做出來了！」

她認為這一刻是重大的歷史事件。我們也應該這麼認為，因為這一刻被蘇美藝術家描繪在圓筒印章上（見圖23），**我們看到人類史上最重大的事件：智人出現在地球上的那一刻。**

圖23：智人誕生的那一刻

這個成功運用基因組合進行人類複製的緩慢過程開始了。這樣的再生產，需要阿努納奇女性來擔任生育女神，才複製了七個男性和七個女性原始工人。《創世記》這樣記述道：

神就照著自己的形像造人、乃是照著他的形像造男造女。（1：27）

當神造人的日子、是照著自己的樣式造的、並且造男造女。（5：1－2）

複製人是一個緩慢的過程，需要生育女神的幫忙，因為每一個新生命都是一個混合物，無法繁殖自己的後代。為了加快繁殖速度，恩基進行了基因工程的第二項壯舉，但這次完全是靠他自己的努力。他將我們今天所稱的染色體X和Y進行了複雜的拼湊，使人類有了自己生育繁殖的能力。《聖經》中關於亞當和夏娃在伊甸園（即蘇美的伊丁）的故事，記錄了這個歷史事件。故事中，恩基扮演了納卡什（Nachash）的角色，有一個版本將之翻譯為「毒蛇」，但這個詞語同時也代表「他知道或擁有祕密」。

儘管恩利爾已經投票同意進行基因實驗，卻是勉強同意的。不同於大科學家恩基，恩利爾並沒有被科學挑戰所迷惑，我們甚至可以想像恩利爾會這麼說：「我們並不是到其他星球上扮演上帝的角色」……當恩基進行第二次（未經許可）的基因改造時，恩利爾被激怒了。他憤怒地說，「你把亞當弄得跟我們一樣」，能夠生育了，如果再進一步，他就可以分享生命樹了。

因此，人類被從伊甸園驅逐出去，自謀生路。然而，他們並沒有滅亡，反而不斷繁殖，且擴散遍布到地球上的每個地方。當年輕的阿努納奇開始與人類的女兒交配並有了孩子時，恩基就不高興了。在《創世記》第六章關於納菲力姆（Nefilim，意思是那些從天而降者。編注：《和合本》譯為「巨人」）的故事中，以「伊羅興（眾神）的兒子們」與人類女性通婚的事件，做為大洪水故事的導言，解釋了決定將人類從地球表面除去的原因。

恩利爾在眾神議會上提出了計畫，他說，有一個巨大的災難將要發生了。在尼比魯星下一次經過地球時，將會製造一場摧毀地球的巨大潮汐波。「我們不要提醒人類，讓地球上的一切生物都滅絕！」眾神同意了，並發誓要守密。恩基也同意了，但是他想到一個方法可以提醒最忠心的追隨者吉烏蘇他拉（Ziusudra，即《聖經》中的挪亞），並引導他建造了一艘方舟，以保護他的親朋好友，同時也保存地球上其他動物的「種子」。

大洪水是《聖經》中最長的一篇故事，然而，儘管它的篇幅這麼長，也只是處理了此分水嶺事件的更長且更詳細的蘇美和阿卡德文獻的簡短版本。後來，恩利爾的態度也變得緩和了。他們意識到阿努納奇在地球上的所有建築都被摧毀了，需要把人類當作夥伴，才能讓地球再度適合居住。在恩利爾同意後，阿努納奇著手促進人類發展文明和技術，間隔時間為三千六百年（與尼比魯的軌道週期吻合）。這一過程的頂點是偉大的蘇美文明。

地球領地的分配

在大洪水爆發的前夕，阿努納奇就到太空船上躲避災難，從地球的上空看著這場浩劫，以及它帶來的徹底毀壞。不僅是整個人類被毀滅，就連阿努納奇在過去四十三萬兩千年創造的所有財富，也被從地球表面抹除，或是被埋在幾英里厚的泥土下，包括他們在伊丁的太空站。

等到潮汐開始消退時，他們就把那些繞著地球軌道運轉的太空船，停在近東的最高山峰：亞拉拉特山（Ararat，編注：即《聖經》中的亞拉臘山）的山峰。土地漸漸變乾了，他們可以使用登陸點，那是一個巨大的石頭平臺，在大洪水之前就矗立在現今稱為黎巴嫩的雪松山。但是，如果要重新開始太空飛行，他們需要一個太空站，最後他們決定將太空站設在西奈半島。正如在大洪水前，登陸走廊以突出的亞拉拉特山雙峰為錨點，他們設定好登陸點，挑選了一個新的地面任務指揮中心（取代大洪水之前在尼普爾的那個），並建造了兩個人造雙峰以錨定登陸走廊——這兩個巨大的金字塔至今仍然矗立在埃及的吉薩（Giza）。

考慮到地球上逐漸分裂的兩個家族之間的激烈競爭，太空站及其輔助設施所在的位置非常重要。為了盡量減少摩擦，關於在伊丁的恩利爾與在阿普蘇（Abzu）的恩基，兩方的領地劃分已正式化。恩利爾及其後代統治亞洲和附近的歐洲部分，而恩基及其後代統治了整個非洲。這表示大洪水之前的登陸點和新的任務指揮中心位在恩利爾的領地上，而設有複雜導航系統的金字塔在恩基的手上。因此，他們決定把太空站設在西奈半島上，把它交到中立者寧瑪赫的手中。為了紀念此一歷史事件，她被賜予稱號「寧呼爾薩格」（NIN.HAR.SAG），意思是「頂峰之女士」。

我們認為埃及的神明正是恩基及其後代，雖然乍看之下兩者似乎相差太遠了。首先，他們的名字不是完全不一樣嗎？例如，古代埃及主神被稱為「普塔」（PTAH，意思是開發者），但這也是恩基的蘇美語綽號「努迪穆德」（NUDIMMUD，意思是巧物的製造者）所指的意思。在這兩個神系中，他是知曉祕密者（Knower of Secrets）和神聖大蛇（Divine Serpent）；他也因為擁有稱號「他的家是水」，而被描繪成神聖的船夫（參見40頁圖14與57頁圖22），也就是水瓶宮。在埃及神系中，西奈山的女神是哈索爾（HATHOR），她在老年時被稱為「母牛」，而在蘇美，寧呼爾薩格在年老時也被稱為「母牛」。

恩基的大兒子暨埃及繼承者是「拉」（RA，意思是純潔者），相當於美索不達米亞的馬杜克「純淨山丘之子」。這兩者之間的其他相似點在《眾神與人類的戰爭》（*The Wars of Gods and Men*）中有詳細的描述。這也成為辨認埃及神圖特（THOTH）的重要判斷。圖特是普塔的兒子，是神聖祕密知識的守護者，就如同蘇美文獻中的神寧吉什西達。

馬杜克的離開與歸返

那時，普塔（恩基）把對埃及的統治權移交給兒子馬杜克（拉），然而，馬杜克並不滿足。他堅持聲稱，統治整個地球是他應有的權力，這導致了他與恩利爾的衝突（我們稱之為金字塔戰爭）。根據我們的推算，大約在西元前八千七百年，馬杜克被迫離開埃及。根據曼涅托（Manetho，一位在希臘時代寫下埃及歷史和史前史的埃及祭司）的說法，統治權後來被移交給馬杜克的弟弟圖特。

馬杜克到哪裡去了呢？有一種可能是他被送回尼比魯（埃及人稱之為「百萬年之星」）。一份記錄在法老墓室中的古代埃及文獻《為圖特分配工作》（*The Assignment of Functions to Thoth*）顯示，馬杜克把權力交給圖特，並宣布他為「圖特，掌管者」。馬杜克宣稱，「你將取代我的地位，成為掌管者。」在說到他的去向問題時，馬杜克告訴圖特，「我在這裡的上空，在我應該在的地方。」事實上，他的缺席一度持續了三千六百五十年，幾乎等同於尼比魯的軌道平均週期三千六百年，強烈地暗示著馬杜克（拉）離開地球後的去向。埃及和美索不達米亞的文獻，都描述了馬杜克（拉）的一段艱難的太空旅行，尤其在火星附近變得特別危險，而且可能提到了馬杜克返回地球的旅程。

馬杜克（拉）在返程中發現他很難認出地球了。在他離開的這段時間，蘇美文明已經進入了全盛時期。除了擴展恩利爾和恩基的總部（分別是尼普爾和埃利都），使之成為被繁華城市包圍的神聖區域之外，人類的城市也已經建立了。新設立的王權機構，在尼努爾塔庇護下的新城市基什成立。娜娜（辛）被授予掌管一個名為「烏爾」（Ur）的城市中心。有一個神聖區域原本是為了阿努和安圖的來訪而建造的，後來被擴展為烏魯克（《聖經》中的以力）城，而且被當成禮物送給伊南娜（伊師塔）。祭司的職責已經確立，基於複雜的天文知識和法定假日的知名尼普爾曆法被引進。它從西元前三七六〇年開始啟用，至今仍被當作猶太曆使用。

正在歸途中的馬杜克向父親和眾神議會哭訴道：我該怎麼辦呢？

馬杜克把目光投向大洪水之前的太空站不遠處，並且決定把它變成一個巴伊利（Bab-Ili，意思是眾神的門戶，因此之後被稱為「巴比倫」〔Babylon〕），它成為其至高無上的一個象徵性和實際上的表達。

後來發生的是《聖經》中所稱的巴別塔事件，事情發生在示拿（Shine'ar，《聖經》中對蘇美的稱呼）。巴比倫神的追隨者開始建造一座「頂部可以觸及天堂的塔」，今日的我們也許會稱它為發射塔。他們說：「讓我們造一個Shem吧！」但對於Shem這個詞，我們不該像常見的翻譯那樣將之視「名字」，它是來自蘇美語的單字MU的原始含義：類似火箭的東西。根據我們的推算，那段時間是在西元前三四五〇年。

伊羅興（眾神）的領導者從天而降，命令將這座塔破壞掉。《聖經》和美索不達米亞的文獻都記錄到，在事件的最後，神決定「使人類的語言混亂」，以防止人類統一行動。「那時，天下人的口音言語，都是一樣。」（《創世記》11：1）。直到那時，世界上只有一種文明，即蘇美文明，人類只擁有一種語言和書寫形式（見圖24a）。

在巴比倫事件之後，第二個文明，即埃及和努比亞的尼羅河文明建立了，擁有自己的語言和文字（見圖24b）。幾個世紀後，在印度河谷的第三個文明，也使用自己的語言和文字（見圖24c）而展開，且這種文字至今還無法被破解。人類散居在這三個地區，至於第四區則被眾神保留著：那是西奈半島，太空站所在處。

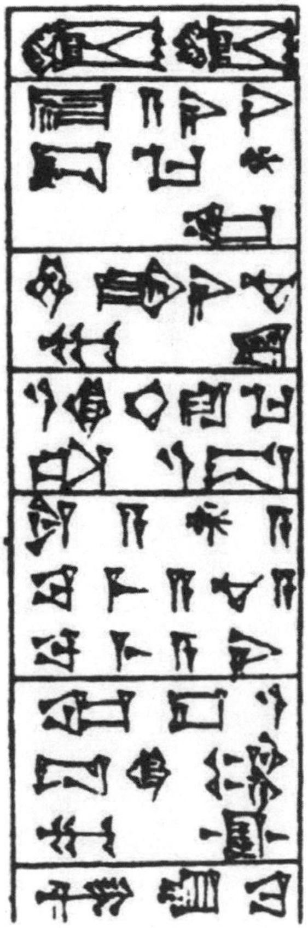

a

圖24a：蘇美文明的文字

b 圖24b：尼羅河文明的文字

c

圖24c：印度文明的文字

拉（馬杜克）在美索不達米亞遭到反抗後，回到埃及並重申他的至高無上權力，想成為新文明的主神。當時是西元前三千一百年。此處，有一個小問題與圖特有關。當馬杜克離開後，他是埃及和努比亞的統治神。然而，他卻被粗魯地驅逐了。在《失落的國度》（*The Lost Realms*）中，我們已經提出，他帶著一群追隨者前往新大陸，成為羽蛇神「魁札爾科亞特爾」（Quetzalcoatl），即有翅膀的大蛇神。中美洲的第一部曆法（長紀曆／Long Count）是由他創立的，開始於西元前三一一三年，我們相信這是圖特（魁札爾科亞特爾）到達新大陸的精確時間。

拉（馬杜克）持續為了在美索不達米亞的失敗而感到痛苦，並開始解決其他問題。在他離開的日子裡，神聖的「羅密歐與茱麗葉」，即他的兄弟杜姆茲和恩利爾的孫女伊南娜（伊師塔）陷入愛河，並且即將訂婚。馬杜克對這個結合感到厭惡，也對於伊南娜想透過婚姻而成為埃及女神的願望感到震驚。當馬杜克的使者試圖抓住杜姆茲時，杜姆茲卻在嘗試逃跑時突然死亡，而他的死亡被怪罪到馬杜克身上。

在一些已被發現的多種副本及版本的文獻中，都提供了對馬杜克的審訊和懲罰的細節：他被活埋在大金字塔中，那裡已經被密封成為這位神的監獄。馬杜克在這個巨大的墳墓中被判死刑，只有空氣可以呼吸，但沒有水和食物。然而，他的妻子和母親成功地請求阿努減輕懲罰，從死刑減為流放。

他們使用原始的施工計畫，挖出一個逃生井，並炸開了大塞子上方的通道。馬杜克從某種死亡中復活，後人對於他從墳墓裡現身一事有許多觀點。有些人認為，有一份由早期翻譯者命名為《主的死和復活》的文獻，是《新約》中關於耶穌的死、埋葬及復活傳說的原始資料。

拉（馬杜克）因為遭到流放，成為阿蒙－拉（Amen-Ra），一個看不見的神。這次，他在地球上漫遊。馬杜克在一份自傳文獻中曾預言到他的歸來，這樣描述自己的流浪：

我是聖馬杜克，一位大神。
因我的罪過而遭到流放，到我曾經去過的山地。
我在許多土地上都是一名流浪者；我從日出之地走到日落之地。

無論他流浪到何方，他不斷地問命運之神：「要到何時？」

他意識到，關於命運的回答來自天空。公牛的時代，是黃道帶上屬於恩利爾及其後代的時代，正要結束。春天的第一天，也正是美索不達米亞的新年那一天，太陽在黎明時刻升起的位置，已經越來越接近黃道上的白羊宮，這是他的星宮。命運的天體循環，預示了馬杜克的至高無上！

並非所有人都同意這一點。這只是因為時間的推算，或只是一個被觀察到的天體現象？馬杜克一點都不在乎。他持續在美索不達米亞前進，而他的兒子那布（Nabu）也組織追隨者入侵西奈半島並企圖占領太空站。在名為《艾拉史詩》（*Erra Epos*）的文獻中，描述了不斷升高的衝突，並講述了反抗馬杜克的眾神在無可選擇的情況下，使用核武器摧毀太空站（而不忠誠的城市，所多瑪和蛾摩拉城，則成為陪襯）。

然而，命運站在馬杜克這一邊，占優勢的西風把致命的核爆雲吹往東邊的蘇美。位在北方較遠處的巴比倫，受到的影響較小。但是，在美索不達米亞南部，邪惡之風導致了生物的猝死和長時間的荒涼。蘇美的偉大首都烏爾，變成了野狗漫遊的地方。

儘管馬杜克的對手採取了激烈的手段，但白羊宮時代的確隨著巴比倫的興起而展開了。

4・命運與天命

馬杜克被一雙看不見的手牽引著熬過艱難和困苦，經過數千年後，終於達到了目標：在地球上至高無上。這到底是命運（Fate），還是天命（Destiny）？

很少有語言可以為這種能夠在事件發生之前預先確定結果的「事物」選擇詞語，即使是在英語中，也很難解釋它們的區別。最好的字典（例如《韋氏字典》）會逐一解釋兩者的同義詞，例如 doom（厄運）、lot（命運）和 fortune（運氣）。但是，在蘇美語以及蘇美的哲學和宗教中，這兩個詞語之間有著明確的區別。天命（Destiny），NAM，是指**不可改變**的預先確定的事件過程。命運（Fate）是 NAM.TAR，一個**可以改變**的預先確定的事件過程。字面上來講，TAR 是指相交、破壞、打亂、改變。

這種區別不只在於語義學上，它還進入了事物的核心，影響並統治著神與人、大地和城市的事務。有某事將要發生，甚至有些事情已經發生，這是天命嗎？天命的結果（它指向的目的）無法改變；或者，它是突發事件的結合，或某種有意志的決定，或某種並非注定不可改變的暫時起落，可能因為另一個偶然事件或祈禱或生活方式的改變，導致不同的最終結果？如果是後者，那麼可能會有什麼樣的不同呢？

這兩個詞之間的區別，在現今也許是模糊的，但是在蘇美時代和《聖經》所敘述的時代，它曾經被明確定義。對於蘇美人，天命始於天體，是以預先確定的行星軌道路徑為開端的。一旦太陽系在天體碰撞（Celestial Battle）後，形成它的形狀和組成，行星軌道就成為永恆的天命了。這個詞語及其內涵可以運用在地球上事件的未來進程中，並從擁有天體對應物的眾神開始。

《聖經》中的先知

在《聖經》中，耶和華控制了天命和命運，但是，前者是預先確定且不可改變，後者則會受到人類決定的影響。因為前者的力量，在幾年前、幾個世紀前，甚至幾千年前，就可以預測未來事件的進程。正如耶和華告訴亞伯拉罕，關於其子孫的未來時，包括了他將在埃及停留四百年（《創世記》15：13—16）。這個停留是怎麼發生的（起初是為了在饑荒時期尋找食物）是一種命運；這個停留將開始於一個意想不到的歡迎（因為約瑟經過一連串事件後，成為整個埃及的管理者）是一種命運；但是這個停留（在一段時間的奴役後）最終會在某個特定時間大批地自發出走而告終，這是一種天命，由耶和華預先注定的。

《聖經》中的先知被上帝召喚來預言，因此可以預知王國和國家、城市與個人的未來。然而，他們聲明，這些預言只是神聖決定的表達。先知耶利米（Jeremiah）在王國和統治者的未來被預言時，經常說「耶和華如此說」這個短語。先知阿摩司（Amos）也常聲稱「耶和華如此說」。

然而，談到「命運」時，人類和國家的自由意念及自由選擇可以參與，也確實參與其中。和天命不同，如果以正義代替罪惡，以虔誠代替褻瀆，正義凌駕於不公正之上，命運就可以被改變，懲罰也可以被避免。「我斷不喜悅惡人死亡，惟喜悅惡人轉離所行的道而活。」上帝這麼告訴先知者以西結（《以西結書》33：11）。

吉爾伽美什的天命

在蘇美語中，關於「命運」和「天命」之間的區別，以及兩者在個人生活中扮演怎樣的角色，在吉爾伽美什的生命故事中說得很清楚。我們在前面提到過，他是烏魯克大祭司和女神寧松的兒子。在他長大之後，開始沉思生死問題，向他的教父烏圖（沙馬氏）提出這個問題：

在我的城市，有人死去；被壓抑的是我的心。
有人死去，沉重的是我的心……
最高的人不能伸向天堂；最寬的人無法覆蓋地球。
我會不會「越過那道牆」？我也這樣被注定了嗎？

烏圖（沙馬氏）的回答並不具鼓勵性。他說：「當神創造了人類，死亡是他們必須面對的；他們只能掌管自己的生命。」這是天命。所以，你活著時的所作所為是「命運」，你可以改變它或影響它，可以享受它或好好利用它——

填飽你的肚子吧，吉爾伽美什；讓你日夜歡樂！
把每一天都變成愉快的宴會；在白天和黑夜跳舞並嬉戲！
讓你的衣服閃閃發光，沐浴在水中，讓你的頭被洗淨。

注意你手上的小東西，讓配偶在你的懷裡幸福。
這是人類的命運。

吉爾伽美什得到這個回答後，意識到他必須採取有效的行動來改變「天命」，而不只是「命運」。然而，他與所有凡人一樣，將得到相同的結果。他帶著母親勉強給予的祝福，踏上了前往雪松山登陸點的旅途，企圖在那裡加入眾神的行列。

然而，命運一次又一次介入。第一次是以胡哇哇（Huwawa）的形象出現，胡哇哇是那座雪松森林的機器護衛者；繼而是透過伊南娜（伊師塔）對這位國王的慾念和國王對她的回絕，導致天國公牛追殺他。吉爾伽美什和同伴恩奇都也承認並考慮命運（蘭姆塔〔Namtar〕）所扮演的角色，即便是在胡哇哇被殺之後。這份史詩文獻提到了這兩個夥伴如何坐著沉思那預期中的懲罰。恩奇都是真正動手的人，也思考著自己的命運將會如何。吉爾伽美什安慰他，別擔心，蘭姆塔確實會吞噬人，但是他也會「讓被抓到的鳥兒回到原來的地方，讓被抓到的人回到母親的懷抱」。落入蘭姆塔之手並非不可改變的事件，因為命運常常會倒轉。

吉爾伽美什拒絕放棄，他繼續踏上第二趟旅程，這次他要去西奈半島的太空站。途中，他碰上了無數的艱難和困苦，但他都一一忍受。最後，他成功得到了能讓他青春永駐的果子；但最後，一隻毒蛇趁著疲憊的吉爾伽美什睡著時，從他手中搶走了果子。他兩手空空地回到烏魯克，在那裡死去。

這讓人不禁想問一連串的「如果……？」問題。如果在雪松山發生的事情不一樣，會怎樣？吉爾伽美什會成功地到達天國，並在眾神的星球加入他們的行列嗎？如果他沒有睡著，擁有了青春永駐之植物，又會怎樣呢？

一份被學者命名為《吉爾伽美什之死》（*The Death of Gilgamesh*）的蘇美文獻提供了答案。它解釋道，結果是命中注定的：儘管吉爾伽美什一次又一次地把命運掌握在自己的手中，但他不可能改變天命。文獻透過描述吉爾伽美什的預兆夢，提供了這個結論。這個夢裡包含了對他的死亡的預測，這是吉爾伽美什被告知的：

哦，吉爾伽美什，這是夢的意義：
偉大的神恩利爾，眾神之父，已經確定了你的天命。
他決定了你成為國王的命運；但是他沒有決定給你永恆的生命。

吉爾伽美什被告知，他的命運被天命制服了。他注定要成為一個國王，但沒有被注定可以避免死亡。正如所注定的，在描述中，吉爾伽美什已經處在垂死狀態。「他曾有結實的肌肉，但現在躺著，無法起來……他曾經爬上很多山，但現在躺著，無法起來。」「因為蘭姆塔，他躺著，無法起來。」

文獻中列舉了吉爾伽美什曾經歷的所有快樂，包括王權、戰爭中的勝利、受祝福的家庭、忠實的僕人、漂亮的衣裝；但也意識到「命運」與「天命」之間的互相作用，最後向吉爾伽美什解釋道：「人類一切的光明和黑暗都屬於你。」但最後，天命戰勝了命運，「寧松的兒子吉爾伽美什，倒下死去了。」

這些「如果……？」的問題，可以從個人推及全體人類。

如果艾從波斯灣水域獲取黃金的最初計畫是成功的，那麼地球上的事件進程（以及在太陽系其他地方）會是如何呢？在事件的關鍵時刻，阿努、恩利爾和艾抽籤決定誰將統治尼比魯，誰將去非洲東南部採礦，誰將管理已擴展的伊丁。艾（恩基）前往非洲，在那裡遇到了已進化的原始人，可能告訴眾神：我們需要的生物，已經存在了——我們要做的一切，就是把它標上我們的基因標記！

由蘭伯特（W. G. Lamberr）和米勒德（A. R. Millard）彙整諸多演繹和片段而成的《阿特拉—哈西斯》中，描述了這個命中注定的時刻：

眾神緊握雙手，抽了籤，並決定了劃分方式。

如果阿努或恩利爾成為前往非洲東南部的人，基因工程的壯舉會發生嗎？我們是否單靠進化就能出現在這顆星球上？有可能。因為阿努納奇（來自同樣的生命種子！）已經在尼比魯上進化，而且遙遙領先我們。但是在地球上，我們是透過基因工程實現的，當時恩基和寧瑪赫推動了進化，並使亞當成為第一個「試管嬰兒」。

《吉爾伽美什史詩》給我們的教訓是：命運不能左右天命。我們相信，智人會出現在地球上，是天命，這個最終結果可能會被延遲或以其他方式達成，但一定會實現。事實上，我們相信，就算阿努納奇來到地球的決定，是出於他們的需求，但這也是注定會發生的事，是由宇宙計畫事先安排好的。同樣地，我們相信，這將成為人類的天命：到另一顆星球重新開始這一個過程，重複阿努納奇對我們所做的事。

《創世史詩》與天體碰撞事件

一個可以理解命運和黃道十二星宮關係的人，就是馬杜克自己。阿努納奇制定了我們所說的「天體時間」，以便連結神聖時間（尼比魯的軌道週期）和地球時間（因地球的公轉、傾斜度和自轉所產生的年、月、季節、白天和黑夜）。

馬杜克所援引的天體徵兆，是白羊宮時代的到來，這屬於命運領域的徵兆。為了鞏固自己的至高無上，他必須要消除「這個命運可以被改變、修改或逆轉」的觀念，而是「天國的天命」（Celestial Destiny）。為了達到這個目的，他下令進行有史以來最大膽的偽造。

我們所指的是關於古代人最神聖、最基本的文獻：《創世史詩》（*Epic of Creation*），裡面有著他們的信仰、宗教和科學的核心與基礎。有時，《創世史詩》會因為其開篇文字而被稱為《伊奴瑪．伊立什》（*Enuma elish*，意思是在天空的高處），這是關於天空中的事件，包括天神和天幕之戰（天體碰撞）。而天幕之戰所帶來的有利結果，使地球上所有美好的事物成為可能，包括人類的出現。

學者將這些故事從許多碎片中拼湊起來，並將它們視為天上的神話，是關於善與惡之間永恆對抗的寓言。在美索不達米亞所發現的牆壁雕塑上，呈現了一個有翼的（天）神與一個有翼的（天上）妖怪打鬥的畫面（見圖25），鞏固了以下的觀念：這是聖喬治與龍之傳說的古老先驅。事實上，部分文獻的早期翻譯將之命名為《貝爾與毒龍》（*Bel and the Dragon*）。在那些文獻中，龍被叫做提亞瑪特（Tiamat），而貝爾（主、上帝）正是馬杜克。

一八七六年，在大英博物館（British Museum）工作的喬治．史密斯（George Smith），把來自美索不達米亞的泥版片段整合在一起，並出版了重要作品：《占星術的起源》（*The Chaldean Genesis*），提到有一個巴比倫的故事與《創世記》的創造部分相似。之後，該博物館的巴比倫古物博物館管理員金（L. W. King），以權威著作《創造的七個泥版》（*The Seven Tablets of Creation*），最終確定了《聖經》中的造物七日與較早的美索不達米亞來源之間的相關性。

如果情況是這樣，那麼巴比倫文獻怎麼仍然被稱為寓言呢？因為這樣做的話，就可以將《創世紀》中的故事歸類為寓言，而不是不可改變的神聖法令；此法令一直是一神論和猶太－基督教信仰的基石。

我們在一九七六年出版的《第十二個天體》（*The Twelfth Planet*）中，已經提出了，無論是美索不達米亞文獻或濃縮的《聖經》版本，都不是神話或寓言。我們認為，它們基於一個最複雜的宇宙進化論。這個進化論以先進的科學為基礎，描繪了太陽系的形成過程。一個來自外太空的離群行星，逐漸被拉進我們的太陽系，並與太陽系中的舊成員發生碰撞。發生在入侵者「馬杜克」與舊行星提亞瑪特之間的天體碰撞，導致了提亞瑪特的毀滅。它的一半分解為碎片，形成一個「被錘打的手鐲」（即小行星帶），另一半擁有了一條新軌道，成為行星「地球」，並帶走了提亞瑪特最大的衛星，也就是我們現在所稱的月亮。

圖25：有翼神與有翼妖怪的打鬥畫面

那個入侵者被拉進太陽系的中心，同時因為碰撞而減速，永遠成為太陽系中的第十二個成員。

在我後來的書《再談創世記》（*Genesis Revisited*，一九九〇年）中，我們認為，所有天體知識的進步，都證明了蘇美的傳說的真實性；這個令人滿意的傳說，解開了太陽系的歷史、為何地球上的大陸從一側開始而另一側有巨大的縫隙（太平洋盆地）的謎團、小行星帶和月亮的起源，以及天王星傾斜一邊和冥王星擁有特殊軌道的原因等。我們對彗星的研究、哈伯太空望遠鏡（Hubble telescope）的運用，還有對月亮（由人駕駛太空船）及其他太陽系行星（透過無人駕駛太空船）的探測，所獲得的其他知識，都相繼證實了我們已掌握的蘇美資料。

考慮到宇宙進化論是在《創世史詩》的蘇美版本中提到，而不是在巴比倫版本，我們提供了有關文獻真實來源和性質的線索。對於《伊奴瑪．伊立什》早期蘇美版本碎片的發現，使學者們相信，《創世史詩》最初是蘇美文獻，其中那顆入侵的星球被稱為「尼比魯」，而不是「馬杜克」。他們相信，現存的巴比倫版本是故意偽造的，目的是要使地球上的馬杜克等同於天體／行星「神」；這位神改變了天體中的組成，給予太陽系現在的形狀，換言之，他創造了地球和其上的一切事物。這其中當然包括了人類，因為根據蘇美原始版本，是由來自宇宙其他部分的尼比魯星，在碰撞時將「生命種子」帶給地球。

（正因如此，我們應該明白，長期以來被認為是代表馬杜克與龍作戰的插圖，也是錯誤的。這是一個來自亞述的描繪，而不是巴比倫。在亞述，最高神是阿舒爾（Ashur），他被描繪為鷹人，代表屬於恩利爾一族；他戴的神帽有三對角，代表階級是三十，而這並不是馬杜克的階級；他的武器是叉形閃電，而這是恩利爾的兒子〔而不是恩基的兒子〕伊希庫爾〔阿達德〕的武器。）

馬杜克在取得巴比倫的王權之後，關鍵的新年儀式就被改變了，他要求民眾（在新年的第四個晚上）閱讀新的巴比倫版《伊奴瑪．伊立什》。在此版本中，掌握地球霸權的馬杜克，在天國也是至高無上的，它是擁有最大軌道的行星，其軌道環抱了所有其他行星。

關鍵的區別在於詞語：Destiny（天命）。這個詞語被用於形容軌道路徑。不可改變的永恆軌道，是行星的天命，而根據《伊奴瑪．伊立什》，這是馬杜克被授予的。

一旦人們意識到這是指稱「軌道」的古老詞語，就可以跟上馬杜克實現天命的步伐。這個詞語第一次被使用在文獻中，是與提亞瑪特的主要衛星（文獻中稱為金古〔Kingu〕）有關。起初，它只是提亞瑪特的第十一顆衛星（月亮）。然而，它的「地位提升」，成為「她主人的領導者」。

提亞瑪特曾經是唯一的大型行星，也是阿普蘇（Apsu，太陽）的同伴，它「變得高傲」，不高興看到其他天神成對出現：拉赫姆（Lahmu，火星）和拉哈姆（Lahamu，金星），就在提亞瑪特和太陽之間（那裡曾經只有太陽的使者：穆牧〔Mummu，水星〕）；基莎（Kishar，木星）和安莎（Anshar，土星，帶有使者佳佳〔Gaga，冥王星〕），還有阿努（天王星）和努迪穆德（Nudimmud，海王星）。

在仍不穩定的太陽系中，提亞瑪特與她的衛星群在一邊，其他新行星在另一邊，並開始侵占彼此的領域。當提亞瑪特「非法」擴展到金古時，其他行星都十分關注。金古是提亞瑪特最大的衛星，擁有自己的軌道，逐漸成為一顆成熟的行星，處於特權地位：

她舉行了一次會議……她生出怪物之神；她帶來這樣的十一位怪物神……
在參與會議的眾神之中，她提升長子金古的地位，讓他成為眾神首領；她提拔了金古，使他在眾神間偉大……

她給了他天命碑刻，纏在他的胸口上，（說）：「現在，此命令將永遠不會更改，此詔令將不得改變！

眾天神無法靠自己承受「狂怒的主人」提亞瑪特，期望得到來自太陽系之外的援助。這種情況下，在面對這個僵局時，亞當被創造出來了，他也處於原始天空中：艾（努迪穆德，蘇美語中的意思是巧妙創造者）帶來了拯救的生物。艾是最外層的行星，面對著「深處」（外太空），他吸引到一個陌生人，即一顆新行星。這顆新行星因為一場宇宙事故所導致的災難，經過太陽系附近，它是命運的結果，但尚未繞著太陽運行——他還沒有天命：

在命運的房間裡，設計大廳內，眾神中最有智慧的貝爾（主、上帝）產生了；在深處的中心，神被創造了。

值得注意的是，新到來的行星（天神），在巴比倫版本中被稱為「貝爾」（主、上帝），而在亞述版本中，「貝爾」一詞被「安莎」所取代。在目前最普遍的巴比倫版本中，重複了最後一行詩，並於再版時提到：「在純淨深淵的中心，馬杜克被創造出來了。」而「純淨」這個詞的附加意義，無疑解釋了馬杜克名字的起源，即「純淨山丘之子」。（這種雙重解釋是揭露偽造行為的明顯線索之一。）

在艾（海王星）的遠處，阿努（天王星）歡迎入侵者。逐漸增大的重力使得入侵者萌發出了四顆衛星，也將它進一步帶入太陽系的中心。那時，它已經到達安莎（土星），又產生了三顆衛星，入侵者已經被太陽重力無情地抓住。它的路線往內轉，開始形成圍繞太陽運行的軌道（見圖26）。

換句話說，入侵者為自己設想了天命！

> 他曾經被安莎（土星）親吻，
> 眾神，他的前輩，然後確定了貝爾的天命；他們把他放上軌道，一條通向成功與目的地的道路。

這個軌道是為他而設的。貝爾發現，他被放在與提亞瑪特碰撞的路線上。他願意接受挑戰，但是需要條件。現在，他已經被稱為「馬杜克」（在天上和地球上皆是），他這樣對安莎說：

> 眾神之主，大神天命的決定者：如果我確實是你們的復仇者，我將戰勝提亞瑪特，拯救你們的生命，召開會議吧，宣布我的天命至高無上！

眾天神接受了馬杜克的條件。「為了他們的復仇者馬杜克，他們頒布了一個天

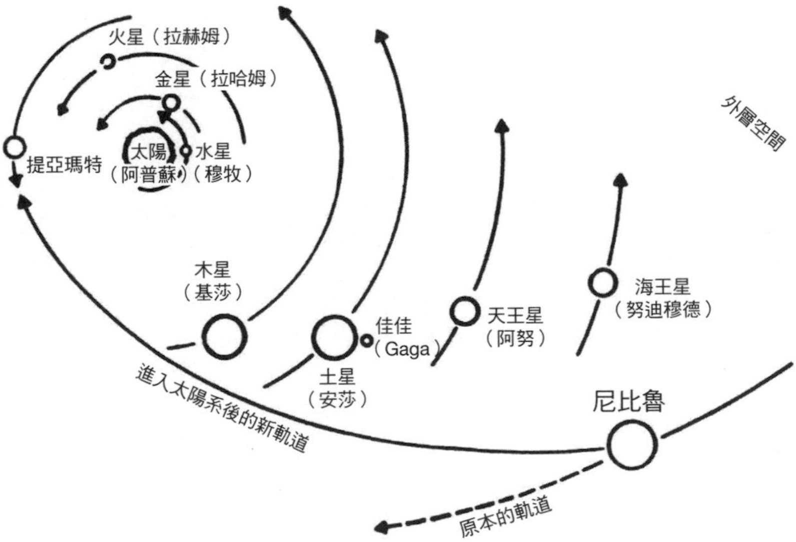

圖26：新行星開始圍繞太陽運行

命」，那個天命，那個軌道「是無與倫比的」。現在，他們說，去殺了提亞瑪特！

之後發生的天幕之戰，被描述在《伊奴瑪．伊立什》的第四塊碑上。馬杜克和提亞瑪特不可避免地在碰撞過程中，以閃電、熾烈的火焰和引力網相互撞擊，「憤怒地顫抖」。當他們彼此靠近時，提亞瑪特跟所有行星一樣，以逆時針方向運行，馬杜克則在順時針路徑上猛烈地前進。馬杜克的其中一顆衛星最先撞上了提亞瑪特，接著他的衛星接二連三地撞上了她，「猛攻她的內部，分裂了她。」馬杜克將一道「神聖的閃電」，一個巨大的電栓，射向裂縫，然後，「提亞瑪特的生命消失了。」

毫髮無損的馬杜克橫掃而過，繞行軌道一圈後，回到戰爭地點。這一次，他自身對提亞瑪特造成了深遠的影響。提亞瑪特的一半粉碎成碎片，成為巨大之帶（小行星帶），另一半被馬杜克的衛星（名為北風）擊中，並被轉移到天空中的新地點，在新的軌道上成為地球。它的蘇美語名字「基」（KI，阿卡德／希伯來語的Gei，和希臘語的蓋亞〔Gaea〕從它而來）意思是「裂開的」（見圖27）。

當提亞瑪特的衛星散開時，順時針（逆行）軌道有許多變化的方向，而對於提亞瑪特最大的衛星金古來說，一個特殊的命運將由馬杜克決定：

他從他手中拿下天命碑刻，那不應該是金古的；他用封條密封，並固定在自己的胸口。

現在，馬杜克終於獲得了永遠不可改變的天命。這條軌道不斷把以前的入侵者帶去天幕之戰的地點，那是金古曾經待過的地方。在加上馬杜克，以及金古（我們的月亮，它也擁有一個天命）之後，太陽系家族一共有「十二」個成員。

我們認為，是這個數字決定了「十二」成為天體數字，包括黃道帶的十二個站點（宮）、一年十二個月、一天一夜運轉的兩個十二小時、以色列的十二支派、耶穌的十二名使徒。

命運的判決與天命的宣告

蘇美人認為恩利爾的住所（被大多數學者稱為「崇拜中心」）是「地球之臍」，從那裡到其他重要地點的距離都是相等的，是呈同心圓排列的神聖地點的中心。它以後來的阿卡德語／蘇

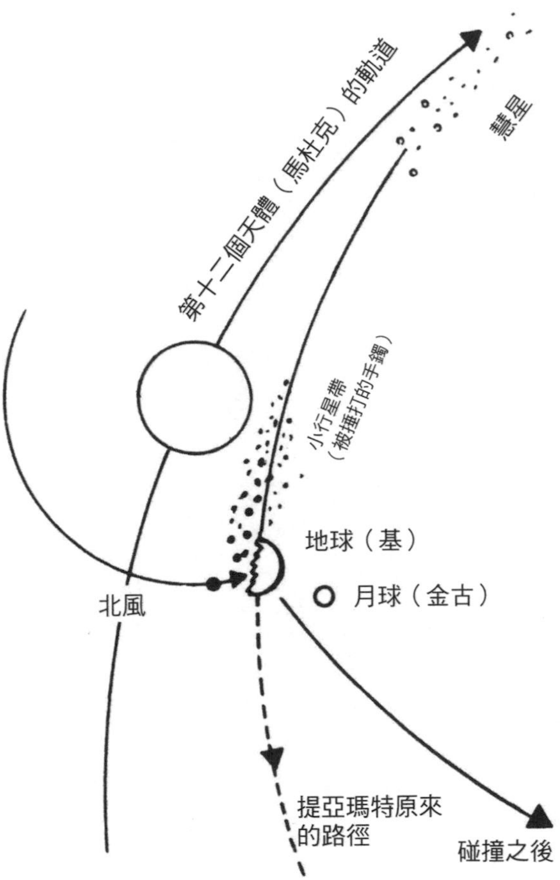

圖27：裂開的行星

美語中的名字「尼普爾」為世人所知；它的蘇美名字是尼布魯基（NIBRU.KI，意思是十字路口），代表地球上的「天國穿越之地」（Celestial Place of Crossing），也就是尼比魯星每三千六百年不斷返回的天幕之戰的地點。

尼普爾具有地面任務指揮中心的功能，是杜爾安基（DUR.AN.KI，意思是天地紐帶）的所在地。阿努納奇的太空設備由杜爾安基控制著。此外，包括天空圖、有關太陽系成員天體運動的所有公式，以及對於神聖時間、天體時間和地球時間的追蹤及其相互關係，都由這裡進行維護和測算。

對於注定不可改變的軌道路徑的追蹤，是在天命碑刻（又譯命運碑刻）的幫助下進行。我們可以透過閱讀到它們的運作突然停止時所發生的情況，瞥見它們的功能及那個嗡嗡作響的神聖房間。

被翻譯者命名為《祖的神話》（*The Myth of Zu*）的蘇美文獻中，描述了神祖（Zu，後來發現他的全名是安祖〔AN.ZU〕，意思是天空的知曉者）的詭計：他企圖奪取天命碑刻，以侵占「天地紐帶」。一切都停頓了：「燈光逐漸消失；沉默蔓延」；那些在天空中操控登陸飛船和太空船的「伊吉吉，在太空困惑不已」。（史詩故事的結尾是，恩利爾的兒子尼努爾塔擊敗了祖，天命碑刻被重新安裝在杜爾安基，祖也被處決了。）

不可改變的「天命」，與可被改變或逆轉的「命運」之間的區別，被呈現在《給恩利爾的讚美詩》（*Hymn to Enlil*）中的兩個部分，描述了恩利爾身為命運判決者和天命宣告者的力量：

恩利爾：
他在天空是王子，他在地球上是首領。

他的命令是廣大的，他的話語崇高而聖潔；牧人恩利爾判決命運。

恩利爾：
他的命令在高處使天空顫抖，在低處使地球震撼。
他向遙遠的未來宣告命運，他的判決不可改變。
他是知道大地之天命的主。

蘇美人認為，天命是上天的本質。儘管恩利爾的地位很高，但他對不可改變之天命的宣告，並不是他自己的決定或計畫的結果。他得到這些資訊，是一個「知道大地之天命的主」，是「值得信任者」，不是人類的先知，而是眾神的先知。

這完全不同於他判決命運時需要與其他眾神協商的情況。有時，他會與所信任的維齊爾（vizier，一種相當於宰相的高官）努斯庫（Nusku）商量：

當他表現出色時，他判決了命運——
命令，他內心深處的詞語——
他那崇高的維齊爾，大臣努斯庫，
他知道嗎？他諮詢他。

不只是恩利爾的大臣努斯庫，還有他的配偶寧利爾，在這部讚美詩中也被描述為決定命運的參與者：

母親寧利爾，聖潔的妻子，她的話語親切……
她是演講優雅的雄辯者，已經坐在你的旁邊……
她與你雄辯地說話，在你身邊低語，判決命運。

蘇美人認為，在地球上，命運是被創造、被判決並被改變的。儘管有崇拜和極少的諮詢字句，但命運的決定（包括恩利爾自己的命運）看起來是透過更民主，更類似於君主立憲制的過程取得的。他的權力似乎不只是來自上級（阿努和尼比魯），也是來自下級，即眾神大會（Assembly of the Gods，一種國會或議會）。最重要的決定（主要的決定），是在主神議會中做出的。這是一種部長內閣制，其中的討論有時會變成爭論，但通常不會變成激烈的交流。

關於阿努納奇眾神的議會和大會的參考文獻很多。「亞當的創造」也是被討論的主題；要在大洪水時期把人類從地球表面除去的決定也是如此產生時。在後者的描述中，清楚地提到「恩利爾開口發言，向眾神大會講話」。消滅人類的提議受到恩基的反對，但他無法左右會議，「厭倦了眾神大會的席位。」讀到後來，我們知道當眾神在太空船中繞著地球飛行，觀察到下面的大浩劫時，伊師塔為她所看到的一切而悲傷哭泣，疑惑著自己怎麼會投票贊成人類的滅絕：「在眾神大會上，我怎麼參加了這麼邪惡的討論？」

大洪水過後，當人類的倖存者又開始遍布地球各地時，阿努納奇開始給予人類文明，建立王權，以做為管理不斷增加的人類的方法：

判決命運的大阿努納奇，坐著交換他們對於大地的意見。

這種決定命運的方式，不只局限在人類的事務中，也適用於眾神自己的事務。因此，當恩利爾在早期到達地球時，喜歡上一位阿努納奇的年輕女性，並且不顧她的反抗而與她發生性關係之後，恩利爾被「大會中的五十位高級神」和「其中七位判決命運的神」判決流放。

根據《伊奴瑪．伊立什》的巴比倫版本，馬杜克的天命是成為地球上（還有在天上）的至高無上者，也是透過這個方式得到確認。在那份文獻中，描述了眾神大會中聚集了從各地而來的高級神（他們也許不只是來自地球，因為與會代表除了阿努納奇，還包括伊吉吉）。這些聚集的眾神數量是五十，與恩利爾的數字階級相符。在阿卡德人的文獻中，他們被任命為「決定命運的高級主神」（Ilani rabuti sha mu-shimu shimati）。

《伊奴瑪．伊立什》描述了高級神聚集在一起，並宣告馬杜克的至高無上，同時還描述了一群好久不見的朋友之間的友愛場景。他們來到一個特別的會議之地，「他們親吻彼此……彼此交談；他們坐下來舉行宴會；他們吃節日的麵包，他們喝精選的葡萄酒。」當「天命七神」（Seven Gods of Destiny）進入會議大廳，坐下來準備會談時，這場聚會變得莊嚴起來了。

因為一個無法解釋的原因，馬杜克被測試他的法力。齊聚一堂的阿努納奇說，讓我們看看吧，「你如何下命令摧毀及創造東西！」

他們圍成一個圓圈，「在上面放了星宮的圖像。」詞語「拉馬舒」（Lamashu）的意思無疑是指黃道的圖像或象徵。「張開你的嘴巴。」他們說：「讓圖像消失！再說一遍，讓星宮再次出現！」

馬杜克有禮貌地表演了這個魔法：

他說話，星宮消失了；他又說話，圖像恢復了。
當比他年長的眾神，看到他發聲的力量，他們欣喜並宣稱：「馬杜克是至高無上的！」

「他們給予他權杖、王座和王袍。」一件華麗的長袍，就如同巴比倫的描繪所示（見圖28）。他們宣布：「從今天起，您的旨意將無與倫比，您的命令就如同阿努的命令……眾神之中誰也不能超越您的疆界。」

儘管巴比倫文獻中提出，馬杜克的至高無上曾經經過測試、確認，並在一個會議上宣告，但有關做出決定的過程之其他文獻指出，在經過了五十位高級神參與的大會之後，是另一次「審判七主神」（Seven Great Gods Who Judge）的會議。關於命運或天命的決定的真正宣言，是在諮詢或經過阿努同意之後，由恩利爾宣告的。事實上，這個逐級遞進的必要性，以及由恩利爾代表阿努所做的最後宣告，也受到馬杜克的追隨者認可。知名的巴比倫國王漢摩拉比（Hammurabi），在其著名的法律原則導言中，以這些話頌揚了他的神馬杜克的至高無上：

崇高的阿努，眾神之主，從天國
來到大地，
恩利爾，天地之主，決定大地的
命運，
為馬杜克，恩基的長子決定，擁
有恩利爾主掌全人類的職務。

圖28：巴比倫描繪中的華麗長袍

巴比倫文獻聲稱，恩利爾的權力被轉交給馬杜克，並以將五十個名字授予馬杜克做為象徵。給予他的權力名稱中，最後也是最重要的一個是「尼比魯」，巴比倫人將這顆行星的名字改為「馬杜克」。

無法改變的毀滅結局

有時，眾神大會的召開，並不是為了宣布新的命運，而是要確定天命碑刻上那些早期就被決定的內容。《聖經》的陳述中反映了將東西寫在紙卷或平板上，並將文件密封做為保存證據的皇家習俗，這個習俗可歸因於眾神（無疑是從眾神身上學來的）。我們發現，這些參考資料的高峰就在「摩西之歌」（Song of Moses），這是摩西去世前的遺言和預言。他讚美萬能的耶和華，以及耶和華宣告和預見命運的能力，並引用上帝的話來談論未來：

瞧瞧：這還是一個被我藏起來的祕密，被存放並密封在我的寶藏中。

在西臺的首都哈圖沙斯（Hattushas）的皇家圖書館所發現的西臺文獻中，包含了眾神之間的衝突故事，它們肯定是希臘神話的近源。在這些文獻中，有些是從蘇美時代就已經為人所知的古代神的名字（例如，阿努、恩利爾和恩基）；或是在西臺人中，以蘇美神系中的眾神而聞名（例如，特舒蔔〔Teshub〕，意思是鼓風者，代表伊希庫爾／阿達德）；也有一些是身分仍然模糊的神。有兩個史詩與名叫庫瑪爾比（Kumarbis）和伊盧延卡（Illuyankas）的神有關。在第一個例子中，特舒蔔要求命運碑刻（Tablets of Fate，帶有命運文字的古老碑刻）要從恩基在非洲東南部的住所恢復，然後帶到眾神大會中。在另一個例子中，眾神在衝突和競爭之後，於大會中見面，以建立他們的秩序和階級。有一份順序和階級以圖片形式被描繪在神聖聖殿的石牆上（此聖殿現在被稱為雅茲勒卡亞〔Yazilikaya〕，見圖29）。

不過，最重要、最漫長、最痛苦、最致命的決定，無疑也是由眾神大會做出的。他們決定並批准了要使用核武器轟炸西奈半島的太空站。我們已使用《艾拉史詩》（*The Erra Epos*）中漫長而詳細的紀錄，重建了事件的發生經過，辨認出主角和對手，並幾乎逐字逐句地（在《眾神與人類的戰爭中》中）呈現了大會的開會過程。正如前文提過的，這個非故意的結果是蘇美的滅亡和城市生命的終結。

這個事件，也是關於命運和天命如何交織在一起的悲劇性例子中，最清楚的一個。

在蘇美，受到重擊的是其光榮的首都烏爾，那裡是人民愛戴的神——月神娜娜（辛）和配偶寧加爾所在的位置和中心。在名為《蘇美被毀的哀歌，及烏爾被毀的哀歌》（*Lamentation Over the Destruction of Sumer and Ur, Lamentation Over the Destruction of Ur*）的文獻中，提到了當娜娜（辛）意識到邪惡之風帶著死亡之雲向蘇美飄來時，他跑去父親恩利爾的所在處，請求他幫忙用一些神聖的奇蹟來避免烏爾的災難。

圖29：雅茲勒卡亞的石牆畫

他問父親：「看到這座讓人驕傲的、舉世聞名的城市烏爾滅亡，不是難以想像的嗎？」他向阿努請求：「啊，這已經夠了！」他向恩利爾請求：「宣告一個讓大家喜歡的命運吧！」然而，恩利爾無法改變這個洶湧而來的結果。

娜娜（辛）在絕望中要求眾神在大會中見面。當大阿努納奇入座後，娜娜（辛）以淚眼向阿努哭訴，向恩利爾懇求：「不要讓我的城市被毀滅，我真的懇求你們。」又說：「不要使我的人民滅亡！」

然而，恩利爾的回應是嚴厲而果斷的：

> 烏爾是注定的王城，但沒有被賦予永恆的統治權。

5．死亡與復活

蘇美與烏爾滅亡的教訓告訴人們，運氣與可改變的命運是無法取代不變的天命的。然而，另一方面，不管是誰判決的命運，都可以被天命取代嗎？

在古代，人們已經思考過這個問題，否則，為什麼從那時起就有了祈禱和請願，也有了先知告誡的正義和悔過？《約伯記》中提出了這樣的問題：即使約伯的正義與虔誠注定了他可以長壽，那遭受苦難而陷於絕望的命運是否會占上風？

這一主題的來源可以在被學者稱為《人與他的神》（*Man and His God*）的蘇美詩歌中找到，其主題是一位正直的義人成為承受殘酷命運和不當的不幸之受害者。「命運把我抓在它的手中，帶走我生命的呼吸。」這個沒有名字的義人哀泣道；但是，他看到「慈悲的大門」向他敞開，「現在，神讓我看到自己的罪惡。」因為那個祈願者的坦白與悔過，他的神「拋開命運的惡魔」，使他度過了很長的幸福人生。

正如吉爾伽美什的傳說中所證明的，命運不可能戰勝最終的天命（會死去的凡人），其他傳說中也傳達了這樣的寓意：如果不是命中注定的話，命運不會導致死亡。一個最重要的例子就是馬杜克，他是創下紀錄的古代神，遭受了苦難和挫折，曾經失蹤又再度出現，流亡後再返回，顯然必須死去卻又出人意料地復活等。事實上，在古代碑刻被發現後，與馬杜克相關的所有事件的範團都很清楚了，學者們開始激烈地爭論，他的故事是否為基督故事的原型。（這個主張由馬杜克與父親恩基，以及馬杜克與兒子那布的緊密關係中得到印證，創造了最早的三位一體的印象）。

馬杜克的磨難及其對人類道德的影響，可以在一齣神蹟劇中找到證據，劇中，演員演出了他明顯的死亡並從中復活。在巴比倫，這齣神蹟劇的演出是新年慶典的一部分。許多古代文獻都指出，它是為了一個更黑暗的目的而服務：指責將他判處死刑並埋葬的敵人和法官。在不同的演繹版本中，負責人的身分經常發生變化，以適應不斷變化的政治宗教環境。

最初的被告之一是伊南娜（伊師塔）；具有諷刺意味的是，儘管她真的死去又復活了，但這奇蹟般的經歷沒有（像馬杜克的那樣）被重演，也沒有被記在曆法上（在她摯愛的杜姆茲死後，用塔姆茲〔Tammuz〕來為月份命名。編注：《和合本》譯為搭模斯月，為猶太曆的四月。）這具有雙重諷刺的意味，因為伊南娜（伊師塔）最初的死亡，是因杜姆茲死去而導致的結果。

就算是莎士比亞也無法想像這些事件的悲劇諷刺性；馬杜克是在伊南娜的強烈抗議之下而被埋葬，之後又復活。實際上，馬杜克並未真的死亡又從中復活，而他的原告伊南娜卻經歷了真正的死亡，且真的從中復活。杜姆茲的死亡是導致這兩個事件的根本原因，而伊南娜死亡與復活則是她自己的「決定命運的」（fateful）決定。

伊南娜死而復活

我們可以明智地使用「決定命運的」（fateful）這個詞語，因為是伊南娜的命運而非她的天命，預見了她的死亡。由於這兩者之間的區別，她才能夠復活。對於這些事件的敘述，闡明了生命、死亡和復活的問題，並非像《吉爾伽美什史詩》中那樣在於人類與半神之間，而是在眾神之中。在伊南娜的命運與天命的故事裡，有著我們一直在尋求解答的謎團之解決線索。

伊南娜（伊師塔）的死亡與復活的懸疑故事，從一開始便揭示了她遇到死亡，這是真正的死亡，而不只是埋葬，而這是她自己的決定所導致的結果。她創造了自己的命運，但是她的死亡（至少在那時）並非她的天命，所以她在最後甦醒並復活了。

這個故事最初被記錄在蘇美語文獻中，後來用阿卡德語寫成。學者參考了《伊南娜下降到下層世界》（*Inanna's Descent to the Lower World*）故事的不同版本。有些學者喜歡用「陰間」（Netherworld）這個詞，取代「下層世界」（Lower World），暗示著死亡的地獄領域。但事實上，伊南娜設定了前往下層世界的路線，那裡的地理位置是在非洲最南端。這是她姊妹厄里斯奇格（Ereshkigal）和其配偶奈格爾的領地。看起來，奈格爾身為杜姆茲的哥哥，肩負著安排葬禮的責任。儘管伊南娜被警告不要去那裡，她還是決定無論如何都要去一趟。

伊南娜展開這趟旅程的理由，是參加她的摯愛杜姆茲的葬禮；但事實證明，沒有人相信她……我們猜測，根據習俗（後來由《聖經》律法沿用），伊南娜打算要求杜姆茲的哥哥奈格爾與她同床，讓她生一個兒子來冒充杜姆茲（他死時無子）的兒子。這個目的激怒了厄里斯奇格。

其他文獻描述了伊南娜的七件物品，這些東西是她在「天國之船」上旅行時所使用的，其中有一個頭盔、一副「耳墜」、一根丈量桿。所有東西都用皮帶緊緊地固定好。雕塑品（見圖30）描繪了她的類似裝束。當她到達姊妹

圖30：伊南娜的裝束

住所的大門前，其中七名守門人一件件地卸下了她的所有保護性裝飾。

當她終於進入王室裡，厄里斯奇格突然暴怒，之後雙方進行了一場激烈的舌戰。根據蘇美文獻，厄里斯奇格命令伊南娜屈從於「死亡之眼」（一種致命性射線）的懲罰，這種射線使得伊南娜的身體變成一具屍體，而且被掛在一個木樁上。根據後來的阿卡德語版本，厄里斯奇格命令她的侍從蘭姆塔（Namtar）「釋放六十種苦難對付伊南娜」，折磨她的眼睛、心臟、頭和雙腳，「她全身的所有部位」，將伊南娜置於死地。

伊南娜（伊師塔）早就預料到這種麻煩的情勢，已經先囑咐自己的侍從寧舒布爾（Ninshubur），如果她沒有在三天內回來，就必須要大聲宣告。當她無法回來時，寧舒布爾來到恩利爾面前，懇求他讓伊南娜免於一死，但恩利爾無法幫助她。寧舒布爾向伊南娜的父親娜娜求助，他也無能為力。之後，寧舒布爾向恩基求助，而他能夠提供幫助。他打造了兩個不會被「死亡之眼」所傷害的手造存在（artificial beings，以下稱機器人），並派它們去執行營救任務。他將「生命食物」給其中一個機器人，把「生命之水」給另一個機器人。它們帶著這些裝備，被送到厄里斯奇格的住所，要求歸還伊南娜已死的身體。然後，

它們指揮脈衝發生器（Pulser）和發射體（Emitter），朝向被掛在木樁上的屍體。
它們在受過重擊的屍體上，撒了生命食物六十次，灑了生命之水六十次；然後，伊南娜甦醒過來了。

使用放射物（脈衝發生器和發射體）使死者甦醒的事件，被描繪在一個圓筒印章上（見下頁圖31）。我們可以看到，一個臉上戴著面具的病人正在接受放射物治療。躺在厚板上的病人（分

不清是人還是神）開始甦醒，被漁夫（恩基的代表）圍繞著。無論是恩利爾或娜娜，都無法幫助伊南娜，只有恩基才能幫助她，這是需要牢記的細節，也是一個線索。然而，恩基所打造的，用來幫助伊師塔復活的機器人，不是描繪中的漁夫－醫生／祭司。它們不需要食物或水，沒有性別特徵，蒼白無血色，看起來可能很像這個神聖機器人信使的雕像（見圖32）。那是不受厄里斯奇格的死亡射線所影響的機器人。

它們陪伴復活的伊南娜（伊師塔）安全地回到上層世界。等待著她的是忠實的侍從寧舒布爾。伊南娜對寧舒布爾感激不盡，隨後就前往恩基的住所埃利都，因為是「恩基使她復活的」。

圖32：機器人信使

圖31：接受放射物治療的病人

如果《伊南娜下降到下層世界》的故事，跟馬杜克的傳說一樣，變成一齣受難復活劇，一定會讓觀眾留在座位上。馬杜克的「死」，只是被判處死刑之後的埋葬，他的「復活」是在死亡點之前逃離；而伊南娜（伊師塔）是真正的死去，復活則是真的從死亡狀態復活。如果有人熟悉蘇美詞語學的細微差別，就會從故事的中點知道結局是好的。因為接受厄里斯奇格的命令，要把伊南娜致於死地的人，是她的侍從蘭姆塔（Namtar），而非NAM。在蘇美語中，NAM是不可改變的「天命」，NAM.TAR是可以改變的「命運」。

蘭姆塔透過「釋放六十種苦難對付伊南娜」，導致了她的死亡；在伊南娜甦醒復活後，也是由蘭姆塔帶著她穿過七道門，並在每道門將她的特殊裝束、裝飾品和力量屬性還給她。

蘭姆塔領域的概念，是指陰間、死者的住處，但同時也是一個可以逃脫出來並回到生命的地方。這個概念形成了亞述文獻中庫姆瑪（Kumma）王子瀕死經歷的基礎。

就像美國影集《陰陽魔界》（*The Twilight Zone*）的劇情，這位王子發現自己來到了陰間。他看到有一個人站在蘭姆塔前面：「他左手抓著自己的頭髮，右手握著一把劍。」蘭姆塔的情婦蘭姆塔如（Namtaru）就站在旁邊。巨大的野獸包圍著他們：一條有著人類的手與腳的蛇龍，一隻有著獅頭和四隻人手的野獸。還有姆基爾（Mukil，意思是重擊者），牠長得像鳥，但具有人類的手和腳；以及尼杜（Nedu，意思是投擲者），牠有著獅頭、人類的手和鳥類的腳。其他的野獸則混合了人類、鳥、公牛和獅子的肢體。

這位王子繼續往前走，來到了審判現場。那個受審判的人有瀝青黑的身體，穿著紅色的斗篷。他一隻手帶著一把弓，另一隻手拿著一把劍，左腳踏著一條蛇。然而，審判者不是蘭姆塔，蘭姆塔只是「陰間的維齊爾（宰相）」。審判者是下層世界之主奈格爾。這位王子看到他「坐在莊嚴的寶座上，帶著神聖的王冠」。閃電從他的手臂閃過，「陰間裡充滿了恐怖」。

王子顫抖地叩拜。當他站起來時，奈格爾對著他大喊：「你為什麼要得罪我的愛妻，陰間皇后呢？」王子像個啞巴一樣無話可說。他的結局是什麼呢？

這位王子沒有在蘭姆塔的法庭上待很久，並不是痛苦的結局。最後發現，這只是一個弄錯身分的例子。陰間皇后要求釋放王子，讓他回到沙馬氏的領域，充滿陽光的上層世界。但是，奈格爾介入了。這位王子的生命也許可以倖免，但他無法不受傷地從死裡復活。他一定要經歷瀕死的經歷，遭受疼痛、痛苦和失眠的困擾……必須要承受惡夢。

杜姆茲成為木乃伊

死去的杜姆茲從下層世界的歸來，則是很不一樣的。

伊南娜在甦醒並被允許回到上層世界之後，並沒有忘記她死去的愛人。在她的命令下，兩個神的信使把杜姆茲的遺體帶了回來。他們帶著遺體前往伊丁的巴地比拉（Bad-Tibira）。在伊南娜的要求下，遺體被塗了防腐劑。

> 至於杜姆茲，我年輕時的愛人：
> 用純淨的水清洗他，用甜油塗抹他，為他穿上紅色的外衣，將他安放在天青石厚板上。

伊南娜要求把遺體放在天青石厚板上，並保存在一個特別的神殿中。她說，遺體應該被保存，那麼有一天，在那最後一日，杜姆茲能夠起死回生並「來找我」。她斷言，這一天將會到來。

> 死者將會醒來，並聞到甜甜的香味。

人們應該注意到，這是第一次提到了關於「死者將在最後一日復活」的信念。由於這個信念，導致人們每年為搭模斯（Tammuz，杜姆茲的閃族名字）哀悼，持續了數千年，直到先知以西結的時代。

儘管我們簡單講述了杜姆茲的死亡及其木乃伊化，這件事仍提供了重要的洞見。當杜姆茲和伊南娜（伊師塔）墜入愛河時，面對的是兩大神族的衝突，因為他是恩基的後代，而伊南娜則是恩利爾的後代。兩人的婚禮得到了伊南娜的父母——娜娜（辛）和配偶寧加爾（尼卡爾〔Nikkal〕）的祝福。在《杜姆茲和伊南娜》（*Dumuzi and Inanna*）的一系列愛情歌曲文獻中，有一首是寧加爾「以權威的口吻」對杜姆茲說：

杜姆茲，伊南娜的渴望與愛情：
我將給你生命直到遙遠的未來；我將為你保留它，我將看管你的生命之屋。

然而，事實上，寧加爾沒有這種權力，因為一切天命和命運的事務，都掌握在阿努和恩利爾的手中。後來，一個悲劇性的死亡降臨到杜姆茲的身上。

關於生死的神聖應許的失敗，不是杜姆茲悲慘的命運中唯一令人不安的地方，因為它還提出了眾神永生的問題。我們在著作中解釋過，阿努納奇只是相對比較長壽，因為尼比魯星上的一年等於三千六百個地球年。但是，對於把阿努納奇視為神的古代人來說，杜姆茲之死是相當令人震撼的事件。

伊南娜真的是因為期待杜姆茲在最後一日起死回生，而要求為他做防腐處理，並把他安放在天青石厚板上而不是埋葬嗎？還是她是為了維護大眾對於神的不朽的幻想呢？是的，她曾經這樣說過，神已經死了，但這只是一個暫時的、轉換的階段，因為在合適的時間，他將復活，他將站起來，享受甜香味。

巴爾的復活

在關於巴爾（主）的迦南傳說中，似乎有一種觀點認為必須要在好人和壞人之間做出區分。巴爾為了追求自己的至高無上，在扎豐（北方神祕之地）的山峰上建立霸權，與他的兄弟進行生死決鬥。然而，巴爾在與「神聖的莫特」（godly Mot，意思是死亡）的激烈對抗中，被莫特殺了。

巴爾的姊妹兼愛人阿娜特，和他們的姊妹夏佩西，把這個噩耗告訴了巴爾的父親伊爾：「強大的巴爾死去了，君主，地球之主，被毀滅了！」他們告訴這位受到巨大打擊的父親，在達布蘭（Dabrland）的原野上，「我們看到巴爾倒在地上。」伊爾聽到這個消息，走下王座，坐在凳子上，就像直到今日的哀悼者習俗（在猶太人中）那樣。「他把哀悼的塵土撒在頭上，穿上麻布衣。」他用石刀劃傷自己，「他扯著嗓子哭喊道：巴爾死了！」

悲傷的安娜特回到巴爾死去的原野，像伊爾那樣披上麻布衣，劃傷自己，然後「大聲哭泣」。她叫姊妹夏佩西過來幫她把屍體抬到扎豐堡壘（Fastness of Zaphon），在那裡安葬死去的神：

> 聽啊，夏佩西，眾神的少女，抬起了強大的巴爾，把他放在阿娜特的肩膀上。
>
> 她把他背到扎豐的堡壘，為他哭泣，埋葬他；她把他放在空洞裡，和地鬼在一起。

阿娜特完成哀悼儀式後，回到伊爾的住處。她痛苦地告訴大家：「現在你們可以高興了，因為巴爾死了，他的王位空出來了！」女神艾拉斯（Elath）及其男性親屬，不顧阿娜特的嘲諷，自顧地討論王位繼承問題。伊爾的另一個兒子被推薦了出來，但伊爾不同意，認為他太懦弱了。另一個候選者被允許前往扎豐，試圖坐上巴爾的王座。「但是他只到達王座的腳凳」，最終還是被排除了。看起來，似乎沒有人能夠取代巴爾。

這給了阿娜特希望：復活。她再次透過夏佩西的幫助，得知莫特的住所。她使用詭計，「藉故靠近他，像一隻母羊接近她的小羊……她抓住神聖的莫特，用劍劈開了他。」然後她燒了莫特的屍體並將之磨碎，接著把那些灰燼撒在曠野上。

在殺害巴爾的莫特被殺後，奇蹟發生了：死去的巴爾甦醒過來了！

強大的巴爾的確死了；地球之主的確毀滅了。
但是，你瞧瞧：強大的巴爾活著！看，高貴的地球之主存在著！

伊爾得知這個消息後，懷疑這是不是一場夢，「一個幻象」。但是，這是真的！伊爾脫下麻布衣，停止哀悼，十分開心：

現在我可以坐下來歇一歇，我的心情可以平靜下來；
因為強大的巴爾活過來了，地球之主，君主，存在著。
高貴地活著，地球的統治者。

儘管伊爾顯然不確定這個復活事件是不是幻覺或只是一場夢，但迦南的故事陳述者選擇向人們保證：伊爾在最終接受了奇蹟。半神克雷特的故事也回應了這種保證，他的兒子們看到他處於死亡的痛苦中，無法相信「伊爾的後代會死」。

木乃伊的製法源自埃及？

也許是因為神的死亡是不可接受的，使得復活的概念發揮了作用。不管伊南娜是否相信自己的愛人會從死裡復活，她精心保存杜姆茲的遺體以及所說的相關話語，都在群眾之間保留了眾神不朽的幻想。

她親自講述的保存過程，能夠讓杜姆茲在最後一日醒來並與她會合，這無疑是被稱為「木乃伊化」的製作程序。這也許震驚了埃及古物學者，因為他們認為木乃伊的製作是開始於埃及的第三王朝，時間大約是西元前兩千八百年。這個過程必須先清洗已故的法老遺體，再塗上油，並裝入編織布裡以保存遺體，這樣法老就可以踏上來世的旅程。

然而，有一份蘇美文獻證明了木乃伊製法的出現，比原先以為的提早了幾個世紀。

這份文獻中所提到的詳細步驟細節，甚至是遮蓋布的顏色，都與後來在埃及實行的是一樣的。

伊南娜命令手下將保存的遺體放在天青石厚板上，以放進一個特別的神殿裡。她將神殿命名為伊馬許（E.MASH），意思是「毒蛇的屋子／神廟」。也許，這不只是把恩基死去的兒子放到父親手上的象徵性姿態。因為恩基不只是納卡什（毒蛇），也是《聖經》中的知曉祕密者。在埃及，他的象徵符號

圖33：普塔的象形文字與DNA雙螺旋結構

是毒蛇，而他的名字「普塔」（PTAH）的象形文字，代表了DNA的雙螺旋結構（見圖33），因為這是一切生命與死亡的關鍵所在。

被肢解的奧西里斯與兒子荷魯斯的誕生

杜姆茲因為與伊南娜（伊師塔）訂婚，而且在死後受到伊南娜的哀悼，因而在蘇美和阿卡德地區受到尊重，甚至還有一個月份以他來命名，不過，杜姆茲畢竟是一位非洲神。因此，學者難免會把他的死亡和防腐處理，拿來與偉大的埃及神奧西里斯（Osiris）的悲慘故事相比較。

奧西里斯的故事與《聖經》中該隱和亞伯的故事相似，在這兩個故事中，兄弟之間的敵對狀態，一直到其中一位殺了另一位才結束。奧西里斯的故事開始於兩對神聖配偶，兩個同父異母的兄弟（奧西里斯和塞特〔Seth〕）娶了兩個姊妹（愛西絲〔Isis〕和奈芙蒂斯〔Nephthys〕）。尼羅河王國為了避免廢除兄弟中的任何一個，在兩人之間劃分領地：下埃及（北部）歸奧西里斯所有；上埃及（南部）歸塞特所有。然而，在複雜的繼承權神聖規則中，合法繼承者優先於長子，激烈的競爭使得塞特運用詭計將奧西里斯困在箱子裡，然後把箱子丟進地中海，奧西里斯就這樣被淹死了。

奧西里斯的配偶愛西絲，一直到箱子漂至現今的黎巴嫩的岸邊，才找到它。她把丈夫奧西里斯的屍體帶回埃及，尋求神圖特的幫助，好讓奧西里斯復活。但是，塞特發現了這一切，便奪走屍體，並把它切成十四片，還把碎塊丟在埃及各處。

愛西絲持續尋找碎塊，幾乎全部找到了，除了（如傳說所述）奧西里斯的陰莖。她把碎片重新放在一起，並用一塊紫色編織布把它們綁在一起，重新組合了奧西里斯的身體。「因此，木乃

伊化的製法在埃及展開了。從法老時期開始，所有關於奧西里斯的描繪都呈現出他被緊緊地包在裹屍布中。」（見圖34）

就像比她更早期的伊南娜，愛西絲為已故的配偶包裹屍布並讓他木乃伊化，這種行為使得「神將復活」的觀念在埃及興起（如伊南娜在蘇美和阿卡德的行為）。在伊南娜的情況中，女神的行為可能是故意的，目的是要滿足個人對於損失的否認，並確認眾神的不朽。但在埃及，這個行為成為法老信仰的支柱，其信仰就是：人類的國王也可能會變身，並且透過模仿奧西里斯，在加入眾神的來世中獲得永生。

瓦利斯・布奇（E. A. Wallis Budge）在著作《奧西里斯與埃及復活》（*Osiris & The Egyptian Resurrection*）的前言中提到，古代埃及宗教的中心人物是奧西里斯，他被崇拜的主要基礎是信仰他的神性、死亡、復活，以及對於人的身體及靈魂之天命的絕對控制。在阿拜多斯（Abydos）和丹德拉赫（Denderah）當地，獻給奧西里斯的主神廟中，描繪了神復活的步驟（見圖35）。瓦利斯・布奇教授和其他學者認為，這些描繪來自於每年在這些地方演出的受難復活劇或神蹟劇，就如同美索不達米亞地區獻給馬杜克的宗教儀式。

《金字塔經文》（*Pyramid Texts*），以及其他出自《亡靈書》（*Book of the Dead*）的喪葬描述，都提到了已被施以防腐和木乃伊化的已故法老，如何準備通過東方的假門，以離開他的墳墓（這只是他的臨時休息處），並展開來世之旅。據推測，這一段旅程模擬了復活的奧西里斯前往永恆

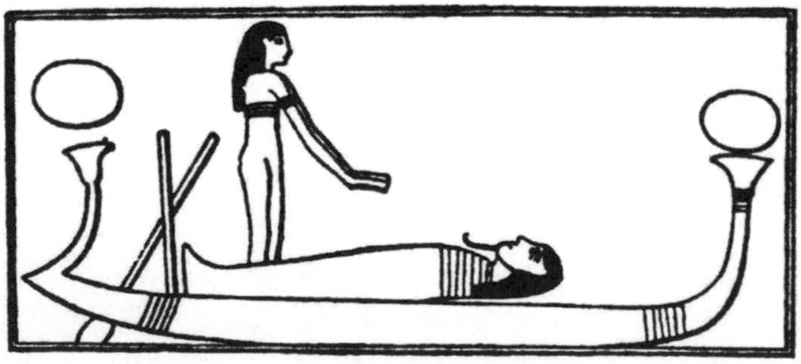

圖34：被包在裹屍布中的奧西里斯

住所的天國寶座之旅程；這也是一段法老王像神聖的獵鷹一樣飛向天堂的旅程，並由通過一連串充滿了神奇生物和景象的地下房間及地下走廊而展開。

在《通往天國的階梯》（*The Stairway to Heaven*）中，我們已經分析了古代文獻的地理學和地形學意義，並認為它模擬了西奈半島地下發射井的旅程。它就跟西奈半島上一個真實遺址的實際

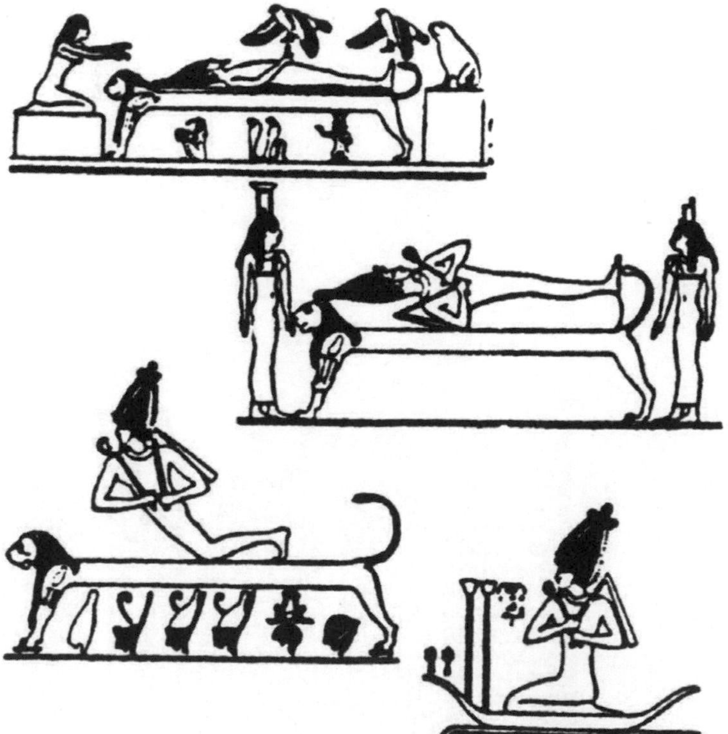

圖35：神復活的步驟

描繪相同，這個遺址是在法老時期統治當地的總督胡伊（Hui或Huy）的墳墓（見圖36）。

奧西里斯的復活，伴隨著另一個奇蹟的壯舉，也就是在奧西里斯去世且被肢解之後很久，愛西絲生下了他的兒子荷魯斯（Horus）。在這兩個被埃及人視為奇蹟的事件中，神圖特扮演了決定性的角色（他在埃及藝術中經常以朱鷺頭的形象出現，見圖37）。他幫助愛西絲將被肢解的奧西里斯結合在一起，又指導她如何從奧西里斯的屍體中提取「精髓」（essence），然後使自己懷孕。她在做了這些事之後，成功地懷了一個兒子：荷魯斯。

圖36：西奈半島的胡伊之墓

即使是認為這些傳說不只是「神話」而是一些真實事件的回憶的人，也在懷疑：愛西絲到底做了什麼，能從死去的奧西里斯身上提取精液和「精髓」。然而，這是不可能的，因為愛西絲沒有找到並重新組合的那一個部分，正是他的男性器官。圖特的奇蹟壯舉必須要超越現今很普遍的人工受精。很顯然，他所做的是為愛西絲取得奧西里斯的基因「精髓」。從相關文獻和來自古代埃及的描繪，都確認了圖特確實有完成這項壯舉所需要的「祕密知識」。

後來，圖特的生物醫學能力（在人類眼裡是「奇蹟」）再一次因為荷魯斯而被召喚。

愛西絲為了保護孩子遠離殘酷的塞特，一直把荷魯斯的出生當成祕密，並把他藏在沼澤地帶。塞特沒有發現奧西里斯的兒子的存在，而且就像恩基企圖讓同父異母的姊妹寧瑪赫為他生一個兒子一樣，也想強迫同父異母的姊妹愛西絲和他結合，為他生一個兒子，以得到無可爭議的繼承者。

塞特把愛西絲騙到他的住所後，抱著她糾纏了一會兒，但是愛西絲成功逃脫並回到荷魯斯藏身的沼澤地。然而，令愛西絲傷心的是，她發現荷魯斯意外死於毒蠍的一根刺。於是，她持續呼喚圖特來幫助她：

圖37：圖特的朱鷺頭形象

愛西絲的哭喊聲傳到天上，將請求傳送到百萬年之船上……

圖特下來；他擁有神奇的力量，能讓承諾成真……

他對愛西絲說：

我乘坐太空船，從它昨天所在之地來到這裡。

當夜晚來臨時，這道光（束）能驅走荷魯斯體內的蠍毒，治癒他……

我為了孩子的母親，從空中下來拯救他。

因為圖特的神奇力量，荷魯斯從死亡（也許他永遠對死亡具有免疫力）中甦醒並復活過來，長大成為納曲－阿提夫（Netch-Atef），意思是他父親的「復仇者」。

圖特的神奇力量與銅蛇

圖特所具有的關於生命與死亡方面的生物醫學力量，在被稱為《魔法師傳說》（*Tales of the Magicians*）的一系列古代埃及文獻中有所記錄。其中之一是「開羅莎草紙30646」，描寫了一對有皇家血統的夫妻非法擁有《圖特祕密之書》（*Book of the Secrets of Thoth*）。圖特為了懲罰這對夫妻，就把他們埋葬在地下室中，並使其處於停格動畫狀態，像死者那樣木乃伊化，但是他們仍然可以看見、聽到及說話。

另一個寫在《維斯卡莎草紙》（*Westcar Papyrus*）的傳說中，法老古夫（Khufu，即基奧普斯〔Cheops〕）的一個兒子告訴他，有個「熟知圖特的奧祕」的老人，其中一項能力是讓死者恢復生命。古夫為了親眼見識這種能力，便把一名囚犯的頭砍下來，要求那位老人將切斷的頭合起來，並使那個人甦醒。但是，老人拒絕在人類身上表演「圖特的魔法」，因此就把一隻鵝的頭切下來。老人「念誦了」來自《圖特之書》（*Book of Thoth*）中的「有力量的咒語」，然後，那顆被切下的鵝頭就自動跟鵝的身體合在一起，那隻鵝站起來，蹣跚而行，也開始鳴叫，就跟先前一樣活著。

圖特確實擁有讓一個被砍頭的死人復活的能力，他可以為那名死者重新裝上頭，並使他復活。在荷魯斯終於拿起武器對抗叔叔塞特時所發生的事件，讓圖特的這個能力在古代埃及廣為人知。在經過陸地、水上和空中的激戰之後，荷魯斯成功俘虜了塞特和他的官兵。他們被帶到拉神的面前進行審判，拉神則把這些俘虜的命運交到荷魯斯和愛西絲的手上。因此，荷魯斯開始砍下他們的頭，殺死他們。然而，輪到塞特時，愛西絲不想看到自己的哥哥被這樣對待，便阻止荷魯斯對塞特處死。荷魯斯因而勃然大怒，轉向自己的母親並砍下她的頭！幸好圖特及時趕到現場，裝上愛西絲的頭，讓她復活，她才活了下來。

為了欣賞圖特達到所有成就的能力，讓我們回過來看，我們已經確認了普塔的兒子是寧吉什西達（在蘇美傳說中，他是恩基的兒子），他的蘇美名字的意思是「生命樹／工藝之主」。他是精確科學的神聖祕密之守護者，其中最重要的是遺傳學和生物醫學的祕密，他的父親恩基在創造人類時曾好好地運用了這些科學。事實上，蘇美文獻證明，馬杜克曾經向他的父親恩基抱怨，他沒有被傳授到恩基擁有的所有知識。

恩基回答：「我的兒子，你不知道什麼呢？我還可以給你什麼呢？」馬杜克指出，被保留的知識是那些能讓死者復活的祕密。這種祕密知識那些能被恩基傳授給馬杜克的兄弟寧吉什西達（圖特），但是沒有被傳授給馬杜克（拉）。

這些被傳授給圖特（寧吉什西達）的祕密知識，都被呈現在美索不達米亞的藝術作品和崇拜中，方法是用纏繞的蛇的符號來描繪他（見下頁圖38a），而我們已經確認這個符號正是DNA雙螺旋結構的呈現（見下頁圖38b），它也被當成醫學和康復的象徵，一直持續到今日（見下頁圖38c）。

在出埃及期間，摩西為了消滅造成無數以色列人喪生的瘟疫而打造銅蛇，無疑也與這一切有關。摩西曾被召喚到法老宮廷中，並接受埃及術士的訓練，在上帝的指導下，「你製造一條火蛇，掛在杆子上」，當那些被瘟疫折磨的人們一看到銅蛇時，就活了下來（《民數記》21：8～

10）。

另一件事也許不只是巧合。世界一流的古代銅礦開採暨冶煉權威班諾・羅森伯格（Benno Rothenberg）教授，著有《米甸人亭納》（*Midianite Timna*）及其他作品，他在西奈半島發現了一座神殿，其建造時間可以回溯到米甸人（Midianite）時期，當時摩西已經逃到西奈曠野，跟米甸人住在一起，甚至與米甸人的大祭司的女兒結婚。班諾・羅森伯格發現，在這個位於最早的銅礦開採地的神殿遺蹟裡，保存了一個小銅蛇。它是那裡唯一的奉獻對象。（這座神社已被重建為展示品，擺放在特拉維夫的依瑞茲以色列博物館〔Eretz Israel Museum〕裡，見圖39，可以在那裡看到銅蛇。）

在《聖經》中，以及在西奈半島的發現，都有把恩基當成「納卡什」（Nachash）的直接描述。這個詞語不僅有我們已經知道的兩個意思（毒蛇、知曉祕密者），也有第三種意思：「銅人」，因為希伯來文中用來指稱銅的單字是Nechoshet，跟Nachash有同樣的字根。在蘇美，恩基的稱號之一是BUZUR，也有雙重的含義：「知道或解決祕密

a

圖38a：代表圖特的纏繞蛇符號

b

圖38b：DNA雙螺旋結構

c

圖38c：醫學和康復的象徵

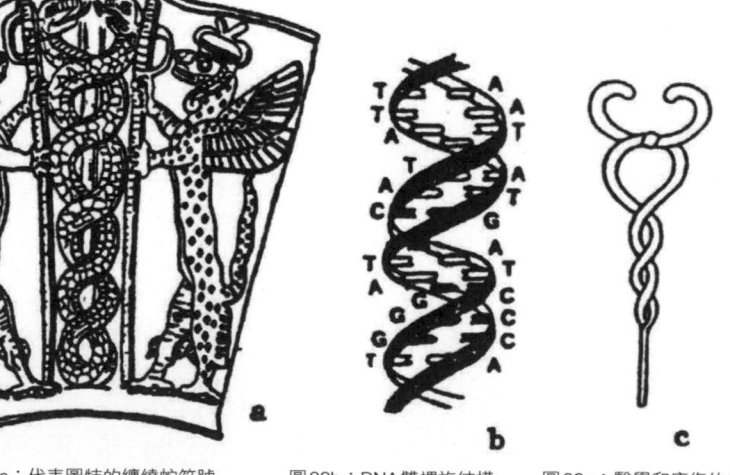

者」和「銅礦的人」。

這些各種的相互關聯，也許可以解釋另一個令人費解的選擇，也就是為何伊南娜選擇以巴地比拉做為杜姆茲的安息之地。在相關文獻中，沒有任何跡象顯示杜姆茲（包括伊南娜）與這座眾神之城有關聯。唯一可能的關聯，就是巴地比拉是被當成阿努納奇的冶金中心而建立的。那麼，伊南娜是不是把施作了防腐程序的杜姆茲遺體，擺放在不只提煉金，也提煉銅的地方呢？

另一個可能的關聯是，《出埃及記》中耶和華對於摩西要在沙漠中建造的會幕和任命帳篷，所做出的詳盡且明確的指示：在哪裡及如何使用黃金或白銀，什麼種類及尺寸的樹林或木材，布或皮要如何縫製、如何裝飾等。

在這些說明中，對於祭司（在那時，只有亞倫和他的兒子們）要舉行的儀式也非常謹慎：他們的服裝、需要穿戴的聖物，還有成分非常明確的香，它能產生獨特的香氣及適當的雲霧，可保護他們不受致命性放射線的傷害。另一個要求是：他們必須在臉盆中清洗手腳，「他們進會幕……免得死亡。」（《出埃及記》30：20），至於臉盆的材質，也特別強調必須要用銅打造（《出埃

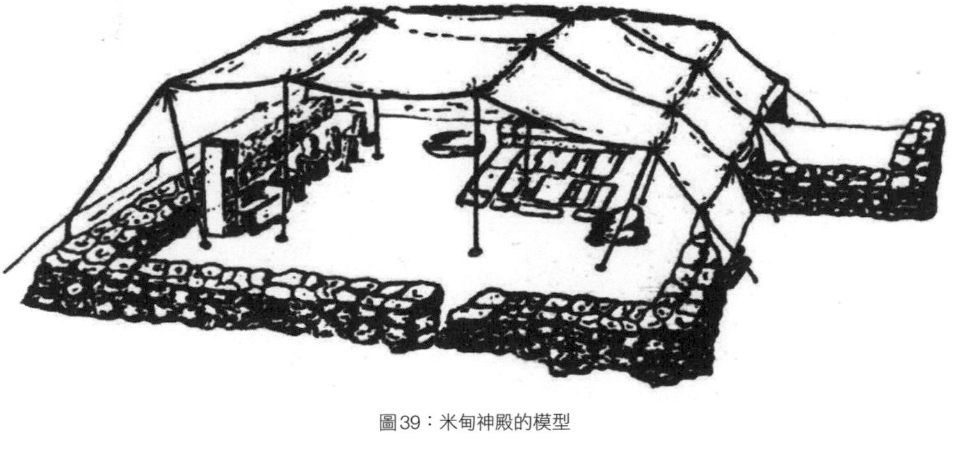

圖39：米甸神殿的模型

及記》30：18）。

所有這些分散但有所關聯的事實和珍貴的傳聞，指出了「銅」在人類生物起源中扮演了一定的角色，而這是現在的科學才剛剛開始揭露的（最近的例子是一篇發表在一九九六年《科學》〔*Science*〕雜誌三月八日號的研究，提到了腦中銅代謝的破壞，與阿茲海默症有關聯）。

銅所扮演的角色，就算不是恩基和寧瑪赫進行第一次基因嘗試以生產「亞當」的一部分，也肯定在恩基（納卡什）進行第二次改造並賦予人類繁殖能力時，被融入了人類的基因組中。

換句話說，銅明顯是我們天命的一部分。對於蘇美造物文獻的學習和專業分析，可能導向醫學界的突破，而這些突破將影響到我們日常的生活。

對於神伊南娜來說，她相信銅可以幫助她的愛人復活。

6．宇宙的關聯：DNA

早在電視劇開始播出之前，法庭的戲劇就已經讓人激動，而相關審判也創造了歷史。我們已經遵從聖經律法很長一段時間：「由兩名證人做出裁決。」法庭證據已從目擊者轉移到書面證據、法醫證據，以及目前看來是縮影的DNA（脫氧核糖核酸）證據。

現代科學已經發現了所有生命都是由細小的核酸在被稱為染色體的鏈上拼組出遺傳和個性，也有能力閱讀這些糾纏在一起的DNA之組成字母（編注：學界使用一串字母來表示攜帶基因訊息的DNA分子結構，可能的字母有A、C、G、T，分別代表組成DNA的四種核苷酸；核苷酸為核酸的單體結構），並分辨它們拼出的獨特而單獨的「文字」。利用DNA鑑定來證明有罪或無罪，已經成為法庭劇的重頭戲。

這是二十世紀無與倫比的壯舉嗎？不，它是過去一百個世紀的壯舉，來自西元前一萬年的法庭劇。

一萬年前的DNA鑑定事件

這個古代的著名事件發生在埃及，那時是眾神而不是人類統治著大地。這個事件涉及的是眾神，而不是人類。它講的是塞特和荷魯斯的對抗，事件根源於同父異母兄弟塞特和奧西里斯的敵對狀態。

塞特採取不當的手段擺脫了奧西里斯，並接管他的領地。第一次，塞特使用詭計騙奧西里斯進入一個箱子之後，便迅速將其封住並扔進地中海。然而，愛西絲找到了這個箱子，並在圖特的幫助下，救活了奧西里斯。第二次，憤怒的塞特抓住奧西里斯，把他切成十四塊。愛西絲把碎塊放在一起並拼合起來，讓奧西里斯木乃伊化而開始了來世的傳說。不過，她沒有找到奧西里斯的陰莖，無法把它拼合在身體上，因此奧西里斯不會有子嗣。

然而，愛西絲決定要生一個孩子，讓他為父親報仇。她向神聖祕密的守護者圖特求助。圖特從死去的奧西里斯的身體上可利用的部分，提取了「精髓」，幫助愛西絲懷孕並生了一個兒子：荷魯斯。

我們知道，「精髓」（不是「精子」）是現在所稱的DNA，這是在染色體組成鏈的基因核酸，這些鏈被成對排列在一個雙螺旋上（見圖38 b）。受孕時，當雄性精子進入雌性卵時，互相纏繞的雙螺旋線會分開，由雄性的一股與雌性的一股結合為新的雙螺旋DNA，成為他們的後代。關鍵是不僅要將兩個雙螺旋DNA融合在一起，還要將雙鏈分離（展開），然後重組每個來源的一條鏈，形成新的纏繞在一起的雙螺旋DNA。

從古代埃及而來的描繪顯示，普塔（恩基）的兒子圖特非常熟悉生物基因工程，並利用它們進行了基因創舉。在阿拜多斯的壁畫上（見圖40），法老塞提一世（Seti I）扮演了奧西里斯的角色，展現圖特從死去的奧西里斯那裡獲得兩條截然不同的DNA鏈後，讓生命（Ankh符號）重回他身上。《亡靈書》中關於荷魯斯出生的描繪上（見圖41），我們可以看到兩位接生女神幫助圖特抓住DNA的其中一條鏈，DNA的雙螺旋已經分離，因此只有一條鏈與愛西絲的重組

（圖中她正抱著新生的荷魯斯）。

愛西絲祕密地生下這個男孩。當他長大之後，他的母親覺得該為他爭取其父親的遺產了。因

圖40：塞提一世扮演奧西里斯的角色

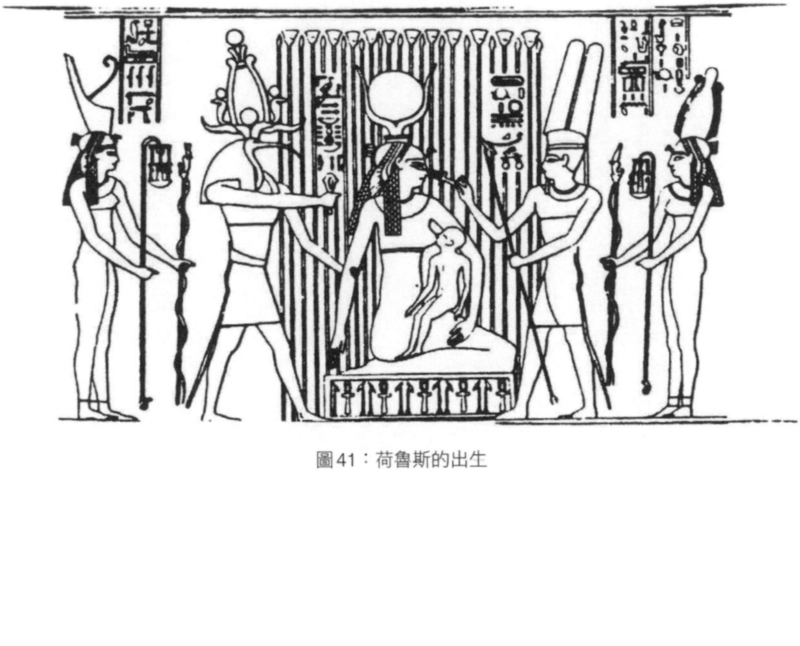

圖41：荷魯斯的出生

此，有一天，荷魯斯出塞特的意料之外，出現在主神議會上，並宣稱他是奧西里斯的兒子及繼承人。這是令人難以置信的宣告，卻不能不考慮它。這個年輕的神，真的是死去的奧西里斯的兒子嗎？

根據《切斯特・比替聖經殘卷》（*Chester Beatty Papyrus*）第一卷的記載，荷魯斯的出現使得這些與會的眾神大吃一驚，當然塞特更是驚訝。當議會開始商討這個突然的宣告時，塞特有一個調解的提議：讓商討暫時停止，這樣他才有機會熟悉荷魯斯，看看這件事是否可以和平解決。他邀請荷魯斯：「過來，讓我們在我的屋子裡度過快樂的一天吧。」荷魯斯同意了。但是，曾經用計殺死奧西里斯的塞特，腦子裡又產生了新的背信棄義的想法：

> 當黃昏之時，床已經為他們鋪好了，他們躺在那裡同睡。夜晚，塞特讓自己的陰莖變得硬挺，放在荷魯斯的腰間。

當商討重新展開時，塞特做了一個驚人的宣告。他說，無論荷魯斯是不是奧西里斯的兒子，都已經不重要了。因為現在他的精子在荷魯斯體內，這使得荷魯斯成為塞特的繼承者，而不是和他一起競爭繼承權的神。

然而，荷魯斯做了一個更令人吃驚的宣告。他說：「相反的，落選的人不是我，而是塞特！」他告訴大家，當塞特傾瀉精液時，他沒有真的睡著。他說：「精液沒有進入我的身體，因為我把精子抓在手中。」早上，他把精液帶給母親愛西絲看，這使得她想到一個主意。她讓荷魯斯勃起，並將精液射在杯子裡；然後，她將荷魯斯的精液灑在塞特花園裡的萵苣上，這是塞特最喜歡的早餐食物。塞特在不知情的情況下，消化了荷魯斯的精液。因此，荷魯斯說：「是我的精液在塞特的體內，現在他是我的繼承者，而不是在我之前繼承神位……」

主神議會的成員完全被弄糊塗了，轉而要求圖特解決這個問題。圖特使用基因知識的力量，檢查了愛西絲保存在壺裡的精液，發現那些確實是塞特的。他為荷魯斯做了體檢，發現他體內沒有塞特的DNA的痕跡。之後，他為塞特做了體檢，發現他確實消化了荷魯斯的DNA。

圖特就像是現代法院中的法醫專家，但顯然擁有我們尚未達到的技術能力。他將DNA分析結果交給主神議會。他們一致投票同意將埃及的統治權交給荷魯斯。

（塞特拒絕移交統治權，導致了我們所稱的第一次金字塔戰爭。戰爭中，荷魯斯首次徵募人類加入眾神的戰爭。我們在《眾神與人類的戰爭》中有詳細說明。）

具有重要地位的姊妹兼妻子

在基因學上的最新發現，揭露了眾神持續長久且看似奇怪的習俗，同時也強調出此習俗的生物遺傳學複雜性。

到目前為止，我們所講述的所有內容，證明了妻子姊妹（姊妹兼妻子）在美索不達米亞和埃及眾神的繼承規則中的重要性，而這一點在希臘神話中也有所呼應。希臘人命名的第一對神聖配偶，是從混沌演變而來的蓋亞（Gaea，意思是大地）和烏拉諾斯（Uranus，意思是天空或天堂）。其中的十二位泰坦（Titans）裡，有六名男性和六名女性。他們之間的通婚和所生的不同後代，導致了後來的霸權爭奪戰。

最早出現在對抗中的是克洛諾斯（Cronus），他是最年輕的男性泰坦神，妻子是他的姊妹瑞亞（Rhea），他們的三個兒子分別是黑帝斯（Hades）、波塞頓（Poseidon）和宙斯（Zeus），三個女兒分別是赫斯提亞（Hestia）、狄蜜特（Demeter）和赫拉（Hera）。儘管宙斯努力要取得霸權，卻不得不與兄弟分享統治權。他們三個劃分了統治權（有些版本說是透過抽籤），很像當時的阿努、恩利爾和恩基在劃分時那樣：宙斯是天神（但住在地球上的奧林帕斯山），黑帝斯掌管下層世界，而波塞頓掌管海洋。

克洛諾斯和瑞亞的後代（那三個兄弟和三個姊妹），組成奧林匹亞十二主神圈（Olympian Circle of twelve）的一半成員。另外六個成員是宙斯的後代，由宙斯和幾位不同的女神所生。其中一位女神是勒托（Leto），宙斯與她生了長子，也就是希臘和羅馬的神阿波羅（Apollo）。然而，當宙斯需要根據繼承法則獲得一個男性後代時，他轉而尋找自己的姊妹。最年長的赫斯提亞據說是隱居者，年紀太大或病得太重，無法成為婚姻和生育的對象。宙斯想與中間的姊妹狄蜜特生一個兒子，但是她只為他生了女兒泊瑟芬（Persephone），而不是兒子。這導致宙斯與最小的妹妹赫拉結婚。她真的為宙斯生了一個兒子阿瑞斯（Ares），還有兩個女兒厄勒提亞（Ilithyia）和赫柏（Hebe）。

希臘人和羅馬人沒有傳承到土星以外的其他行星知識，後來，當他們在為已知的行星命名時，便將火星取名為「阿瑞斯」，因為他雖然不是長子，卻是宙斯最重要的兒子。阿波羅是偉大的神，但希臘和羅馬人卻沒有用他的名字來為行星命名。

所有這些例子都增強了妻子姊妹在眾神史冊中的重要性。在繼承事務上，這個問題不斷被提出：誰將繼承王位？是長子還是最重要的兒子？如果後者是由他的姊妹所生，而前者不是呢？這個問題似乎已經統治並支配了地球上的歷史進程，從恩利爾來到這顆星球與恩基會合的那一刻就開始，而且這樣的競爭狀態也在他們的兒子（分別是尼努爾塔和馬杜克）之間持續下去。在埃及神的傳說中，為了相似的原因而產生的衝突，則在拉的後代（塞特和奧西里斯）之間展開了。

這樣的競爭不時爆發為真正的戰爭（最後，荷魯斯與塞特在西奈半島的上空單打獨鬥）。根據所有的記載，這些戰鬥並非開始於地球上。在尼比魯星上，也有繼承上的類似衝突，阿努也是經過打鬥和戰爭才取得統治權。

就像沒有兒子的寡婦可以要求丈夫的兄弟做為代理丈夫，「知道」（know，在此指性交）她，讓她生下一個兒子的習俗，阿努納奇的繼承規則也把優先權給予同父異母的姊妹所生的兒子，而這樣的習俗也由亞伯拉罕及其後裔傳承。他的第一個兒子是以實瑪利，是由侍女夏甲所生。後來，在神的幫助下，撒拉在令人難以置信的年老時期，生下了以撒，而以撒成為合法繼承者。為什麼？因為撒拉是亞伯拉罕同父異母的姊妹。「她是我的姊妹，是我同父異母的姊妹。」亞伯拉罕解釋道（《創世記》20：12，《和合本》譯為：「亞伯拉罕稱他的妻撒拉為妹子」）。

娶同父異母的姊妹為妻，在埃及的法老之間也很普遍，這是國王獲得統治權和繼承權的重要途徑。這個習俗也存在於祕魯的印加國王之間，普遍程度之高，甚至有某位國王在統治期間發生災難的原因，是他娶了並非同父異母姊妹的女人。

這個印加習俗根源於安地斯人的起源傳說，神維拉科查（Viracocha）創造了四個兄弟和四個姊妹，他們彼此結婚並被引導到不同的地方。一對兄妹（或姊弟）夫妻被賜予一根金棒之後，帶著它找到南美洲的「大地之臍」，展開了在庫斯科（Cuzco，以前印加人的首都）的王權。這就是為什麼印加國王（假設他們是由一連串皇室兄弟姊妹所生）可以宣稱他與造物神維拉科查有直接的血緣關係。

（根據安地斯傳說，維拉科查是偉大的天國之神，他曾經在古代來過地球，把安地斯山區當作他的舞臺。在《失落的國度》一書中，我們已經辨識出他是美索不達米亞的神阿達德〔即西臺神特舒蔔〕，並指出在安地斯文化和古代近東文化之間，除了兄弟與姊妹結婚的習俗外，還有其他很多相似點。）

在眾神與人類之間，兄弟與姊妹結婚的持久性，及其似乎不相稱的意義，令人困惑。表面上，這樣的習俗不僅是本地化的「讓我們把王位保留在家族中」的態度，最壞的情況是導致遺傳退化。為什麼阿努納奇（例如恩基不斷努力要與寧瑪赫生一個兒子）要透過這樣的結合，以得到一個兒子呢？一個同父異母的姊妹的基因有何不同？

當我們在尋求答案時，注意那些影響母親或父親問題的《聖經》習俗，會有所幫助。人們習慣把亞伯拉罕、以撒、雅各和約瑟的時期稱為族長時期，當大多數人被問起時，也許會說，《舊約》中的歷史，是從男性觀點呈現的。然而，事實上，是母親而非父親控制那些行動，從古代的觀點，讓這個故事的主題具有「存在」地位的是孩子的「命名」。事實上，不只是人，包括地方、城市、國家，直到其被賦予名字之後，才被認為是存在的。

事實上，這個觀念可以回溯到時間的開始，因為在《創世史詩》的開篇幾句，希望給予聽者的印象是，這個故事是在太陽系完全形成之前就開始的，宣告了提亞瑪特的故事和其他行星的開始：

Enuma elish fa nabu shamamu
當在高處的時候，天國還沒有被命名
Shaplitu ammatum shuma fa zakrat
在其之下，堅實的大地（地球）還沒有被命名在為兒子命名的重要問題上，是眾神或母親擁有此一特權呢？我們發現，當伊羅興（眾神）創造了智人後，將新的生命取名為「亞當」（《創世記》5：2，《和合本》譯為：「稱他們為人」）。但是當人類被賦予生育能力時，是夏娃而不是亞當有權力或特權來為他們的第一個男性後代命名為「該隱」（《創世記》4：1），還有將那個代替死去的亞伯的孩子命名為「塞特」（《創世記》4：25，編按：《和合本》的譯文中，並沒有強調命名的人是夏娃，但從英文版可知主詞是夏娃）。

我們發現，在「族長時代」開始時，為亞伯拉罕的兩個兒子命名的特權，是從神那裡移交過來的。他的長子由夏甲所生，被耶和華的使者命名為以實瑪利（《創世記》16：11）。合法繼承者以撒（Isaac/Itzhak，意思是使人發笑者）的命名者，是在所多瑪和蛾摩拉城毀滅之前，降臨在亞伯拉罕面前的三位聖人其中之一。（當時撒拉聽到上帝說她將有一個兒子，不由得在心中暗笑。《創世記》17：19，18：12）。

《聖經》中，關於以撒與利百加所生的兩個兒子以掃和雅各的故事中，沒有提供特別的資訊，只是簡單提到那是他們的名字。但後來就明確地指出，是由利亞和拉結為雅各的兒子命名（《創世記》第29章和30章）。幾個世紀後，當以色列人定居在迦南後，是參孫的母親賜名給他（《士師記》13：24）；撒母耳的母親也是這麼做的（《撒母耳記》1：20）。

來自母親的粒線體DNA

蘇美文獻中沒有提供這類的資訊。例如，我們不知道是誰賜名給吉爾伽美什，是他的女神母親或是他的大祭司父親。但是，吉爾伽美什的傳說為這個謎團提供了重要的線索：母親的血統在決定兒子地位上的重要性。

吉爾伽美什為了追求獲得神的長壽，首次來到雪松山的登陸點，但是他和同伴恩奇都被機器護衛者和天國公牛擋在門外。隨後，吉爾伽美什前往西奈半島的太空站。那個通道的入口由可怕的火箭人守護著，火箭人把「可怕的聚光束」瞄準他，「聚光束席捲山脈」，它的「眼神是死亡」（見圖42）。但是吉爾伽美什並不感到害怕，於是火箭人向同伴大聲喊叫：

他來了，他的身體是神的肉體！

吉爾伽美什被允許進去後，證實了守衛的結論：事實上，他對那些死亡射線是免疫的，因為他的身體是「神的肉體」。他解釋道，他不只是一個半神，而是「三分之二神」。因為並非他的父親是神，而是他的母親是女神，一位女阿努納奇。

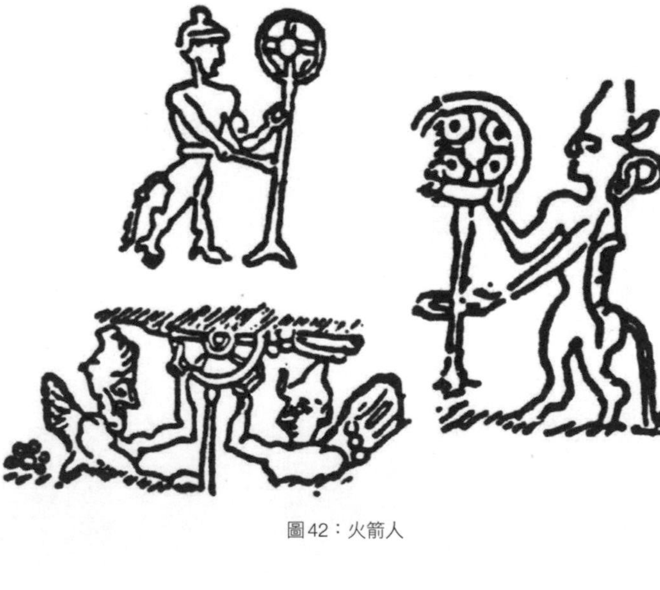

圖42：火箭人

我們認為，這是解決繼承法則以及在其他方面對母親血統的強調等謎團的關鍵所在。實際上是透過他的母親，才把一個額外的「資格」給予這個英雄或繼承者（關於阿努納奇或族長的）。

一九五三年，人類發現DNA的雙螺旋結構，並認識到這兩條鏈如何展開和分裂，使雌性卵中的一股和雄性精子中的一股重組，並讓後代具有母親和父親各五成的成分。的確，這種理論解釋了半神論者的主張，也反駁了吉爾伽美什提出的莫名其妙的主張，即他擁有三分之二的神性。

直到一九八〇年代，這個古代主張才開始變得有意義。當時，人們發現，除了這種位在染色體的雙螺旋結構中、儲存於雄性和雌性細胞，構成細胞核的DNA之外，還有另一種DNA漂浮在細胞核之外的細胞。它被命名為「粒線體DNA」（mtDNA），是只從母親那裡遺傳而來的，也就是說，這種DNA沒有與來自雄性的DNA進行過分裂和重組的程序。

換句話來說，如果吉爾伽美什的母親是一位女神，那麼他確實從她那裡繼承了一般的DNA和粒線體DNA，才使他具有自己所宣稱的三分之二的神性。

從一九八六年至今，對於粒線體DNA的存在與轉化的相關發現，已經讓科學家能夠將現代人類的粒線體DNA，追溯到大約在二十五萬年前生活於非洲的「夏娃」。

一開始，科學家認為，粒線體DNA的唯一作用是扮演細胞的能量發電廠，為細胞中的各種化學和生物反應提供能量。但是，現在已經探知，粒線體DNA的所謂「粒線體」，包含了三十七個基因，它們排列成類似手鐲的封閉圓圈。這樣的基因「手鐲」，包括一萬六千多個鹼基對的遺傳字母（相較之下，構成細胞核心的每個染色體，從父母那裡各繼承一半，包含多達十萬個基因和總計超過三十億個鹼基對。）

又過了十年之後，科學家才認識到粒線體DNA的組成或功能損傷，可能導致使人體虛弱的疾病，特別是對於神經系統、心臟、骨骼肌肉及腎臟。一九九〇年代，研究者發現粒線體DNA的缺陷（變異），也會破壞十三種重要的身體蛋白質的生產，導致多種嚴重疾病。一九九七年，發表在《科學美國人》（*Scientific American*）上的一系列研究，都從阿茲海默症開始，並擴及各種視覺、聽覺、血液、肌肉、骨骼、心臟和大腦的疾病。

創造人類的試錯過程

這些基因疾病與一長串的身體疾病和功能障礙有關，都是由細胞核中DNA的缺陷造成的。當科學家拆開並瞭解人類的「基因組」（完整的基因密碼，最近在單細胞低等細菌方面取得了極大的成就）之後，也逐漸認識了每個基因表現的功能（另一方面則是因基因缺少或故障而產生疾病）。如果基因不生產某一種蛋白質或酶或其他重要的身體化合物，將會導致乳腺癌、阻礙骨骼形成、耳聾、視力喪失、心臟疾病、體重增加過多或相反等狀況。

有趣的是，我們在蘇美文獻中讀到的，關於恩基和助手寧瑪赫創造原始工人的故事，也看到了一系列類似的基因缺陷。他們試圖將原始人的DNA與阿努納奇的DNA重組，以創造出一個新的混合生命，這是一個試錯過程，起初這些生命有的缺少器官或四肢，或是不只有四肢。

巴比倫祭司貝羅蘇斯（Berossus）在西元前三世紀為希臘人整編了早期蘇美的歷史與知識，其中描述到人類創造者的失敗，揭露了試錯過程產生的一些生命擁有一個身體和兩顆腦袋。這種「怪物」確實被蘇美人描繪過（見圖43 a），還有另一種異常的人有一顆腦袋帶著兩張臉，被稱為「烏斯木」（Usmu，見圖43 b）。在文獻中特別提到了一個生物無法控制自己的尿，還有很多功能失常，包括眼睛和視力疾病、顫抖的雙手、運作不佳的肝臟、衰弱的心臟和「老年的病痛」。

這份文獻名為《恩基和寧瑪赫：人類的創造者》（*Enki and Ninmah: The Creation of Mankind*），除了列舉許多功能失常（僵硬的手、癱瘓的腳、不停地滴精液）的情況之外，也把恩基描述成具有同情心的神，他不會破壞這些殘廢的生命，而是為他們找一些有意義的生活。因此，當一個視力有缺陷的生物產生時，恩基就教他一些不需要視力的藝術，例如歌唱或彈琴。

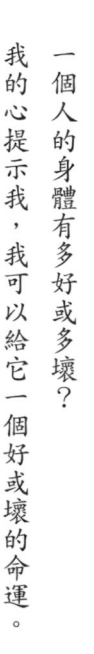

這份文獻指出，對於這些生物，恩基頒布了這樣或那樣的命運。當時，他向寧瑪赫提出挑戰，要她自己進行基因工程。結果很糟糕：她製造的人類有嘴巴出現在錯誤的位置、一個有病的頭腦、疼痛的眼睛、痛苦的脖子、虛弱的肋骨、功能失常的肺、心臟疾病、無法排便、手太短而碰不到嘴巴等。但是，寧瑪赫持續試錯，並能夠改正這些錯誤。最後，她終於通曉了阿努納奇／原始人類基因組，並自誇能把人類按照自己的意願做得完美或不完美：

> 一個人的身體有多好或多壞？
> 我的心提示我，我可以給它一個好或壞的命運。

圖43a：有兩顆腦袋的生物

圖43b：有兩張臉的生物

現在，我們也達到這個階段，可以插入或替換某一個我們已經得知其功能的特定基因，以試圖預防或治療一種特殊疾病和短處。事實上，一個新的工業——生物技術工業——已經誕生，看似在醫學（還有股市）上擁有無盡的潛力。我們已經學會執行所謂的基因改造工程，也就是在不同物種之間轉殖基因。我們能夠實現這個技術，是因為所有在地球上漫遊或飛行、游泳或生長的生物體，從最簡單的細菌到最複雜的人類的全部遺傳物質，都是由相同的基因ＡＢＣ組成——它們與那些構成「種子」（由尼比魯帶進太陽系）的核酸相同。

事實上，基因是我們的宇宙關聯。

人類基因的來源

現代基因學的進步，走的是兩條平行又互相關聯的路線。一條是探知人類的基因組（組成人類的所有基因）。這牽涉到對於代碼的解讀，這些代碼由四個字母組成（A－G－C－T，是四種組成DNA的核苷酸的名稱首字母），它們有無數種組合，先組合成「單字」，再組合成「句子」和「段落」，最後組成一本完整的「生命之書」。

另一條研究路線是確定每一個基因的功能。這是一項更艱鉅的任務，不過，如果可以在更簡單的生物（例如低等細菌或實驗室小鼠）中發現相同的基因，則有助於透過實驗來確定其功能，因為人體中的相同基因一定也具有相同的功能（或缺少此基因則會有相同的功能障礙）。例如，與肥胖有關的基因，就是透過這種方式完成的。

這項尋找人類疾病和身體缺陷的成因及治療方法的終極目標是雙重的：其一是發現控制身體生理機能和大腦神經功能的基因，其二是發現控制老年化過程的基因、細胞壽命的內部時鐘（長壽的基因），以及控制記憶、推理和智力的基因。在實驗室老鼠和人類雙胞胎上的實驗，以及它們之間的廣泛研究，都能證實基因和基因群這兩者的存在。

透過比較雙胞胎尋找「智力基因」的結論，可以說明這些研究目標多麼繁瑣和難以捉摸：研究人員得出的結論是，負責智力和認知疾病的「基因點」或「基因字串」可能多達一萬個，而每一個本身都只占很小的一部分。

有鑑於這種複雜性，也許有人希望現代科學家能利用蘇美人（是的！）提供的路線圖。現今在天文學上的非凡進步，持續證實了蘇美的宇宙進化論，以及由《創世史詩》提供的科學資料：其他太陽系的存在、高度精確的橢圓軌道路徑、逆行軌道、災變理論、外層行星的水，同時也解釋了為什麼天王星看似橫躺、小行星帶和月亮的起源、地球的深谷在一邊而陸地在另一邊。所有這一切都能由尼比魯和天體碰撞的科學複雜故事來解釋。

那麼，為什麼我們不認真地將蘇美人創世傳說的另一個部分，即亞當的創造，當作科學路線圖呢？

首先，蘇美文獻告訴我們，「生命的種子」（基因系統）大約是在四十億年之前的天幕之戰（天體碰撞）中，由尼比魯星傳入地球的。如果它們在降落到地球之前，僅在尼比魯進行了百分之一的進化，那麼當它們開始在地球上進化時，早已在尼比魯星上進化了四千萬年。因此，很有可能的是，先進的超人類阿努納奇，在五百萬年前就有能力在太空旅行了。當他們來到地球時，發現這裡有仍處於原始階段的同類智能生物，也是有可能的。

由於兩者來自相同的「種子」，從事基因轉殖操作（transgenic manipulation）就是可行的，正如恩基發現並提出的：「我們需要的生物已經存在！」他解釋道，我們所要做的事，就是把我們的（基因）標記放到他們身上。」

有人肯定認為，當時阿努納奇已經知道尼比魯人的完整基因組，也能夠像我們現在這樣確定人類的基因組。恩基和寧瑪赫選擇了哪些特別的特徵，將其從阿努納奇轉給原始人？蘇美文獻和《聖經》都指出，當第一批人類擁有一些（不是全部）阿努納奇的壽命時，這一對創造者夥伴故意限制亞當獲得不朽的基因（也就是相當於尼比魯軌道週期的阿努納奇的壽命）。另一方面，又有什麼樣的缺陷隱藏在亞當的重組基因深處？

我們堅定地相信，如果資深科學家詳細研究記載在蘇美文獻中的資料，極有可能獲得深具價值的生物起源和醫學資訊。一個令人驚訝的病例是大家所知的威廉氏症候群（Williams Syndrome）這種身體缺陷。大約每兩萬名新生兒中，就有一位受到這種病痛的折磨，患者有非常低的、近乎遲鈍的智商，但同時，他們在一些藝術領域勝過常人。最近的研究已經發現，這種症候群所導致的「白癡天才」（正如他們有時被描述的那樣）是由七號染色體上的微小間隙引起的，這會使人失去大約十五個基因。常見的障礙之一是大腦無法識別眼睛所見的視力受損狀況；而常見的才能之一是音樂。**這正好符合蘇美文獻中提到的例子，恩基教導視力受損的人唱歌和表演音樂。**

起初，因為亞當不能生育（需要阿努納奇參與複製），我們可以得出結論：在那個階段，雜交人類只擁有基本的二十二個染色體。現代生物醫學期望在這些染色體上發現的疾病類型、缺陷（和治療方法），都是在有關恩基和寧瑪赫的文獻中所列出的類型和範圍。

下一步基因改造（《聖經》中關於亞當和夏娃在伊甸園的故事對此有所呼應）是生育能力的授予：將X（女性）染色體和Y（男性）染色體加進基本的二十二個染色體中（見圖44）。相較於人們一直認為的，這兩

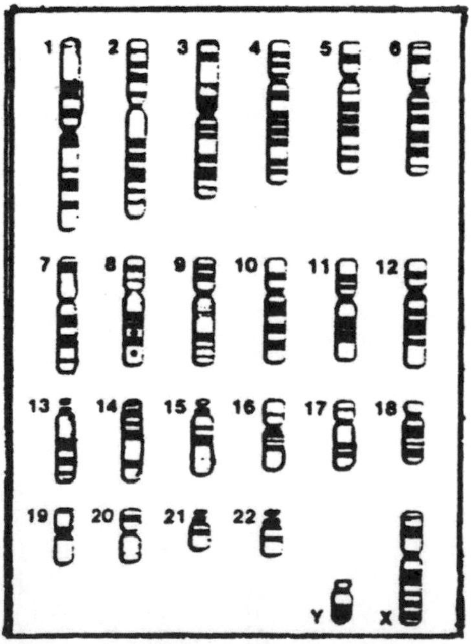

圖44：人類的染色體

個染色體除了決定後代的性別之外別無用處，最近的研究已經揭露，它們扮演了更廣泛、更多樣化的角色。由於某些原因，在Y（男性）染色體方面，特別使科學家感到驚訝。在一九九七年底發表的〈人類Y染色體的功能一致性〉的研究成果，立刻引發了「畢竟男性染色體不是一片遺傳荒地」（《紐約時報》，一九九七年十月二十八日）等粗體大字標題的文章報導。（這些研究所帶來的意外紅利是，證明了「亞當和夏娃都是來自非洲東南部」。）

恩基（即納卡什）是從哪裡獲得X和Y染色體的呢？粒線體DNA的來源又是什麼？分散在蘇美文獻的線索顯示，恩基的配偶寧基在人類創造的最後階段，具有舉足輕重的作用。恩基決定由她給予人類最後的一次觸動，另一種遺傳繼承：

> 新生兒的命運，將由你宣布；
> 寧基將決定它具有神的形象。

這些文字呼應了《聖經》中的記載，「照著他們的形象，按著他們的樣式，神（伊羅興）創造了亞當。」（《創世紀》1：26）如果恩基的配偶（即馬杜克的母親）寧基是「夏娃」粒線體DNA的來源，那麼姊妹兼妻子血統的重要性開始變得有意義，因為它構成了另一個與人類的宇宙起源有關的連結。

阿達帕的天國旅程

蘇美文獻聲稱，當神為他們自己保守「永生」（Eternal Life）的祕密時，確實給予人類「智慧」，這是一種額外的智力基因。我們認為，額外的基因貢獻是被學者稱為《阿達帕傳說》（*The Legend of Adapa*，又譯亞達帕傳說）的文獻之主題。

在文獻中，他被清楚地識別為「埃利都的兒子」，埃利都是艾（恩基）在伊丁的「崇拜中心」，此外，他也被稱為「艾的兒子」，如同其他資料顯示的，他是恩基與配偶之外的其他女人所生的後代。由於阿達帕擁有這樣的血統，還有深思熟慮的行動，因此被世世代代的人認為是「人類的智慧之最」（Wisest of Men），並被稱為「埃利都聖賢」：

> 在那些天，在那些年，艾創造了埃利都聖賢做為人類的模範。
> 完善了他的廣泛理解力，公開了地球的所有設計。
> 將智慧給予了他，沒有給予他永恆的生命。

這個命運與天命之間的碰撞，把我們帶到了智人出現的時刻。阿達帕身為神的兒子，也要求長生不死。正如我們從《吉爾伽美什史詩》中得知的，可以透過升上天國到達阿努納奇的住所而獲得永生。這就是艾（恩基）告訴阿達帕的。

阿達帕無所懼怕，要求並收到了恩基所給的到達該處的路線圖：「他讓阿達帕走上通往天國的道路，並且升上天國。」恩基向他提供了如何獲准進入阿努的王室的正確建議，但是，對於他被給予生命麵包和生命之水後該如何回應，恩基給了完全錯誤的指示。恩基警告阿達帕，「如果你接受並拿走它們，你一定會死！」阿達帕在父親的誤導下，拒絕了眾神的食物和水，最終受制於凡人的天命。

不過，阿達帕確實接受了一件服裝並穿上它，也拿走了給予他的油，並塗在自己身上。

因此，阿努宣稱，阿達帕將開始了解眾神的祕密知識。阿努給阿達帕看天國的廣闊區域，「從天國的地平線掃視到天國的頂點。」阿達帕將被允許安然無恙地回到埃利都。女神妮卡拉克（Ninkarrak）將在那裡把「分配給人類的疾病，凡人身上所生的疾病」的祕密傳授給阿達帕，並教他如何治癒這些病痛。

在這裡，我們必須回顧《聖經》中耶和華給予西奈曠野中的以色列人的保證。他們在沒有水的情況下流浪了三天，到達一個水坑，但那裡的水無法飲用。於是，神向摩西指出一棵樹，告訴他，把它扔進水裡，水就會變得可以飲用了。耶和華對以色列人說：「留心聽我的誡命，守我一切的律例，我就不將所加與埃及人的疾病加在你身上，因為我耶和華是醫治你的。」（《出埃及記》15：26）。耶和華將會擔任他所選擇的人類之醫治者的誓言，在《出埃及記》第二十三章二十五節中再度出現，其中涉及了讓一個無法生育的女人懷上孩子。（**這個特殊的諾言也出現在關於撒拉和其他女英雄的聖經敘述中**）。

既然我們在這裡涉及到神的實體，應該可以假設我們也涉及到基因治療。例如，納菲力姆（巨人）在大洪水來臨前夕，發現「亞當的女兒們」是相容的，可以一起懷上孩子，其中也包括了基因遺傳。

這種以治療為意圖的基因學知識，是否被傳授給阿達帕，或是其他半神或新成員呢？如果是的話，又是如何傳授的呢？這些複雜的基因密碼如何被傳授給「原始」時代的地球人呢？

我們認為，對於這個問題，只能在字母和數字中尋求答案。

7．祕密知識與神聖文獻

科學（對於天地運轉的理解）屬於神的領域，古人這麼堅信著。那是「眾神的祕密」，被隱瞞著而不讓人類知道，只針對被選定的個人傳授神聖的祕密。

「我們所知的，皆為眾神所賜。」蘇美人在著作中如此宣稱。穿越千年直到今日，那些已被發現的和神祕的科學與宗教基礎，都在這些著作裡。

當這些祕密知識被傳授給人類，成為神聖智慧之後，就成為人類的文明和進步的基礎。至於眾神保留的祕密，最終都被證明是對人類具有破壞性的。有的人會好奇地對於「隱藏的事物」進行無休止的搜尋，而且有時是以神祕主義為偽裝，但這不是源於他渴望獲得神聖，而是對於眾神在祕密會議室或隱藏的代碼裡為人類設定的命運，感到恐懼。

當智慧和理解力被授予人類時，人類已經得知了一些知識，這可以從上帝對約伯關於「他不知道（但上帝知道）之事」的挑戰中看到，《聖經》的神對遭受苦難的約伯說：「你若知道科學，就說：

是誰定地的尺度？是誰把準繩拉在其上？地的根基安置在何處？地的角石是誰安放的？

（《約伯記》38：5－6）

然而，智慧有何處可尋，聰明之處在哪裡呢？智慧的價值無人能知，在活人之地也無處可尋。（《約伯記》28：12—13）

神明白智慧的道路，曉得智慧的所在。因他鑑察直到地極，遍觀普天之下。（《約伯記》28：23—24）

《聖經》中的上帝用這些話來要求約伯（在第二十八章），讓他停止對命運的原因或最終目的提問。因為人類的知識（智慧和理解力）遠遠低於上帝的知識，質疑或嘗試理解神的旨意是沒有意義的。

充滿智慧的古老論述，以及對天地祕密的理解（科學），屬於神聖領域，只有少數被選中的凡人才可以學習。像這類的表達，不只出現在權威著作中，也出現在猶太神祕主義的《卡巴拉》（*Kaballah*）一書中。其中提到，由神的王冠所象徵的神聖存在（Divine Presence），就在智慧（霍赫瑪／Hokhmah）和理解（比那／Binah）之間（見下頁圖45）。它們與約伯被挑戰的科學知識的兩個組成部分相同。

在《舊約》中，有關「智慧」的參考資料顯示，它曾被認為是從神那裡獲得的禮物，因為是那位擁有智慧的宇宙之主創造了天國和地球。《詩篇》提到：「耶和華阿，你所造的何其多，都是你用智慧造成的，遍地滿了你的豐富。」（104：24）它逐步描述並讚美了造物主的創造作品。《聖經》中提到，當神將智慧授予被選中的人時，事實上是與他們分享關於天地之間，以及地球上萬物的祕密知識。《約伯書》中，將那些沒有向約伯透露的知識，描述為「智慧的祕密」。

被授予祕密知識的特定人選

啟示（透過選定的新成員，與人類分享祕密知識）開始於大洪水之前。阿達帕是恩基的後代，被傳授了智慧和理解力（但沒有永恆的生命），也由阿努向他展示了天國的廣闊區域，但這不只是一趟充滿刺激的觀光旅程。與阿達帕有關的大洪水之前的參考資料，就在一部權威作品中，英文標題為《來自神聖阿努和神聖恩利爾，關於時間的著作》（*Writings Regarding Time, [from] Divine Anu and Divine Enlil*），是關於時間測算和曆法的論文。另一方面，在《阿達帕傳說》中特別提到了，他回到埃利都之後，接受了醫藥和治療的技藝教育。他成為一個知識全面的科學家，熟悉天體和地球的知識。他還被任命為埃利都的祭司，也許是第一個將科學與宗教結合

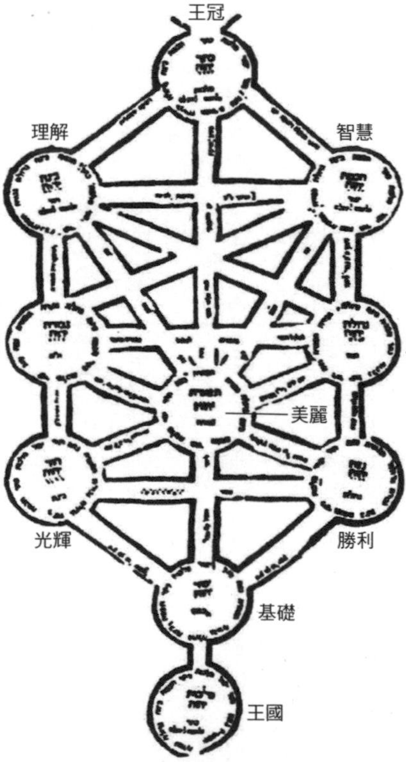

圖45：神的冠冕

的人。

在蘇美的紀錄中，還提到了另一個在大洪水之前的時代被選中的人，他被帶到阿努納奇的天國住所，並被傳授了神聖的祕密。這個人來自西巴爾（Sippar，意思是鳥城），那裡是烏圖（沙馬氏）所管理的城市。他可能是烏圖的後代，是一個半神。在文獻中，他被稱為「恩麥杜蘭那」（EN.ME.DUR.ANNA）以及恩麥杜蘭基「EN.ME.DUR.AN.KI」，意思是「關於天國的神聖碑刻之大師」或「天地紐帶的神聖碑刻之大師」。他也被帶到天國接受了祕密知識。他的教父和老師是神烏圖和伊希庫爾（阿達德）：

> 沙馬氏和阿達德為他穿衣（?）、塗油膏（?），
> 沙馬氏和阿達德將他放在巨大的黃金寶座上。
> 他們教導他如何觀察油和水，這是阿努、恩利爾和艾的祕密。
> 他們將神聖碑刻基伯布（Kibbu）給他，上面有天地的奧祕。
> 他們將雪松做的工具放在他手上，這是主神最喜歡的。
> 他們教導他運用數字進行計算。

儘管《阿達帕傳說》中沒有說得這麼清楚，但看上去他似乎被允許（如果不是被要求）與人類同伴分享一些祕密知識，否則他為什麼要寫這麼一本知名的書呢？在恩麥杜蘭基的案例中，他被要求傳播那些學到的祕密，但僅限於從恩麥杜蘭基開始的父傳子的祭司行業。

這位博學的聖賢，守衛著主神的祕密，把他寵愛的兒子，與他在沙馬氏和阿達德面前所立的誓言，約束在一起。

在神聖碑刻旁，他將用一支尖筆把眾神的祕密教導給他兒子。

刻著這份文獻的泥版（現在被收藏在大英博物館內）有一個附註：「因而祭司行業被創造出來了，這些祭司被獲准接近沙馬氏和阿達德。」

以諾升上天國學習

《聖經》中也記述了亞當家譜的第七代族長以諾（Enoch）在大洪水之前升上天國的事，情況就類似於蘇美國王列表中的恩麥杜蘭基。《聖經》只提到其中的特別經歷，也就是在以諾三百六十五歲時，神將他帶走，與神同行。幸運的是，偽經《以諾書》（*Book of Enoch*）流傳了數千年，並且有兩種版本留存下來，提供了更多的細節。但由於這本「書」是在基督教時代快要到來時開始編纂的，我們很難說有多少是原始的，有多少是想像和猜測的。但是，《以諾書》與恩麥杜蘭基的傳說密切關係，而且在另一本偽經《禧年書》中有簡短但更廣泛的敘述，因此其中的內容值得參考。

從這些原始資料中，我們可以看出以諾不只做了一次而是兩次天國之旅。第一次，他被傳授天國的祕密，並被指示在回到地球後要將知識傳授給兒子們。在升上神聖住所時，他經過了一連串的天國領域。從第七個天國那裡，他可以看到行星的形狀。在第八個天國，他可以辨別星宮。在第九個天國是「黃道十二宮的家」。而第十個天國是神的神聖王座。

（需注意的是，根據蘇美文獻，阿努的住所在尼比魯，我們已經將尼比魯視為太陽系的第十顆行星。在《卡巴拉》體系的信仰中，要前往萬能上帝的住所，需要經過十個「塞菲羅」〔Sefirot〕，這個詞被翻譯為「光輝」，但事實上被描繪成十個同心圓〔見圖46〕，中央的那個叫做「雅索德」〔Yessod，意思是基礎〕，第八個是比那〔理解〕，第九個是霍赫瑪〔智慧〕，第十個為凱特〔Ketter〕，意思是至高神的「王冠」，並延伸到恩索夫〔Ein Soff〕，意思是「無限」。）

以諾在兩個天使的陪伴下，到達最終的目的地：神的住所。他身上的地球服裝被脫下來。他穿上神聖的服裝，天使為他塗上油膏（就像他們對阿達帕所做的那樣）。在上帝的命令下，大天使帕拉維爾（Pravuel）帶來了「從神聖倉庫取來的書」，並給以諾一枝蘆葦尖筆，讓他用來寫下大天使口述的內容。

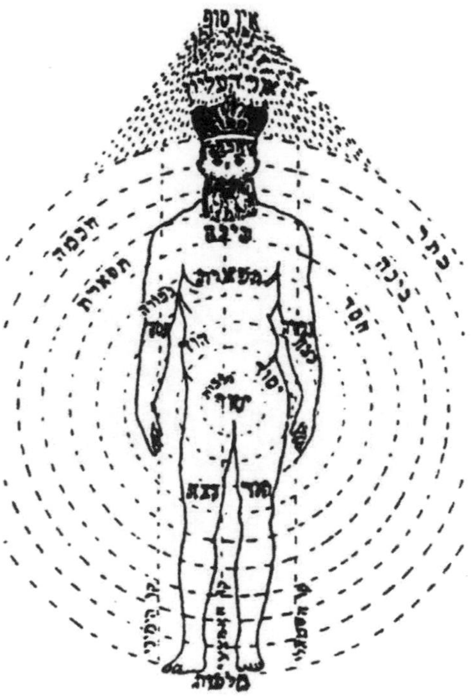

圖46：卡巴拉信仰的同心圓

持續三十個白天和黑夜，帕拉維爾不斷口述著，而以諾寫下「天國、大地和海洋，以及所有元素的運轉，它們的路徑和去向；雷聲；日月的（祕密）；恆星的去向和變動；季節、年歲、日子和時辰……所有關於人類的事物，每一首人類歌曲的語言……所有適合學習的東西。」

根據《以諾書》，這些大量的知識（神和天使的祕密），被寫在三百六十本聖書裡，並被以諾帶回地球。以諾召集兒子，把這些書展示給他們看，並解釋內容。後來，當一道突如其來的黑暗降臨，兩位天使將他帶回天國之際，他仍在持續講解與教導。那正是他第三百六十五個生日的那一天。《創世記》（5：23—24）簡單記載道：「以諾共活了三百六十五歲。以諾與神同行，神將他取去，他就不在世了。」

在這三個傳說中（阿達帕、恩麥杜蘭基和以諾），最大的相似點是有兩位神參與了他們在天國的經歷。阿達帕在阿努之門的外面，受到兩位年輕神杜姆茲和吉茲達（Gizidda）的迎接，並在他們的陪伴下進出阿努之門。恩麥杜蘭基的教父和老師是沙馬氏和阿達德，而以諾是由兩位大天使教導。

這幾個傳說無疑為亞述人提供了描繪阿努的天國之門的靈感，圖片中有兩個鷹人守衛著大門。大門上帶有尼比魯的符號（有翼的圓盤），而且天國的位置是由地球（第七顆行星）、月亮和完整太陽系的天體符號來指出（見圖47）。

圖47：阿努的天國之門

掌握知識的祭司傳承

另一個值得注意的面向在以諾的例子中並沒有明確說出來，也就是智慧和理解力的傳授，使得這個被選中的人不僅是科學家、祭司，還是祭司行業的始祖。

我們發現這個原則也被運用在出埃及時的西奈曠野中，《聖經》中的上帝耶和華選擇亞倫（摩西的兄弟）和他的兒子做為祭司（《出埃及記》28：1）。儘管他們的父親和母親都是利未人（《出埃及記》2：1），但摩西和亞倫被傳授了可以使他們變出奇蹟或引發災難的神奇力量，目的是要說服法老讓以色列人離開。亞倫和他的兒子們之後被聖化了（現在的說法是「被升級」），成為被賦予大量智慧和理解力的祭司。

《利未記》清楚說明了一些被傳授給亞倫及其兒子們的知識。這些知識包括曆法（相當複雜，因為那是一部陰陽合曆）、人類的疾病和治療，以及獸醫知識的祕密。《利未記》的章節中包含了大量的解剖學知識，而且，以色列祭司被賜予「手術」知識的可能性，也不能被排除，因為貼有解剖部位醫學說明的黏土模型，早在出埃及之前就已經在巴比倫流行了（見圖48）。

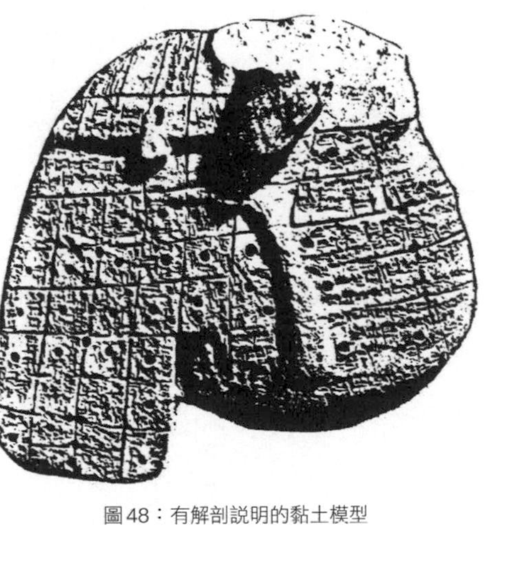

圖48：有解剖說明的黏土模型

《聖經》中，將所羅門王描述成最有智慧的人，他能談論所有植物，「從黎巴嫩的雪松，到生長在牆外的牛膝草，以及動物、鳥類、爬蟲類和魚類」。他具備這樣的能力，是因為他除了有神賜予的智慧與理解力〔智力〕，也獲得了達阿斯〔Da'ath，即學到的知識〕。）

以亞倫為開端的祭司行業，受到嚴格法律的約束，在婚姻和生育上受到約束。他們可以有夫妻關係，但特別要求他們的結婚對象「不能褻瀆祭司的後代」，而且，如果某人的後代不完美（「有瑕疵」，突變、基因缺陷），他的所有後代都被禁止履行祭司的職責，「因為我耶和華使（亞倫）的祭司的行成聖」。

這些限制激發了一代代的《聖經》研究者，但是它們所具有的真正意義，直到DNA研究的到來才變得清楚。一九九七年一月，在《科學》（*Nature*）期刊上，一個國際科學家小組宣布，在那些血統可以追溯到亞倫的猶太人中，有一個「祭司的基因」（Priestly Gene）的存在。

未曾改變的猶太傳統，要求在安息日和至聖節日所舉行的某些儀式和祝福，只能由科恩（Cohen，意思是祭司）來執行。「科恩」這個詞最早被用在《聖經》中描寫亞倫及其兒子們。從那時開始，這個稱號從父親傳給兒子，一代代傳承下去，而且要成為科恩的唯一途徑，是出生為科恩的兒子。這種特權身分透過使用「科恩」（或轉換成卡恩〔Kahn〕、卡漢〔Kahane〕、庫恩〔Kuhn〕），或是當成形容詞加在一個人的名字後，如〇〇「哈科恩」（Ha-Cohen，意思是那位祭司），經常沒被發現。

猶太科恩傳統的父權制面向，引起了來自以色列、英國、加拿大和美國的一個研究小組的興趣。他們把目光聚焦在從父親傳給兒子的男性（Y）染色體上，他們檢測了不同國家的幾百個「科恩」姓氏家族，發現他們大多數人在染色體上有兩個獨特的「標記」。這證明了在西元七〇年耶路撒冷聖殿被摧毀之後而分散出來的阿什肯納茲猶太人（Ashkenazi，在東歐）和塞法迪猶太人（Sephardi，在近東、非洲），都帶有古代的遺傳標記。

「最簡單、最直接的解釋，是這些男人都擁有亞倫的Y染色體。」以色列理工學院（Israel Institute of Technology）的卡爾・斯考拉克基（Karl Skorecki）博士解釋道。

傳授祕密知識的眾神著作

關於這些被傳授祕密知識之人的傳說，都提到這些知識被寫在一些「書籍」上。當然，這些不是我們現今所指的「書」——將寫好的頁面裝訂在一起。人們在以色列死海附近的洞穴裡發現的許多文獻，被稱為「死海古卷」（Dead Sea scrolls），因為它們是被寫在羊皮紙上（大多數是由山羊皮做成的），而且被縫在一起並捲成卷軸。《律法書卷》（*Scrolls of the Law*，希伯來《聖經》的最初五本書）就是以這種方式被寫下來並保存至今的。

《聖經》中的先知（特別是以西結）強調這些卷軸是神聖訊息的一部分。古埃及文獻被寫在莎草紙上，這種紙是由生長在尼羅河邊的蘆葦做成的。來自蘇美的最早文獻，則是寫在泥版上，作者用一支蘆葦尖筆在一片濕黏土上畫符號，等它乾之後，就變成一塊堅硬的題字碑刻。

由阿達帕、恩麥杜蘭基和以諾（寫了三百六十本）所寫的，是哪一種形式的書呢？要記得，他們都是大洪水之前的人物，甚至早了蘇美文明幾千年，也許不是用任何一種大洪水之後時代的形式，雖然亞述國王亞述巴尼帕（Ashurbanipal）曾自誇他可以讀懂大洪水之前的作品。

由於在每個例子中所寫下的內容都是由神聖的主所決定的，合乎邏輯的提問便是：這些作品是否以蘇美人和阿卡德人的某些文獻中所稱的Kitab Ilani（意思是眾神的著作）完成的？一些引用阿努納奇之著作的例子，可以在那些倒塌後重建的神廟裡的銘文中找到。上面都會宣稱，這些重建是根據「古代的圖畫和上層天國的著作」。蘇美文獻列出了女神尼撒巴（Nisaba，有時拼寫為尼達巴〔Nidaba〕）是抄寫員的守護神，也負責為眾神保存檔案。她的象徵符號是神聖尖筆。

最早提到眾神著作的文獻之一，是被學者稱為《烏里克米司之歌》（*The Song of Ullikummis*）的西臺文獻。它被寫在泥版上，這個泥版是在古代西臺首都哈圖沙斯（Hattushas，在土耳其中部，現今稱為波格斯凱〔Boghaskoy〕的小村莊）被發現的。它與一個令人困惑的「由閃長石形成的健壯之神」的傳說有關。這位古代神的西臺名字是「庫瑪爾比」，是為了挑戰其他神而被塑造出來的。那些被挑戰的眾神，因為無法承受或抵擋挑戰者烏里克米司（庫瑪爾比），便衝向恩基在下層世界的住處，想從他那獲得隱藏的「有命運文字的老碑刻」。然而，當「古老的倉庫」被打開後，保護碑刻的「古代印章」被移去後，他們卻發現這些著作是用「古代文字」寫的，需要老神來理解它們。

在埃及，圖特被尊稱為「神聖抄寫員」。他在眾神議會之後，解決了認定荷魯斯為合法繼承者一事，將眾神法令刻寫在金屬碑上，而這個碑刻被存放在「神聖檔案室」裡。埃及人認為，圖特除了撰寫神聖用途的檔案之外，也會寫書指導凡人。他們相信，《亡靈書》是一部「圖特親手」寫下的作品，以做為來世旅程的指南。被埃及人稱為《呼吸之書》的短篇作品中，也記載了它是由圖特「親手寫下這本書」。（編注：此處「親手」的原文為with his own fingers，直譯為「以他自己的手指」。因與後文有所關聯，在此先說明。）

先前也提過，《魔法師傳說》中，在圖特的懲罰之下而變成活著但了無生氣的國王和王后，在地下室裡守護著「那本神圖特親手寫下的書」，上面揭露了關於太陽系、天文學和曆法的祕密知識。當那位尋找這些「神聖著作的古書」的人，進入地下室，他看到這本書「像太陽那樣放射出一道光芒」。

這些神聖的「書」是什麼？在這些書上，寫了什麼樣的內容？

恩麥杜蘭那（Enmeduranna）的稱號是「關於天國的神聖碑刻之大師」，在他的名字拼音中含有ME（門伊）一詞，在此處是翻譯為「神聖碑刻」。但是，沒有人能夠肯定門伊是什麼，它可能是像電腦記憶晶片或光碟之類的平板或其他東西。它們是一些小到可以用一隻手抓住的物品，因為在伊南娜（伊師塔）試圖將她的城市烏魯克提升到首都的地位時，暗中從恩基那裡獲得了一些門伊，它們被編入了至高無上的統治權、王權、祭司職位和高度文明的其他面向的祕密。回想一下，邪惡的祖也曾經從恩利爾的杜爾安基那裡，偷到了神聖碑刻，以及用神聖公式編碼的門伊。如果查看一下千年前的技術，也許我們就會知道它們是什麼樣的東西。

摩西的石版

先把眾神的著作，以及他們為了自己的用途而保存資料的相關問題放在一邊，當祕密知識被傳授給地球人以供使用時，運用的是哪種語言和哪種書寫系統？當這個問題涉及到《聖經》時，就變得非常重要，尤其是關於西奈山事件。

《聖經》中關於摩西的敘述，與以諾待在天國的住所，連續「三十個白天和黑夜」聽寫的故事十分相似。摩西登上神的西奈山山頂，「在耶和華那裡四十晝夜，也不喫飯，也不喝水。耶和華將這約的話，就是十條誡，寫在兩塊版上。」（《出埃及記》34：28）

然而，他們後來重做了石版，以代替摩西從西奈山上下來時憤怒地打碎的第一組石版。《聖經》中提供了關於第一個神聖著作之實例的更多且更令人難以置信的細節：然後，《聖經》明確地陳述，上帝自己做了刻寫！

故事開始於《出埃及記》第二十四章，當摩西和亞倫，以及他的兩個兒子，還有以色列的七十位長老，被上帝邀請前往西奈山的山頂。上帝已經到達他的卡博多（Kabod）之所。尊者可以透過一片厚厚的、「形狀如烈火」的雲彩，看到神的到來。摩西單獨被召喚到山頂，接受律法（Torah，教義，音譯為「妥拉」）和上帝已經寫下的戒律：

> 耶和華對摩西說，你上山到我這裡來住在這裡，我要將石版，並我所寫的律法和誡命，賜給你，使你可以教訓百姓。（《出埃及記》24：12）

「摩西進入雲中上山，在山上四十晝夜。」（《出埃及記》24：18）之後，耶和華

> 就把兩塊法版交給他，是神用指頭寫的石版。（《出埃及記》31：18）

其他有關石版的令人驚訝的資訊，以及它們被刻寫的方式，出現在《出埃及記》第三十二章，其中描寫了摩西在一段長時間又（對人來說）無法說明的莫名消失後，從山上回來時所發生的事：

> 摩西轉身下山，手裡拿著兩塊法版，這版是兩面寫的，這面那面都有字。是神的工作，字是神寫的，刻在版上。（32：15－16）

這兩塊石版都是由神手工做成的。前面和後面都刻寫著「伊羅興（眾神）的著作」，這代表它包含了語言和字母，而且是由神自己刻在石頭上！

這些都是用摩西可以閱讀和理解的語言及字母寫的，因為他將把這一切教給以色列人……正如我們從《聖經》的其他部分得知，摩西到達營地後，看到人們趁他不在時，模仿埃及習俗做了一頭金牛來膜拜，因而打碎了兩塊石版。危機過後，

耶和華吩咐摩西說，你要鑿出兩塊石版，和先前你摔碎的那版一樣。其上的字我要寫在這版上。（《出埃及記》34：1）

摩西照做了，並且再一次上山。耶和華向他走來，摩西鞠躬，不斷請求寬恕。上帝的回應是，向他口述了額外的戒律，說：「你要將這些話寫上，因為我是按這話與你和以色列人立約。」（《出埃及記》34：27）摩西在山上待了四十個白天和黑夜，在石版上記錄下「這約的話，就是十條誡」（《出埃及記》34：28）。這次，是由摩西寫下指令。

不只在《出埃及記》、《利未記》和《申命記》中的片段，記述了教義和戒律，希伯來《聖經》的前五本書（前述三本加上《創世記》和《民數記》）從很久以前就被視為神聖著作。它們被合稱為「妥拉」（Torah），也被稱為《摩西五經》，因為這五本書全是由摩西本人親自撰寫或創作的，對他來說是神聖的啟示。

這些妥拉書卷被存放在猶太會堂裡的約櫃中，每到安息日和至聖節日才會被拿出來宣讀，其內容都必須（由特別的抄寫員）以千古流傳下來的方式，逐書、逐章、逐節、逐字地精確複製。只要有一個字母錯誤，就會導致這五卷書的品質不合格。

儘管這種逐字母精確性，已經被猶太哲人和《聖經》學者研究了好多年（比最近興起的妥拉「密碼」研究更早），但是關於長期而廣泛的聽寫作業，以及要求逐字母準確性上，有一個更具

挑戰性的面向已經被完全忽略了：

在西奈山上的書寫方式，不可能是書寫緩慢的美索不達米亞楔形文字，這種文字通常是用蘆葦筆寫在濕黏土上；它也不是埃及具有紀念意義的象形文字。這樣的數量、速度和逐字母精確性，需要有一份字母表！

問題在於，出埃及的時代大約在西元前一四五〇年，當時的古代世界中沒有任何地方存在一份字母表。

字母表的誕生

字母表的概念是天才的傑作；無論這位天才是誰，他都是以現有的基礎為基礎。埃及象形文字的書寫，是從描述物體的圖片符號，發展為代表音節甚至子音的符號，但它仍然是一個複雜的書寫系統，包含無數的圖像符號（參見65頁圖24 b）。蘇美的書寫系統是從原始象形文字進化到楔形文字（見圖49），而且由一個符號搭配一個音節語音，但是要從中形成詞彙，則需要數百種不同的符號。這位天才輕易地將楔形文字與埃及發展出的子音結合起來，正好獲得了二十二個符號！

這位天才發明家以此為開始，問自己和弟子：「你看這個字是什麼？」在閃族以色列人的語言中，答案是Aluf。創造者說：「好，讓我們稱這個符號為阿列夫（Aleph），簡單地發音為A。」之後，他為房子畫了象形文字。「你稱它是什麼呢？」他問。一個弟子回答：Bayit。發明者說：「好，從現在起，我們稱這個符號為貝斯（Beth），簡單地把它發音為Bo。」

我們不能斷定這樣的對話真的發生過，但是能肯定這是創造和發明Alpha-Bet的過程。第三個字母Gimel（發音為G）是駱駝的形象（希伯來是Gamal）；下一個字母為Daleth，簡化為D，

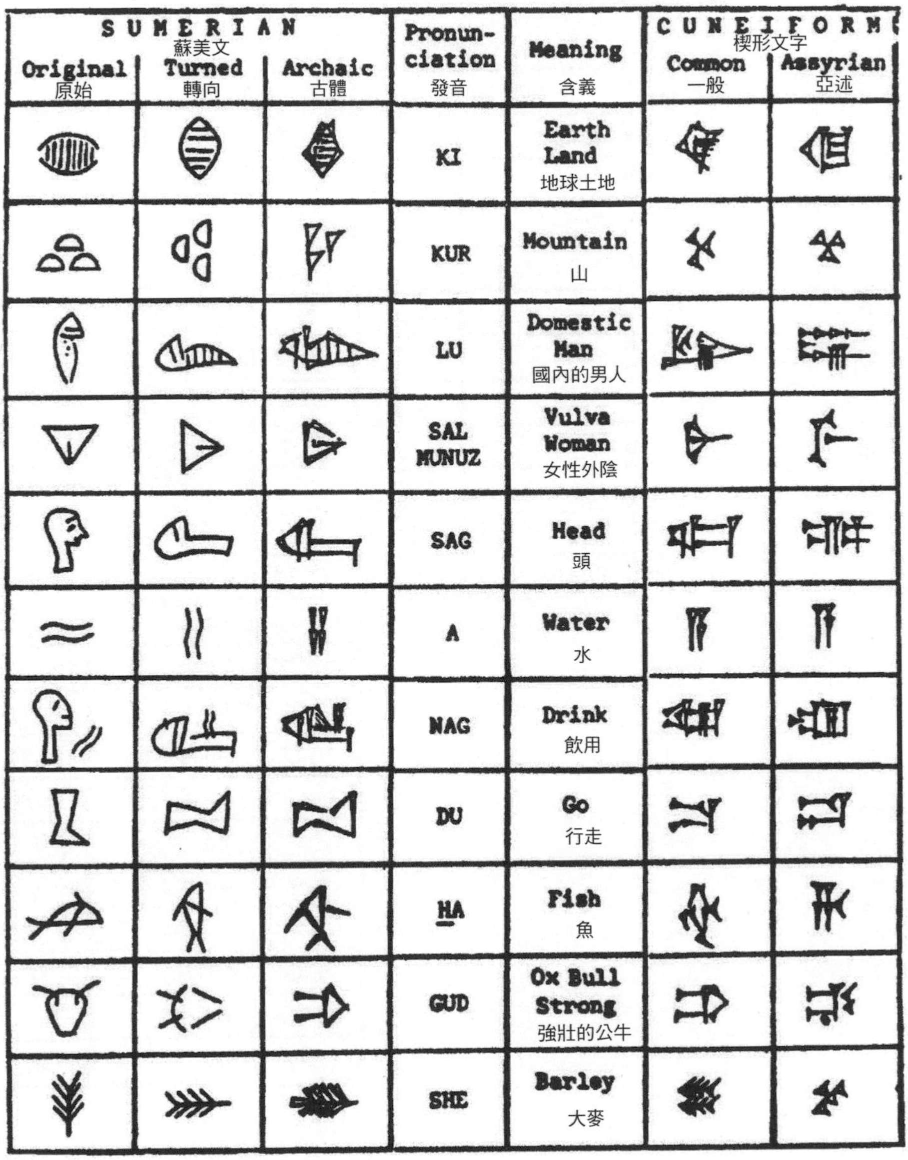
SUMERIAN
蘇美文
Original 原始
Turned 轉向
Archaic 古體
Pronunciation 發音
Meaning 含義
CUNEIFORM
楔形文字
Common 一般
Assyrian 亞述
KI
Earth Land 地球土地
KUR
Mountain 山
LU
Domestic Man 國內的男人
SAL MUNUZ
Vulva Woman 女性外陰
SAG
Head 頭
A
Water 水
NAG
Drink 飲用
DU
Go 行走
HA
Fish 魚
GUD
Ox Bull Strong 強壯的公牛
SHE
Barley 大麥

圖49：蘇美文字表

代表Deleth，意思是「門」（在它的鉸鏈上）。就這樣下去，一直到閃族字母表的二十二個字母（見圖50），所有這些都可以用作子音，其中三個還可以兼作母音。

誰是天才創造者呢？

在學術觀點上，他是某個體力勞動者，一名在靠近紅海的西奈西部的綠松石礦場裡的埃及奴隸。一九〇五年，弗林德斯・皮特（Flinders Petrie）在那裡發現了雕刻在牆上的符號，十年後，

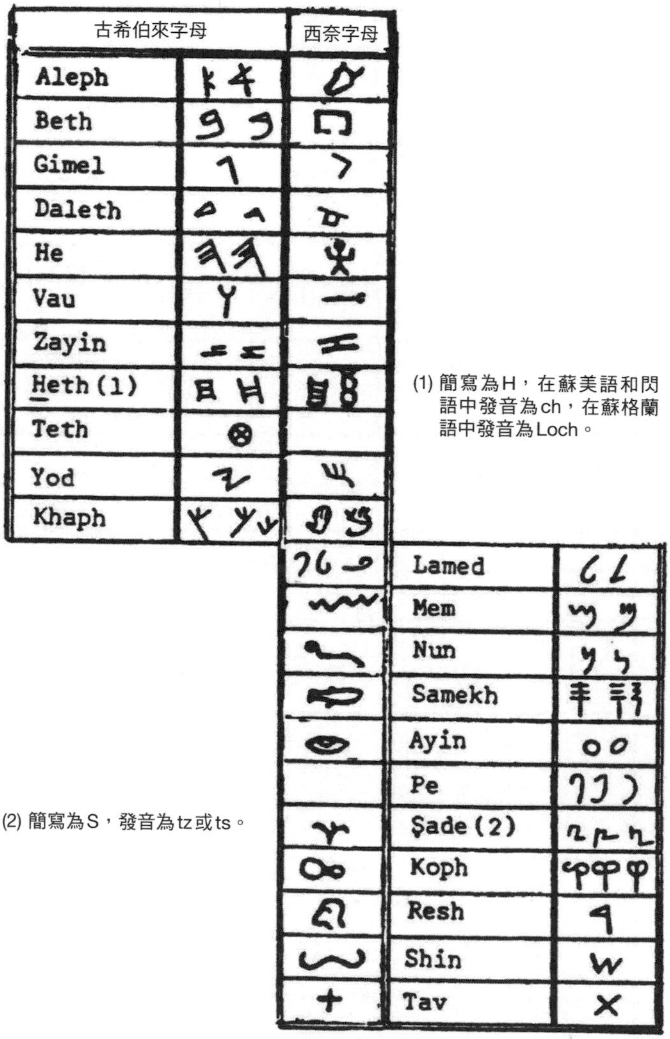

(1) 簡寫為H，在蘇美語和閃語中發音為ch，在蘇格蘭語中發音為Loch。

(2) 簡寫為S，發音為tz或ts。

圖50：閃族字母表

阿蘭．加德納（Alan Gardiner）以「截頭表音法」解譯，拼寫出L－B－A－L－T（見圖51），表示效忠於女主人（可能是女神哈索爾），但這是在閃族語中的意思，而非埃及語中！當更多相似的書寫在那個地區被發現之後，無疑地說明了字母表起源於該處；它從那裡開始，傳播到迦南和腓尼基（那裡曾試圖用楔形文字表達創意想法，但轉瞬即逝，見圖52）。

原始的「西奈字母」被完美地執行，並被使用在耶路撒冷聖殿，以及猶大國王的皇家文書中（見下頁圖53 a），直到它在第二聖殿時間被替換掉為止；當時他們從亞蘭人（Aramaeans）那裡借用了方形字母，這種字母被用於《死海古卷》中直到現代（見下頁圖53 b）。

若把這個革命性的創新，歸功於青銅時代後期的一名綠松石礦場裡的奴隸，沒有人會對此感到滿意。因為這除了需要突出的智慧和理解力之外，還需要演講、書寫和語言學的傑出知識，幾乎不可能被一名奴隸所掌握。當同一時期的礦區裡，紀念碑和牆面上都寫滿了埃及象形文字（見

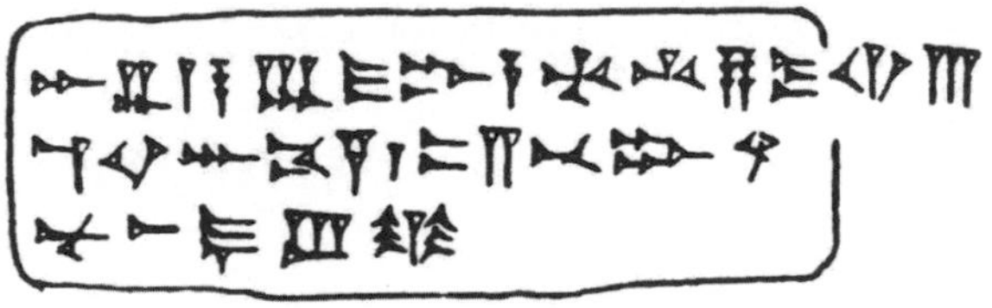

圖52：腓尼基的楔形文字

圖51：在西奈礦場牆上發現的符號

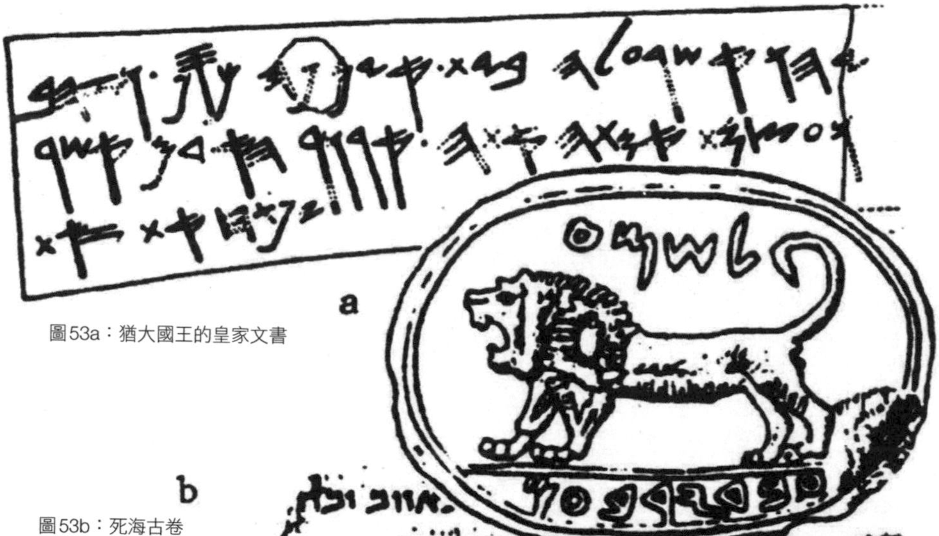

a

圖53a：猶大國王的皇家文書

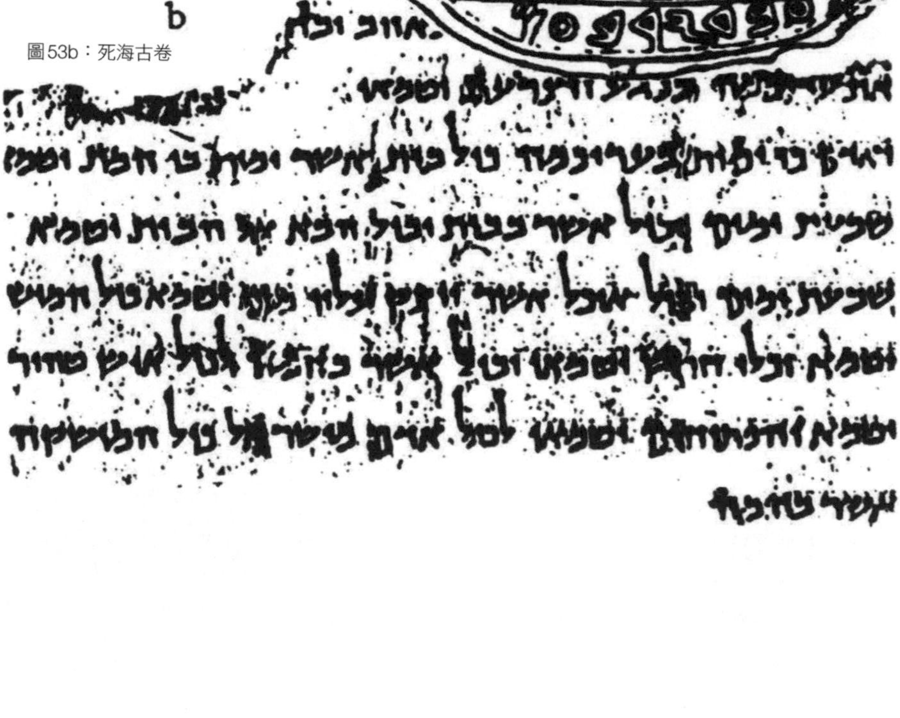

b

圖53b：死海古卷

圖54），那麼發明一種新字母的目的是什麼呢？

如何在限定的區域內進行含糊的創新，還傳播到迦南及其他地區，並且取代了當地已有的書寫方式，並在兩千多年裡一直運用良好？這並不合理。但是在沒有其他解決方案的情況下，該理論仍然成立了。

如果我們所想像的字母表產生過程的對話是正確的，那麼摩西是第一個上課的人。他在西奈山，在正確的時間待在那裡，他從事廣泛的書寫，而且有個至高無上的老師——上帝自己。

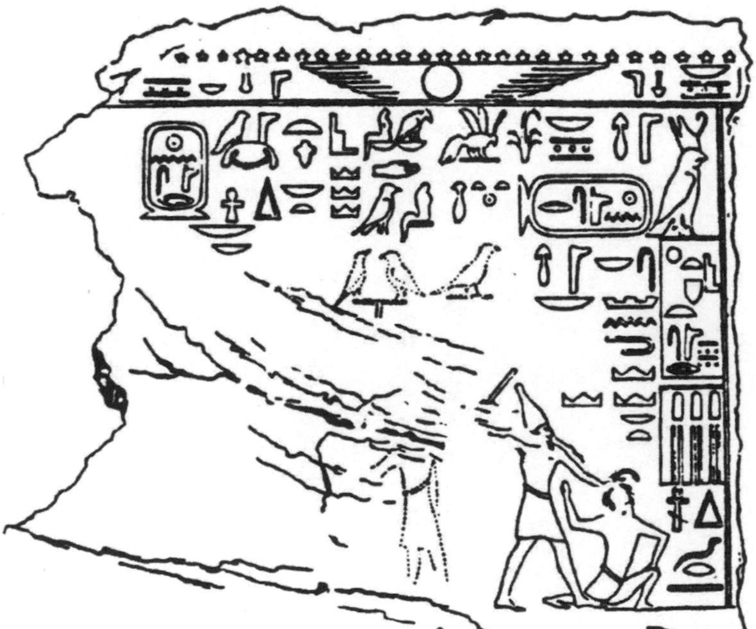

圖54：寫滿埃及象形文字的牆面

摩西字母表

很少人會注意到，在《出埃及記》中，摩西在西奈山上收到石版之前，就在耶和華的指示下記下事情。第一次是在與亞瑪力人（Amalekites）的戰爭之後；這個支派並非盟友，而是背叛了以色列人，還襲擊了他們。上帝說，那些背叛者將被所有後代銘記：「耶和華對摩西說……你要將這話寫在書上作紀念。」（《出埃及記》17：14）第二次是在《出埃及記》第二十四章提到了一本書的書寫，上帝從山頂上傳來洪亮的聲音，列出了他與以色列子民之間達成永恆約定的條件。「摩西將耶和華的命令都寫上，清早起來，在山下築一座壇，按以色列十二支派，立十二根柱子。」（24：4）然後，「又將約書念給百姓聽。」（24：7）

這種口述和書寫的方式，早在摩西登上山頂，在兩組不同的石版上書寫之前，就已經開始了。因此，我們需要去看《出埃及記》更前面的章節，以找出字母創新（上帝與摩西在交談中使用的語言和文字），是發生在何時何地。

摩西被法老的女兒收為養子，後來他因為殺了埃及官員而逃命去。他的目的地是西奈半島，最後與米甸人的大祭司住在一起（並娶了這位祭司的女兒）。有一天，他在放牧時，闖進了「神山」的曠野。上帝在燃燒的灌木叢中把摩西召喚過來，並將帶領以色列子民走出埃及的任務交付給他。

西元前一四五〇年，摩西在那位判決他的法老（我們推測是托米斯三世〔Thothmes III，又譯湯瑪斯三世〕）過世後，回到埃及，與繼任的法老（我們認為是阿蒙諾菲斯二世〔Amenophis II〕）抗爭了七年，直到摩西等人獲准出埃及。從他在曠野裡聽到上帝的召喚之後，經歷了七年的時間，足以用來創造並掌握一種新的書寫形式，它比美索不達米亞、埃及、西臺族等大帝國時期的書寫形式更簡單、更便捷。

《聖經》敘述了自從摩西在燃燒的灌木叢旁被召喚之後，耶和華、摩西以及亞倫之間的交流。《聖經》並沒有提到是否有神聖的訊息或涉及到詳細的指導，但有一個可能具代表意義的地方，法老宮廷中的「法術士」認為摩西和亞倫有書面的指示：「行法術的就對法老說，這是神的手段。」（《出埃及記》8：19，編注，「手段」在《聖經》英文版中為finger。）這也許會讓人想起，「神的手指」這個詞語在埃及文獻中指的是神圖特親手撰寫的著作。

如果這一切讓人覺得字母書寫體發源於西奈半島，這一點也不令人驚訝，因為考古學家已經得出了相同的結論，只是無法解釋這麼巨大而不可思議的發明，居然起源於曠野中。

我們設想的那段對話真的發生過嗎？或是由摩西自己創造出了字母表？畢竟，摩西那時正在西奈半島，而他曾在埃及宮廷中受到很好的教育（埃及與美索不達米亞地區和西臺地區一直都有交流）；他一定是從米甸人那裡學會了閃族語（如果他沒有從待在埃及的以色列弟兄那裡學會的話）。難道他是在西奈曠野中遊蕩時，看到閃族奴隸（當時在埃及為奴的以色列人）粗略地在礦井中刻劃出他的那種新書寫方式？

也許有人會把這輝煌的創造歸功於摩西的個人行為；根據《聖經》所說，這位出埃及的領導者是唯一和上帝面對面談話的人，那麼將字母表的發明及其引發的文化革命，歸功於這位領導者，是令人高興的。然而，重複引用神自己寫的神聖著作，以及摩西只是做了聽寫，這代表字母書寫方式和語言體系是「眾神的祕密」之一。確實，《聖經》中，在巴別塔事件之後，也曾在其他場合將其他多種語言和文字的發明／創新，歸功於耶和華。

無論如何，我們認為，摩西是最先被傳授創新字母表的人，再由他傳授給人類。因此，我們可以恰當地稱之為「摩西字母表」。

基因密碼與字母表

關於第一份字母表，還有更多「眾神的祕密」。我們認為，它是建立在最複雜的終極知識——

基因密碼知識的基礎上。

當希臘人在一千年後採用摩西字母表時（雖然把它們轉為鏡像字母，見圖55），他們發現，為了所有的發音需求，必須增加更多字母。事實上，在摩西－閃族語字母表中的二十二個字母範

圖55：摩西字母表與希臘字母對照表

圍內，有一些字母可以發得「輕」一點（V, Kh, S, Th）或重一點（B, K, SH, T）。其他一些字母則兼作母音。

事實上，當我們在思考這二十二個字母的限制時，不禁聯想到對於神聖數字「十二」的運用（加入或除去某位神，以保持「奧林匹亞主神圈」在精確的十二位）。有沒有一個隱藏的法則（神聖的靈感），把原始字母表限制在二十二個數字呢？

這個數字在今天對人們來說應該是很熟悉的。它是人類染色體的數字，在亞當首次被創造出來之後，第二次基因改造把性別染色體「X」和「Y」加進去之前。

向摩西揭露字母表的祕密的那位全能者，是否使用遺傳代碼做為字母表的密碼呢？答案似乎是肯定的。

如果這個結論看起來有點古怪，讓我們讀一下《以賽亞書》中上帝的宣言：「是我創造了字母……是我創造了地球，創造了亞當在地球上。」（45：12，後兩句在《和合本》中譯為：「我造地，又造人在地上。」）以色列的神耶和華說。參與人類之創造的那一位，也參與了字母表的創造。

如今的電腦系統，只由兩個「字母」來創建命令和數字，由數字「一」和「〇」組成的Yes-No系統，來搭配電子的On-Off流（因此稱為二進位）。但是，現在的注意力已經轉移到四個字母的基因代碼，以及在活細胞內更高速的處理過程。從概念上來說，如今的電腦語言是按順序表達的，例如0100100111001100001010100等（以及使用「〇」和「一」的無數變化形式），可以被看成是一個DNA片段的基因語言，例如DNA字母鏈中的核苷酸CGTAGAATTCTGCGAACCTT等（DNA字母鏈都是以三個字母的「單字」排列而成）綁定成鹼基對，其中A和T綁定，C和G綁定。其問題和挑戰，在於如何創造並讀懂那些塗了小塊基因物質的電腦晶片（而不是塗一層「〇」和「一」的電子）。自從一九九一年以來，各個學術機構和從事基因治療的商業公司都取得了進展，已經成功地創造出塗有核苷酸的矽晶片。在《科學》雜誌（一九九七年十月）上發表的一篇研究論文中，比較了DNA計算的速度和功能，並將新科學稱為「DNA的資訊儲存能力巨大」。

本質上來說，被編寫在DNA裡的基因資訊，會被稱為信使的RNA以光速破解，RNA會將DNA「字母」轉錄並重組為由三個字母組成的「單字」。已經確定的這些三個字母的分組，是地球上所有生命形式的核心，因為它們以化學和生物學方式拼寫出二十種胺基酸，它們的鏈構成了組成地球上（可能也是宇宙其他地方）所有生命的蛋白質。圖56以簡化的圖表形式，說明一個特定的DNA序列如何被解碼並重組，成為由三個字母的單字代碼組成的胺基酸，如脯氨酸（Pro）、絲氨酸（Ser）等，以構建蛋白質。

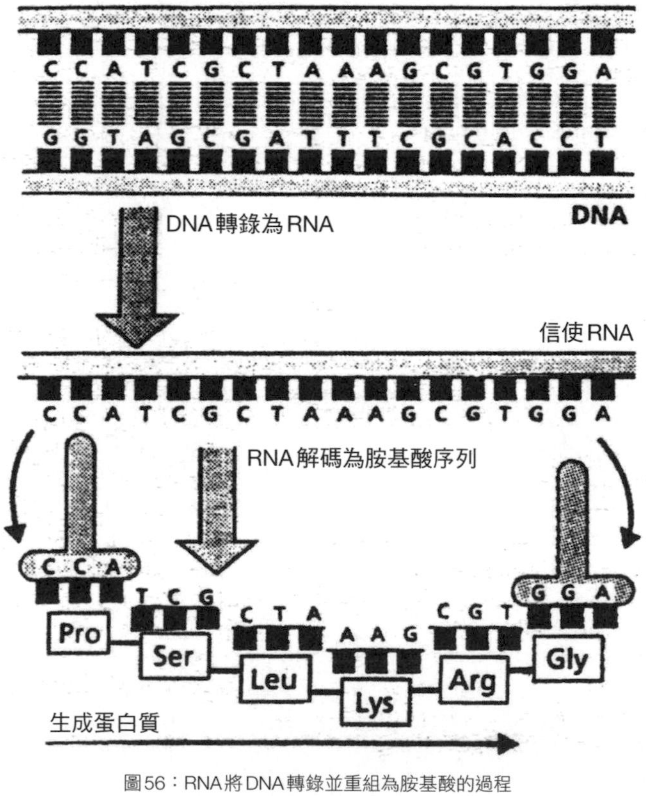

圖56：RNA將DNA轉錄並重組為胺基酸的過程

豐富精確的希伯來文是

建立在「字根」上的，從這些字根中產生了動詞、名詞、副詞、形容詞、代詞、時態、動詞詞性變化，以及其他語法變數。沒有人能解釋這些字根由三個字母組成的原因。這與阿卡德語（所有閃族語言的母語）完全不同。阿卡德語由音節組成的，有時只有一個，有時有兩個或三個以上。

希伯來文的字根是由三個字母組成的原因，是否為三個字母的DNA語言（也就是字母表本身的來源）？如果是，那麼三個字母的字根詞就印證了這個結論。

《箴言》（18：21）說：「生死在舌頭的權下。」這個聲明已被認為是寓言。也許，我們可以從字面來理解它：希伯來《聖經》中的語言，與生命（和死亡）的DNA基因密碼，是同一事物的兩面。

已被編碼的神祕事物，比人類想像的更廣闊，它們包括其他奇妙的發現，如治癒的祕密。

8・隱藏的密碼和神祕數字

隨著電腦時代的到來，也許不可避免的是，一些手工專家將精力轉向一個新奇的目標：從《聖經》中尋找「密碼」。

即使這些研究被呈現在科學論文上，甚至成為書中的摘要，但事實上，這種探索是一種真正的重建，而不是新的探尋，雖然他們運用了一些更先進的新工具。

希伯來《聖經》包括三個部分。第一個部分為「妥拉」（律法，教義），包括《摩西五經》（Pentateuch），在歷史和時間上，涵蓋了從萬物的創造，直到出埃及後的流浪和摩西的去世。第二個部分為「先知書」（Neviyim），包含《約書亞記》、《士師記》、《撒母耳記》和《列王紀》，之後是各個先知書、《詩篇》、《箴言》和《約伯書》，在歷史上從以色列人在迦南定居，直到耶路撒冷第一聖殿被摧毀。第三個部分為「文集」（Ketuvim），以《雅歌》為開端，然後介紹了兩位領導人以斯拉（Ezra）和尼希米（Nehemiah），帶領被放逐的人回到猶大重建聖殿，最後（按照希伯來《聖經》的教規安排）以《歷代志》上、下結束。

這三個部分合起來的總稱，是由它們的首字母組合而成：塔納赫（TaNaKh）。在先知的時代，就已經有對第一個部分「妥拉」的解釋性資料。

破解聖經的密碼

猶太智者和宗教領導者的討論，旨在逐字逐句閱讀妥拉和先知書中字裡行間的言外之意，這種情況在第一聖殿被摧毀（由巴比倫國王尼布甲尼撒二世〔Nebuchadnezzar II〕造成）之後遭放逐的期間逐漸加劇，甚至在第二聖殿被摧毀（由羅馬人動手）之後，更是如此。這些審議的內容，被記錄在《塔木德》（Talmud，意思是研究、學習，又稱猶太法典）。猶太神祕主義卡巴拉接受並建立在對神祕意義的早期探索之上。

《聖經》本身也證明了這些隱含的意義的確存在。關鍵是字母表中的二十二個字母。有一個簡單的破解方法是學生經常使用的，就是字母的連續替探。中世紀的卡巴拉主義者曾用「ATBSh系統」這種搜索工具，在這個系統中，用希伯來字母表的最後一個字母Tav（T）替換第一個字母Aleph（A）；倒數第二個字母Shin（Sh）替換第二個字母Beth（B），以此類推。卡巴拉主義者亞伯拉罕・班・傑基耶・哈科恩（Abraham ben Jechiel Hacohen）解說了這個系統，並在西元一七八八年出版的書中提供了該系統的關鍵。

事實上，這樣的密碼系統被先知耶利米（西元前七世紀）運用過，他預言了巴比倫的淪陷。耶利米用字母Sh-Sh-Kh取代拼寫B-B-L（Babel，巴別），以避免被監禁（《耶利米書》25：26、51：42）。《耶利米書》被認為是先知耶利米創造的，書中為了耶路撒冷的淪陷和摧毀而歎息，運用了另一種隱藏碼，稱為「離合詩」（Acrostic），其中詩文的第一個字母（或最後一個）組成一個單字或名字，或者（如《耶利米書》一樣）揭露了同樣的神聖字母表順序。在第一節經文中的第一個單字以Aleph開頭（翻譯為alas），第二個詩句以Beth開頭，依次類推，直到第二十二節經文。類似的離合詩在第二章中重複，在第三章中，以每個字母開始兩節經文的開頭，在第四章中又回到每個字母在一節經文的開頭。《詩篇》第一百一十九章，則是由八層的離合詩組成的。

《詩篇》一些經文的真實情況，可以透過觀察來證實：每節經文分為兩個部分，每個部分都按字母順序開頭（例如，《詩篇》第145章）；在《箴言》第三十一章的經文中也隱藏了同樣的線索。此外，在《詩篇》第一百四十五章中，讚美耶和華的王權的三節經文（11、12、13）以字母Kh-L-M開頭，倒過來讀就拼寫成MeLeKh，意思是「國王」。

使用離合詩做為隱藏的密碼，在《聖經》的其他書，以及《聖經》之後的一些書中也很明顯（有些被包括在《舊約》中）。一個突出的例子來自西元前二世紀反抗希臘統治的時期。這場反抗以領導者「馬加比」（Maccabees）為名，而這個名字實際上是取自《摩西之歌》（《出埃及記》15：11）中的經文首字母縮寫。「耶和華阿，眾神之中誰能像你」，這四個希伯來單字的第一個字母所組成的縮寫詞M-K-B-I，發音為「馬加比」。

西元七〇年，在羅馬人摧毀第二聖殿後，猶太人的精神和宗教支柱就是神聖經文（神聖與預言之寶）。一切都注定了嗎？這些都是預言嗎？還有什麼被注定了？即將發生什麼事？過去和未來的關鍵都必須被隱藏在神聖著作中，不僅內容，還有每個單字和字母都受到處理。

在聖殿被摧毀之後，人們開始搜尋被密碼遮蓋的隱藏意義，這被稱為「進入被禁止的樹林」。用來指稱「樹林」的單字：PaRDeS，本身是一個縮寫詞，是從提取經文訊息的四種方法的首字母創造而來的：Peshat（字面意思），Remez（暗示），Drash（解釋）和Sod（祕密）。有一個猶太法典的傳說，以四位拉比智者進入樹林的情況，來說明過早揭露本該繼續保密的事物之危險性：一位「眼睛瞪大並死亡」，另一位發瘋，第三位走進了曠野，開始「拔草」，只有拉比阿基巴（Akiba）完好無損地走了出來。

中世紀時期，卡巴拉主義者及其先驅重新開始了對隱藏意義的探索。要是透過ATBSh代碼來解讀《聖經》，會揭露什麼呢？如果運用另一種字母重排文字，會怎樣呢？如果認為某個單字只是為了隱藏真實的意義而被插入，是否要以跳過它的方式來讀文獻呢？例如，用這個方法，人們可以證明《詩篇》第九十二章（安息日的詩歌）確實是摩西在西奈山時所寫的，而不是國王大衛。另一個例子聲稱，偉大的猶太學者邁蒙尼德（Maimonides，西班牙和埃及，西元十二世紀）被記載在《出埃及記》中，第十一章第九節最後四個單字的首字母，所組成的R-M-B-M，與邁蒙尼德的全名Rabbi Moshe Ben Maimon的縮寫詞相符（解釋了為何人們普遍稱呼他為Rambam）。

然而，中世紀學者懷疑，難道這種探尋只能局限在單字的第一個或最後一個字母，經節的開頭或結尾？如果用跳過字母的方式探尋隱藏的意義，會發生什麼呢？所有第二個、第四個……或四十二個？隨著電腦的出現，難免會有人將它運用在探尋以字母間隔為基礎的「密碼」上。對於此主題的最新興趣，來自許多以色列科學家對於電腦技術的運用結果。這是由多倫．威茲姆（Doron Witzum）、艾里雅夫．里派（Eliyahu Rips）和約夫．羅森伯格（Yoav Rosenberg）在一九九四年八月發表於著名的期刊《統計科學》（*Statistical Scienc*）的論文〈創世記中的等距字母序列〉所發起的。

隨後的評論、分析以及書籍，如邁可．卓思寧（Michael Drosnin）的《聖經密碼》（*The Bible Code*）和傑佛瑞．薩廷諾夫（Jeffrey Satinover）的《聖經密碼背後的真相》（*The Truth Behind the Bible Code*），在本質上討論了一個基本前提：如果你按次序列舉出《摩西五書》的三十萬四千八百零五個字母，並將它們排列在「集團」（blocs）中；這些集團是將字母分成若干行，每行中包含一定數量的字母，然後選擇一種跳過方法。最後，令人難以置信的是，某些字母會構成一些單字，並對我們的時代甚至所有時代做出了預言，例如，以色列總理拉賓（Rabin）遭到暗殺、阿爾伯特·愛因斯坦（Albert Einstein）發現相對論。

然而，為了取得這些幾千年前的文獻中所謂的未來「預言」，探索者們必須為了閱讀「密碼單字」而制定任意且可變的規則。組成預測詞的字母有時是相連，有時是隔開的（間隔是多樣且不固定的），有時豎著讀，有時橫著或斜著讀，有時順著讀，有時反著讀……

亞述碑銘中的密碼

在選擇行的長度和數量、閱讀方向、跳過或不跳過字母等方面的隨意性，必定讓那些未完全接受此基於《聖經》字母的密碼聲明的人毫無頭緒；也完全沒有考慮到《摩西五書》目前的文本是否為原始的、神聖的、逐字母的精確安排。我們會這樣說，不只是因為小的偏移（例如：有無使用母音字母來寫一些單字）已經明顯發生了，也因為我們認為（在《神聖相遇》〔*Divine Encounters*〕中闡述過）在《創世記》的開頭，其實有另一個字母：Aleph。除了神學上的含義之外，當前的問題是字母數量的失真。

然而，隱藏的單字或意義被編碼在聖經文本中的可能性很大，這一點大家肯定接受，不僅因為上面列舉的例子，還有另外兩個非常重要的原因。

第一個原因是，來自美索不達米亞的巴比倫和亞述的非希伯來文獻中，都有編碼和加密的情況。這些文獻的開頭或結尾都有警告說明，表示其內容是祕密，只能傳授給新成員（或反過來說，不能給門外漢），並在眾神之手中被處以死刑。這些文獻有時採用可解密的編碼方法（例如首字母縮寫詞），有時採用目前仍然是謎的加密方法。

在前者中，包括了由亞述國王亞述巴尼帕讚美神馬杜克和其配偶莎佩妮特（Sarpanit）所創作的一首讚美詩。詩中在每行的開頭使用楔形文字的音節符號，向神馬杜克拼出隱藏的訊息。除了首字母縮寫編碼外，這位國王還使用了第二種加密方法。組成祕密訊息的音節從第一行開始，跳過第二行，使用第三行，再跳過第四行，依此類推，到第九行都跳過一行。然後，編碼訊息一次跳過兩行，直到第二十六行回到跳過一行，再從第三十六行改為跳過兩行，然後在其他部分（包括背面）改回跳過一行。

在這種雙重編碼裡，亞述國王將以下的祕密訊息傳達給神明（我們提供橫向的翻譯，但碑刻上的資訊是從上到下縱向被解讀的）：

A-na-ku Ah-shur-ba-an-ni-ap-li
我是亞述巴尼帕

Sha il-shu bu-ul-ti-ta ni-shu-ma Ma-ru-du-uk
向他的神馬杜克請求賜予我生命〔而且〕

Da-li-le-ka lu-ud-lu
我要讚美你

有一個離合詩碑銘上，是由巴比倫的馬杜克神廟裡的祭司沙格拉基南姆．烏比伯（Shaggilkinam-ubbib）題詞，這件事不僅代表祭司能夠使用這種編碼，也提出了它的古代性問題。在這個首字母縮寫詞中（在編碼的音節中，有十一行跳讀），編碼員的名字清晰地顯示出來。正如大家所知，大約西元前一千四百年，在巴比倫的埃薩吉（Esagil）神廟中，有一位具有相同名字的祭司。這可能把編碼的觀念追溯到出埃及時代。然而，大多數學者覺得這個時間點實在早得讓人難以相信，而傾向將它追溯到西元前八世紀。

亞述國王以撒哈頓（Esarhaddon，亞述巴尼帕的父親）採用了一種略微不同的編碼方法。在紀念他對埃及的歷史性入侵的石碑上（學者稱之為「以撒哈頓的黑石」，現在保存於大英博物館內，見圖57），他宣稱自己已經發動了軍事行動，這個行動不僅得到眾神的祝福，也得到天上七個決定命運的星宮（與黃道星宮有關）的庇護。在石碑反面的碑銘上，他宣稱以楔形符號為星宮命名，「就像我的名字Asshur-Ah-Iddin的書寫一樣（英語中為Asarhaddon或Esarhaddon）。

圖57：以撒哈頓的黑石

我們尚不清楚這個密碼或加密的確切運用方式，但是可以斷定這個國王在同一個碑銘中宣稱的另一個隱藏的意義。重修巴比倫的馬杜克神廟，是亞述國王被接受成為巴比倫統治者的途徑。他回憶道，馬杜克對巴比倫人感到憤怒，已經下令該城市及其神廟將會荒廢七十年。以撒哈頓寫道，這就是「馬杜克寫在《命運之書》上的內容。」然而，馬杜克在回應以撒哈頓的請求時：

仁慈的馬杜克，在他的心得到寬慰的時刻，將石碑上下顛倒，在第十一年批准了重建。

我們可以發現，這個隱藏的預言指出，神的舉動展現了數字符號（在楔形文字中）的巧妙表現。在蘇美的六十進位（即以六十為基礎）系統中，代表「一」個的符號依情況可以表示「一」或「六十」。代表「十」的是山形符號。以撒哈頓宣稱，神所拿的《命運之書》，上面決定的荒廢時間是「七十」年（見圖58 a），但如果把它倒過來，就變成楔形文字的「十一」（見圖58 b）。

隱藏的訊息和祕密的意義之間，不僅是透過單字相連結，還會透過數字。數字的運用在薩貢二世（Sargon II，亞述巴尼帕的祖父）的著作中更為突出。他在統治期間（西元前七二一年至七〇五年），於距離古代皇城兼宗教中心尼尼微（Nineveh）東北方大約十二英里的小村莊裡，建立了一個新的行政軍事基地。他的亞述名字是舍魯–金（Sharru-kin，意思是公正的國王）。他把這座新城市命名為杜爾舍魯金（Dur Sharrukin，意思是薩貢的要塞，現今是名為「豪爾薩巴德」〔Khorsabad〕的考古遺址）。在關於這項功績的紀念碑銘上，他寫道，他所建造的那道圍繞城市的巨大城牆，有一萬六千

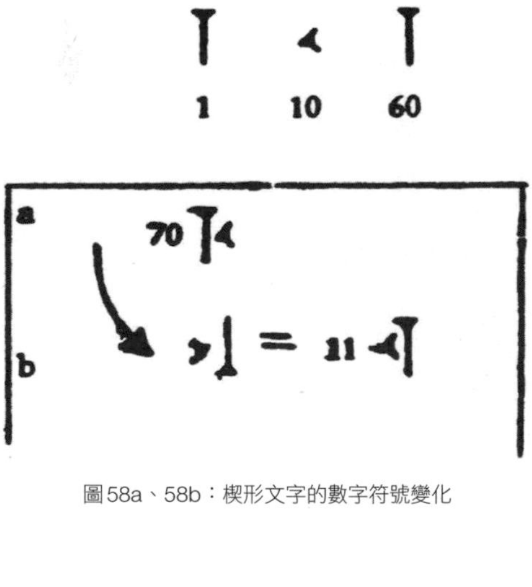

圖58a、58b：楔形文字的數字符號變化

兩百八十三庫比特（cubits，即腕尺）長，「正是我名字的數字。」

用數字編成單字音節的代碼，也出現在《給伊師塔的讚美》（*An Exaltation to Ishtar*）這份文獻中，崇拜者用數字寫自己的名字，而不是用字母：

21-35-35-26-41

21-11-20-42 的兒子

這些數字編碼的關鍵仍未被解譯。但是，我們有理由相信，希伯來的先知知道這樣的美索不達米亞編碼方法。

以賽亞的預言

《聖經》中最難懂的段落之一，是以賽亞關於來世報應的時間預言，「當那日，必大發角聲。在亞述地將要滅亡的，並在埃及地被趕散的，都要來。他們就在耶路撒冷聖山上敬拜耶和華。」（《以賽亞書》27：13）

以賽亞預言道，那時混亂將盛行，人民將奔走相問，「誰將理解那些以某種方式隱藏了的資訊」：

規則在規則之上，規則在規則之內；詩行在詩行之上，詩行與詩行——這裡有一點，那裡有一些；他將用混淆的語言、用陌生的語言，向這個人講話。（《和合本》譯為：「他竟命上加命，令上加令，律上加律，例上加例，這裡一點，那裡一點。先知說，不然。主要藉異邦人的嘴唇，和外邦人的舌頭，對這百姓說話。」《以賽亞書》28：10—11）

沒有人真正理解一個「規則在規則之上」和「詩行與詩行」是如何導致「混淆的語言」和「陌生的語言」。希伯來文的Tzav（規則／order）和Kav（行／line），在《新美國聖經》已經被改為更現代的英語譯文「命令」（command）和「統治」（rule），在《塔納赫，希伯來聖經》（*Tanakh, the Holy Scriptures*）中是「咕噥」（mutter）和「低語」（murmur），而在《新英格蘭聖經》則是「嚴厲的叫喊」（harsh cries）和「沙啞的呼喊」（raucous shouts）。

什麼語言可能被混淆？或是它的書寫符號透過到處改變「規則」和「詩行」，被賦予一種陌生的意義？我們認為，先知以賽亞（與薩貢二世和西拿基立〔Sennacherib〕同時代）所講的，就是亞述人和巴比倫人的楔形文字！

當然，這是一種大家都知道的語言。但是，正如前面引用的經文所述，以該語言傳遞的訊息無法被理解，因為它們已被透過Kav to Kav（行對行）、改變這裡和那裡的一「行」的方式，進行了編碼，因此改變了訊息原先要傳達的「箴言」。那個改變後的Tzav（順序），則是使用字母順序的更改來提示加密方法（如A/T、B/Sh）。

對於《以賽亞書》（28：10—11）謎團的解答，可以用來解釋該書中另一個部分（29：10—12）的一連串描述。它聲稱沒有人能夠理解那些著作，因為「所有的默示你們看如封住的書卷」。其中的hatoom，常常被翻譯為「封住」，但是在《聖經》的用法中，它有「隱藏」（製成祕密）的內涵。這個詞語的意思，相同於被門外漢的眼睛所密封的美索不達米亞編碼作品。

它也被運用在摩西之歌的預言中（《申命記》32：34），他引用上帝的話說，預定的事情

「不都是積蓄在我這裡，封鎖在我府庫中麼」。這個詞語也被用來指稱「藏起來」或「製成祕密」，使用在《以賽亞書》（8：17）。甚至在《但以理書》及其在事物完結時出現的事物異象和象徵意義上更是如此。

以賽亞的預言與他所在的時代之國際舞臺和皇家訊息的加密方式相符，可能曾給出「聖經密碼」存在的線索。他三次修改了Ototh（signs，符號）這個字，它在《聖經》中用於代表神聖或天體符號；他將之改為Otioth，這是代表「符號」和「字母」的Oth的複數形，而在他的預言中傳達了「字母」的意義。

我們已經提過，以賽亞提到耶和華是（字母表的）字母的創造者。他曾讚美耶和華的獨一無二，是耶和華「用字母排列即將發生的事情」。而且這樣的排列已被編碼，應該是理解《以賽亞書》（41：23）神祕詩句的方式。當地球上迷惑的人們從過去猜想未來時，以賽亞引用他們請求上帝的話語：

告訴我們後面的字母！

一般情況下，Ototh這個單字可能表示「告訴我們事物開始之初的符號。」但是，以賽亞有三次選擇寫Otioth（字母），明顯是想透過看到字母的背後（例如字母被打亂的密碼），來理解神聖計畫。

數值密碼學

然而，正如美索不達米亞的例子所指出的，離合詩是太過簡單的方法，真正的編碼仰賴於楔形文字的數值（例如，薩貢二世所留下的密碼仍然無法被理解）。我們已經提到，「眾神的祕密」與他們的階級數字有關，這些數字會被寫下來或引用，以取代神的名字。其他保留了蘇美詞語的碑刻，甚至在阿卡德人文獻中（因為石碑破碎，許多殘存物都很模糊），指出數字學在早期被當作代碼，特別是涉及到眾神時。

難怪希伯來字母表中的字母被賦予了數值（見圖59），而且在將祕密知識譯成代碼和破解代碼的過程中，這些數值扮演了比字母更重要的角色。當希臘人採用這份字母表時，他們保留了賦予每個字母數值的慣例。從希臘開始，根據它們的數值來翻譯字母、單字或字群的藝術，被稱為「根碼替亞釋義法」（Gematria，又譯希伯來字母代碼）。

從第二聖殿時期開始，數字學「根碼替亞釋義法」成為學者和專家的工具，將其用來從《聖經》的經文和單字中，挖掘出無數隱藏的意義或訊息片段，或是用於在《聖經》不完整的地方制定新規則。

因此，當一個人宣誓成為拿細耳人

א	1
ב	2
ג	3
ד	4
ה	5
ו	6
ז	7
ח	8
ט	9
י	10
כ	20

ל	30
מ	40
נ	50
ס	60
ע	70
פ	80
צ	90
ק	100
ר	200
ש	300
ת	400

圖59：希伯來字母所代表的數值

（Nazirite，編注：「歸耶和華為聖」的以色列男女），非特別指定的自我節制期應該為三十天，因為《民數記》第六章中的定義詞 YiHYeH（shall be，應該）的數值為三十。透過比較單字及其數字等值的含義，為隱藏的意義開創了無數的可能性。例如，摩西和雅各有相似的神聖經歷，因為雅各在夜晚異象中看到的通往天堂的梯子（希伯來語中的 Sulam），和摩西收到律法石版的西奈山，兩者有相同的數值：一百三十。

隨著中世紀猶太神祕主義卡巴拉的發展，使用數字學，特別是「根碼替亞釋義法」來發現祕密的意義，達到了一個新高度。在那些探索中，對神的名字給予了特別的關注。最主要的是關於對上帝將自己的名字告訴摩西的研究，耶和華（YHWH）：「耶和華是我的名，直到永遠，這也是我的紀念，直到萬代。」（《出埃及記》3：15）。如果簡單相加，神的名字（希伯來名為 Tetragammaton，編注：音譯為四個字母，分別為 YHWH 或 JHVH，發音為 Yahweh 或 Jehovah）的四個字母總共是二十六（10＋5＋6＋5），但是卡巴拉主義者提出更複雜的方法，他們拼出四個字母（Yod, Hei,Wav, Hei）並將數值加總起來，一共是七十二。這些數字的數字等值構成了其他具洞察力的詞語的分數。

（在基督教創立之初，一個亞歷山大教派的學者認為，至高無上的原初創始者的名字是阿布拉克斯〔Abraxas〕，其所有字母的總和為三百六十五，正好符合一個陽曆年的天數。該教派的成員曾經佩戴由半寶石製成的浮雕，上面印有神的形象和名字（通常不是 Yahweh 的縮寫 YaHD），見圖60。我

圖60：亞歷山大教派配戴的浮雕

們有理由相信，「阿布拉克斯」起源於「阿布雷希特」（Abresheet），其意思是「創始的父親／祖先」；我們也曾提過，《創世記》的第一個單字是A開頭，而不是現在的Bresheet這個B開頭的字。如果原本的《創世記》中的確有更多字母，那麼現在流行的密碼順序必須被重新檢查。）

數字代碼本身就是字母固有的代碼，而不是它們之間的任意間距。那麼，一個數字代碼或其意思，應該附有多少數值？這種用法可以回溯到蘇美時代，在阿卡德時代也是有效的，而且在這些時代中，這種用法被認為是「眾神的祕密」，不會洩露給門外漢，另外，由於它與DNA的關聯，我們相信數字代碼就是祕密代碼！

事實上，最明顯（正如偵探故事那樣，最容易被忽視的）的線索之一，正是「書」這個詞語，希伯來文中指稱「書」的詞是SeFeR，起源於字根SFR，其他源自此字根的單字有：Sofer（作者或抄寫員）、Lesapher（講述）、Sippur（傳說或故事）等。

然而，SFR這個字根也可以表示一切與數字相關的事物。計算（count）是Lisfor，數字的（numeral）是Sifrah，數字（number）是Mispar，計算（counting）是Sephirah。換句話說，在這個希伯來的三個字母字根出現的時刻，用字母書寫、用數字計算，被認為是同一件事。

實際上，在希伯來《聖經》中有例子能證明「書」和「數字」的意義是可以互換的。例如，在《歷代志上》（27：24）中，記述大衛王帶領的人口普查中，「數目」一詞在同一個句子中用了兩次，一次是用於表示數目（計算的人數），另一次指大衛的紀錄之書。

這樣的雙重甚至是三重意義，已經向《詩篇》（71：15）的翻譯者提出了挑戰。儘管他不完全知道上帝創造的奇蹟，仍尋求上帝的幫助。同時，《詩篇》的作者發誓要記述上帝救世和正義的功績，儘管「我不知道Sefuroth」。《欽定版聖經》（又稱《詹姆士王聖經》）將Sefuroth翻譯為「數字」，更多現代翻譯則傾向於「講述」（to tell, tellings）的內涵。但是，在這個特殊的形式中，《詩篇》作者融入了第三種意義，即「神祕事物」的意義。

《啟示錄》的神祕數字：六六六

當猶大的政局變得越來越狂暴時，一場起義（由馬加比反抗希臘統治）接著另一場（反對羅馬壓迫），對於「希望的訊息」（救世主的前兆）的探索更為盛行。翻閱早期文獻以獲取編碼數字的行為，演變成使用數字做為密碼。最神祕且加密效果最好的例子，就在《新約》中：在《啟示錄》中，一隻「野獸」的編碼數字為「六六六」。

在這裡有智慧。凡有聰明的，可以算計獸的數目。因為這是人的數目，他的數目是六百六十六。（《啟示錄》13：18）

這段話講述了對救世主（彌賽亞）的期盼、魔鬼的垮臺，以及天國王權重返地球的二次回歸。一千多年來，人們為了解開「六六六」這個數字密碼，已經做出了無數嘗試，並且瞭解了這個預言。這個數字在早期（希臘時代）的手稿中清楚地出現過，那本書的完整標題為《約翰福音》，一開始是這樣聲明的：「太初有道，道與神同在，道就是神。」（編注：《和合本》中將Word譯為「道」。）而且書中充滿了對數字的指涉。有人使用希臘字母（其排列與希伯來字母十分類似）的數值和「根碼替亞釋義法」的方法，認為「野獸」（beast）是邪惡的羅馬帝國，因為LATEINOS（在希臘文中指羅馬）的數值是六六六。其他人認為，數字密碼指的是邪惡的皇帝圖拉真（Trajan），他的中間名ULPIOS的數值合計為六六六。另一種看法是，這個密碼在希伯來文中代表Neron Qesar（尼祿帝王），他的希伯來名字拼寫為N-R-W-N + Q-S-R，加起來也是六六六。此外，在各種「根碼替亞釋義法」方法中，有使用直接加法，也有使用三角法。

然而，「六六六」的編碼祕密比較可能在希伯來文中被揭露，而不是在希臘或羅馬的單字意義中。這個看法可能是解決此謎團的最終關鍵。我們發現，希伯來文中的「六六六」，其數值等同於SeTeR（見圖61a），它是指隱藏的事物、難以理解的謎。它在《聖經》中被用來連結對人類來說是隱藏又難以理解的「神聖智慧與理解力」。為了產生「六六六」這個數值，必須要加上字母Wav（等於六，見圖61b），把字意從「一個祕密」改變為「他的祕密」（SiTRO）、「他的隱藏事物」。有人發現這種「他的祕密」的表達形式，描述了「水汪汪的黑暗」，讓人回想起提亞瑪特的天體碰撞事件：

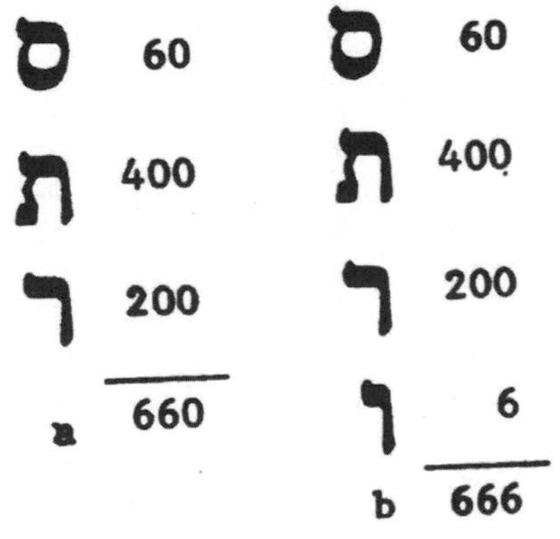

圖61a、61b：SeTeR、SiTRO的數值

> 地就搖撼戰抖，山的根基也震動搖撼。

> 從他鼻孔冒煙上騰、從他口中發火焚燒……

> 他以黑暗為藏身之處，以水的黑暗、天空的厚雲，為他四圍的行宮。（《詩篇》18：7－11）

《聖經》中反覆提及了那次的天幕之戰（天體碰撞），這在美索不達米亞的《創世史詩》中是發生在尼比魯（馬杜克）和提亞瑪特之間，而在《聖經》中則是發生在原始創造者耶和華和

Tehom（意思是深淵）之間。Tehom（提亞瑪特）有時是以Rahab（意思是傲慢者），或是用字母RaBaH（意思是偉大者）來取代RaHaB。《詩篇》第十八章的用詞，回應了《申命記》（29：29）中的較早陳述，提到了耶和華對於「末代」（Last Generation）的判斷，被預言為一個「煙將從上帝的鼻孔中冒出」的年代（編注：《和合本》譯為「如煙冒出」）。那個最後計算的時代，在《聖經》中常常由副詞Az（意思是then，然後），代表未來的某個特定時刻。

如果《啟示錄》的作者也記得Az（末代的那個時期），那麼當上帝與Tehom Rabah（《阿摩司書》7：4、《詩篇》36：7和《以賽亞書》5：10中運用的詞語）的戰鬥中，創造了天國和大地時，會以自己的身分出現，若以數值方法來計算「六六六」謎團，暗示著《啟示錄》所講述的是天主在天幕之戰（天體碰撞）的重演中回歸，因為Az + Tehom + Rabah的數值總和為六六六（見圖62）。

將數字「六六六」還原成字母，然後在《舊約全書》中尋找包括這些字母的單字，這種嘗試也有可能解開這個數字的密義。將「阿布雷希特」轉化為異教神「阿布拉克斯」（其數值是三百六十五），以及《聖經》的參考文獻是透過改變楔形文字符號的線條而在楔形文字中進行編碼，還有閱讀文字背後的意思、使用A-T-B-Sh來隱藏外來神的身分，這些都提出了一個問題：當希伯來的天命捲入其他國家及其眾神的命運時，《聖經》對外來的著作和神系中隱藏的祕密資料的編碼，擴及到什麼程度？如果《創世記》中的造物故事真的是《伊奴瑪．伊立什》中造物祕密的濃縮版本，那些被透露給恩麥杜蘭基和阿達帕（還有以諾）的祕密部分是什麼呢？

我們在《創世記》中讀到，當法老提拔解夢家約瑟時，賜予他一個新的埃及官方名字：Zophnat-Pa’aneach。當學者試圖重建這個稱號的象形文字和埃及意義時，發現這個名字的意思是以希伯來文編碼的，因為在希伯來文中，它的意思是：「祕密或隱藏的事物」（Zophnot）的「闡釋者」（Pa’aneach）。

這種語言或字母或數字的變形，讓我們對於前述的問題（和可能性）更加疑惑。這些密碼不僅是關於「六六六」，還包含了對古代神系的其他神明的暗示？

希伯來字母表中有一個無法解釋的面向，也就是有五個字母若是擺在單字的最後一個字時，書寫方式是不一樣的（見圖63a）。如果我們冒險去Pardes（被禁止的樹林），採用了密碼是字母加數字的組合之前提下，我們可以說，反向（從左到右）編碼的原因，是那奇怪的五個字母是「六十」（M＋Kh）的「密碼」（Zophen），正是阿努的祕密數字（見圖63b）！

如果是這樣的話，希伯來文中表示「祕密」的單字SOD的第一個字母（S），數值是「六十」，而整個單字的數值為「七十」，正是馬杜克所頒布（之後也由他撤銷的）巴比倫城的荒廢年限的祕密數字，這些會是巧合嗎？這樣說來，在《耶利米書》和其他地方提到的，關於耶路撒冷及其聖殿的荒廢也同樣將持續七十年，這個預言被宣布時，也是被當作神的祕密（Sod）啟示嗎？（見圖63c）

有一種方式是承認《舊約》和《新約》是從早期美索不達米亞祕密著作中借來了它們的編碼和神的階級，而這也提供了解開

圖63a：書寫方式不一樣的五個字母

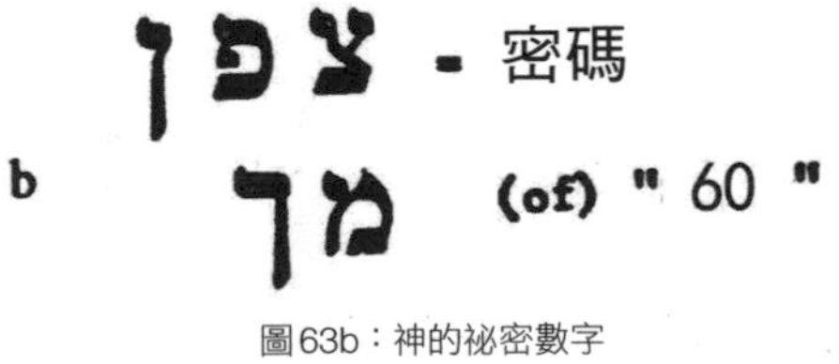

圖63b：神的祕密數字

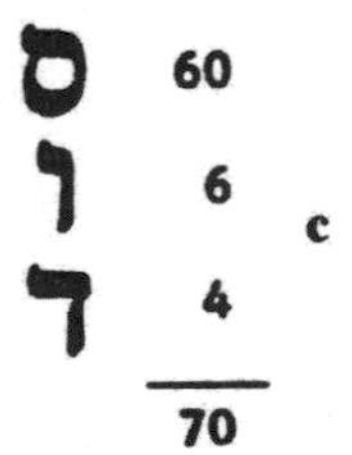

圖63c：SOD的數值

「六六六」謎團的可能方法。

一個已被發現的罕見例子中，數字「六」被當作一位神的階級，且被呈現在一個石碑上。這個石碑由學者阿拉斯代爾・利文斯通（Alasdair Livingstone）整理在《亞述和巴比倫學者的神祕和神話解釋》（*Mystical and Mythological Explanatory Works of Assyrian and Babylonian Scholars*）中。這個重建的石碑上，有著關於其中所包含的祕密之告誡，其內容是從「六十」開始，它是「眾神之父，至高無上的神」的階級，然後在單獨的一欄中揭露了他的身分：阿努。在他之後是恩利爾（五十）、艾／恩基（四十）、辛（三十）和沙馬氏（二十）。石碑上還提到了「雷雨之神」阿達德的階級是「六」。隨著列表在正面和反面繼續下去，然後列出了「六〇〇」是阿努納奇的祕密數字。

美索不達米亞的石碑上關於眾神的祕密數字，也許是解開「六六六」謎團的關鍵。這個數字是以蘇美語為基礎的編碼：

六〇〇＝阿努納奇，「那些從天國來到地球的眾神」
六十＝阿努，他們的至高無上統治者
六＝阿達德，教授新成員（初學者）的神
六六六＝「這裡是智慧」，「由擁有理解力的神計算」

（阿努和阿達德的相似性，開始於西元前兩千年，這不只被發現在文獻表述中，也存在於他們相連的神廟裡。儘管可能難以置信，但《聖經》列舉「其他邦」的神明時，把阿努和阿達德緊連在一起。《列王紀下》17：31）

眾神的祕密數字可以當作破解其他神聖名字的祕密意義的線索。因此，當字母表被構想出來時，字母「M」—Mem，從Ma'yim（water，水）而來，與埃及人和阿卡德人關於「水」（波浪的古代壁畫）的圖像描繪相似，也與這些語言中表示「水」的詞語的發音相似。在希伯來字母表中，M的數值是「四十」，它是寶瓶座的原型、「他的家是水」的艾（恩基）的數字階級，這難道只是巧合嗎？

在蘇美，YaHU是Tetragammaton / YaHWeH的縮寫，它是否有同樣的祕密數字代碼呢？如果一個蘇美初學者試圖將祕密的數字代碼運用於包含神名的名字（**就像用在人名的前綴或後綴**），人們可以說YHU是代表「五十」的密碼（IA = 10, U = 5, IA.U = 10×5 = 50），並帶有它所具有的神學意義。

六十進位、七與七十二等關鍵數字

當我們把注意力放在「六六六」的意義上時，發現在《啟示錄》的神祕詩句中，有一個最重要的聲明。它宣稱，這個密碼是所有智慧的內容，它只能由擁有理解力的人來解讀。

那裡確實有蘇美人使用的兩個詞語跟在它們後面。而這些詞語指的是由阿努納奇傳授給有特權的新成員（初學者）的祕密知識。

在令人難以置信且全面的蘇美知識的基礎上，也同樣具有驚人的數字知識。亞述研究者暨數學家赫爾曼．希拉帕里奇（Herman V. Hilprecht）在眾多美索不達米亞數學碑刻被發現後（記載於《賓夕法尼亞大學的巴比倫探險隊》〔*The Babylonian Expedition of the University of Pennsylvania*〕），觀察到：「從尼普爾和西巴爾的神廟圖書館，到尼尼微的亞述巴尼帕圖書館，所有的乘法和除法表碑刻，都是以數字一千二百九十六萬為基礎的。」這是一個真實的天文數字，它具有令人驚嘆的複雜性，而且對於西元前四千年的人類來說似乎並不實用。

然而，希拉帕里奇教授以一些數學碑刻為開端，來分析這個數字時，認為它只可能與歲差現象有關。這是地球在繞日軌道上的延遲，需要花二萬五千九百二十年才能完成（直到地球正好回到原來的起點）。黃道帶十二宮的完整一圈被命名為「大年」（Great Year），而天文數字一千二百九十六萬代表五百個大年。但是，除了阿努納奇之外，還有誰能掌握或擁有如此巨大跨度的時間呢？

在數字和計算系統中，十進位系統（以「十」為基礎）顯然是最「人性化」的，因為用我們的手指就能計算。即使是複雜的馬雅曆法哈布曆（Haab），也是將陽曆年分成每月二十天共十八個月（在年底加上特殊的五天），可以假定它是計算人身上所有的手指和腳趾的數量得來的。但是，蘇美人使用的六十進位（以「六十」為基礎）系統從何而來？這個系統仍持續存在於時間計算（六十分鐘、六十秒）、天文學（一個三百六十度的天圈）及幾何學中。

在《當時間開始》（*When Time Began*）一書中，我們已經提到，阿努納奇來自軌道週期（尼比魯星的一年）相當於地球的三千六百年的行星，因此在這兩種不同的週期之間，需要一個共同的分母，而他們在歲差現象中找到了一個（只有他們可能發現歲差現象，而不是由地球上壽命較短的人類）。當他們將天圈劃分為十二個部分時，歲差的延遲（他們可以輕易地觀察到）是每個星宮兩千一百六十年。我們已經提到，這個延遲導致了三六〇〇比二一六〇，或十比六（希臘的黃金比例）的比例，並導致了六十進位系統，這個系統以六乘十乘六乘十等以此類推的運算（得出了六十、三百六十、三千六百，一直到巨大的數字：一千二百九十六萬）。

在這個系統中，幾個具有天體或神聖意義的數字似乎處於不恰當的位置。一個是數字

「七」，它在《創世記》的故事中的重要性，如第七天或安息日，以及亞伯拉罕的住處別是巴（Beer-Sheba，意思是七之井）之類的名字，很容易被意識到。在美索不達米亞，它被運用於「審判七員」（Seven Who Judge）、七聖賢、下層世界的七扇大門、《伊奴瑪．伊立什》的七個碑刻。它是恩利爾的一個稱號（蘇美人聲稱「恩利爾是七」）。無疑地，這個數字之所以重要，是因為它是地球的行星數字。所有的蘇美天文學文獻都提到：「地球（基／KI）是第七個。」我們解釋過，這個數字只對於那些從外太空進入太陽系中心的來者才有意義。對於來自遠方尼比魯的他或他們來說，冥王星是第一顆行星，海王星和天王星是第二顆和第三顆，土星和木星是第四顆和第五顆，火星將是第六顆，地球是第七顆，金星是第八顆。事實上，這些行星也被描繪在紀念碑和圓筒印章上（見圖64）。

（在獻給「全善者」恩利爾的蘇美讚美詩中，看到他就等於看到大地上的食物和安適，他還被要求當作協約和誓言的保證人。難怪在希伯來文中，有七個詞幹來自同一個詞根：Sh-V-A，而它也是「使滿足」、「宣誓、發誓」等意思的詞根。）

數字「七」是《啟示錄》的關鍵數字（七個天使、七個圖章等）。下一個特別的數字「十二」或它的倍數也是如此，例如在《啟示錄》（7：4、14：1）多處提到了十四萬四千。我們已經講過它的運用和重要意義：「十二」起源於太陽系的成員數量（太陽、月亮，以及十顆行星，包括我們知道的九顆再加上尼比魯星）。

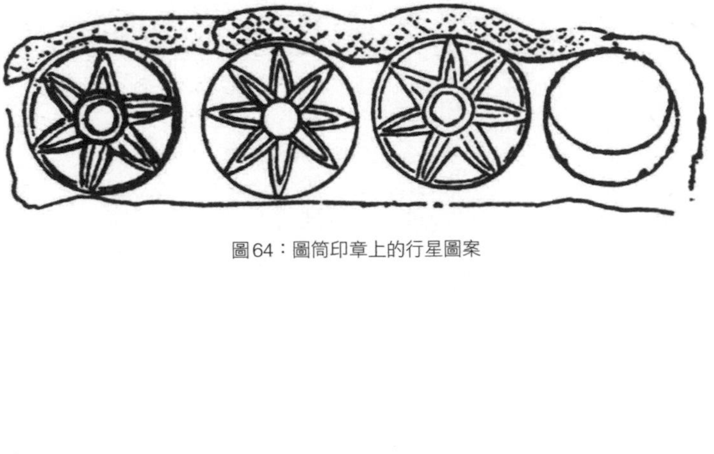

圖64：圖筒印章上的行星圖案

我們很難意識到的特殊數字是「七十二」。正如我們提過的，這個數字就是將十二和六的乘積，將它再乘以五的結果就是「三百六十」（一個圓周的度數），但這只是表面的說明而已。為什麼要以「七十二」為開始呢？

我們已經觀察到，卡巴拉神祕主義者透過「根碼替亞釋義法」，得到了「七十二」是耶和華的數字祕密。在《聖經》中，上帝指示摩西和亞倫帶著七十名以色列長老到達聖山，儘管相關描述很模糊，但事實上摩西和亞倫有七十二名同伴：上帝指示，亞倫的兩個兒子也要加入（儘管亞倫有四個兒子），這樣就在七十名長老中加入了兩名，一共是七十二名。

在有關荷魯斯和塞特對抗的故事中，我們也可以發現這個奇怪的數字「七十二」。從這個故事的象形文字資料中，普魯塔克（在《愛西絲和奧西里斯》〔*De Iside et Osiride*〕中，他將塞特視為希臘神話的泰風〔Typhon，即堤豐〕）說，當塞特誘使奧西里斯進入命定的箱子時，他是在七十二位「神聖同志」面前做的。

為什麼「七十二」在如此多的例子中出現？我們認為，唯一的答案只能在歲差現象中找到，因為我們可以在那裡找到關鍵數字「七十二」，這是地球延遲一度所需要的時間。

直到如今，我們還不能肯定「禧年」（Jubilee，《聖經》中規定的五十年期限）的概念是如何產生的，以及為何它在《禧年書》中被當成時間單位。這裡有一個答案：對於阿努納奇來說，他們的繞日軌道相當於三千六百個地球年，等於地球歲差延遲了五十度（50 × 72 = 3,600）！

恩利爾的祕密階級數字（也是馬杜克所尋求的）是「五十」，這也許不是巧合。因為它是表達神聖時間（源於尼比魯的運轉）、地球時間（與地球和月亮的運轉有關）和天體時間（源於歲差的黃道帶時間）之間的關聯。三千六百、二千一百六十、七十二和五十，它們都屬於尼普爾的杜爾安基心臟地帶的天命碑刻之數字，是真正表達「天地紐帶」的數字。

蘇美國王列表中宣稱，從阿努納奇到達地球，直到大洪水事件，已經過了四十三萬二千年（尼比魯繞日一百二十圈）。數字「四十三萬二千」也是印度、時代（Ages）的其他概念，以及降臨到地球上的週期性災難的關鍵。

數字「四十三萬二千」也精確地包含了七十二個六千次。值得留意的是，根據猶太智者關於年的計數，猶太曆法（西元一九九八年，為此曆法的五七五八年）的年數計算到達六千時將會完成，是一個終點；也就是它將完成一個完整的循環。

宇宙的語言是數字

從關於初學者（阿達帕、恩麥杜蘭那、以諾）的古代紀錄，可以清楚地看到，揭露給他們的知識和理解力的核心，是天文學、曆法和數學（數字的祕密）。事實上，在回顧古代的編碼和加密情況後，我們可以發現，無論使用何種語言，它們之間的通用思路是數字。如果地球上曾經存在一種單一的世界性語言的話（正如蘇美文獻和《聖經》所宣稱的），那麼它必須建立在數學的基礎上。甚至當我們與外星人交流時，就像阿努納奇在拜訪地球時所做的那樣，或是我們冒險進入太空時所做的那樣，宇宙語言將會是數字。

事實上，目前的電腦系統已經採用了一種世界性的數字語言。當A鍵在打字機上被按下去時，一根支撐這個字母的槓杆會跟著動作並在紙上敲下A。在電腦中，當A鍵被按下去時，一個電子信號被啟動，將A表達為一串數字「〇」和「一」，那些字母已經被數字化了。換句話說，現代電腦已經將字母轉化成數字，也就是將書寫「字母代碼化」了。

如果認真看待蘇美和《聖經》中所提到的，關於醫學知識包含在傳遞給我們的知識和理解力的訊息中，那麼這些知識一定在所有古代文獻的某處。因為它們已經被「封聖」而且被如此精確地精心複製，成為與我們分享創造過程中的基因知識的關鍵，並且在健康、疾病和死亡中伴隨著我們嗎？

我們已經做到的是，科學家已經在染色體數字一或十三或二十二的特別位置，識別出一個特別的基因（被稱為P51），它與某種特徵和疾病密切相關。它是一個基因，也是一個可以在電腦上表達的位置。而電腦現在是以數字，或全部以字母，或是兩者混合的形式。

是否在那些古代文獻中，特別是希伯來《聖經》中，存在這些被編碼的基因資訊？如果我們可以破解這樣的密碼，將成為恩基和寧呼爾薩格曾想創造的「完美模型」的人類。

9．預言：來自過去的著作

人類對於過去的某些人可以預見未來（按照蘇美的說法，某些人已經知道了天命，並能決定命運）的持久信念，是以書寫文字為基礎。無論是已揭露的或祕密的，直接的或加密的，那些資訊都必須被書寫記錄下來。一份契約、一份協議、一個預言，如果這些文字沒有被記錄下來，對於當時的人及未來的人又有什麼價值呢？

當考古學家挖掘出一個古代遺址，他們認為最令人激動、意義最重大的，是寫在上面的「東西」；這些「東西」被寫在一個物體、一塊磚，一個石版、陶器碎片，尤其是一份文獻，或是刻寫在泥版或莎草紙上的部分。它在什麼地方？它的古代名字是什麼？它屬於什麼文化？它的統治者是誰？幾個草寫的字母，一、兩個單字就能提供答案，當然，完整的文獻能提供更多資訊。

大洪水之前的古代文獻

亞述國王亞述巴尼帕雖然稱不上是一個成熟的考古學家，但無疑是最早的古文物研究者之一。因為他相信自己的命運和王國的天命是過去決定的，也將過去的主要功績或征服的戰利品做了書面紀錄。他在尼尼微宮殿的圖書館，也許是當時（西元前七世紀）在「神話」、史詩、王室紀事的古代文獻泥版，以及天文學、數學、醫學和其他無價文獻的書（在泥版上）方面，最偉大的收藏。

那些碑刻被仔細地排列在木架上，而每個架子都以目錄碑刻開始，列舉上面有哪些文獻。巨大的古代知識、紀錄和預言寶藏都聚集在那裡。現在所知的許多文獻都是來自在尼尼微發現的碑刻或其碎片。同時，從每個架子的目錄碑刻，也可以知道有多少文獻已經遺失或是還未發現。

亞述巴尼帕認為，大洪水之前的著作當然有一些遺失了（因為其他地方沒有複本）。我們知道它們曾經存在過，因為亞述巴尼帕曾經吹噓自己可以解讀那些著作。

也許有人已經注意到，這位國王的宣言沒有得到現代亞述學者的重視。一些人已經將這位國王的陳述改為讀懂「用蘇美語寫的著作」，因為這位國王所說的著作（無論在哪個碑刻上）都比美索不達米亞的碑刻早了數千年，而且是在全球性災難中倖存下來的。

然而，其他與亞述巴尼帕或其時代無關的文獻和資料來源，使得他說的話成了真正的宣言。阿達帕（大洪水之前的初學者、新成員）寫了一本書，它的蘇美語標題為U.SAR Dingir ANUM Dingir ENULA，也就是「來自神聖阿努和神聖恩利爾時代，關於時間的著作」。另一位大洪水之前的先祖以諾，他從天堂帶回了三百六十本「書」；「三百六十」這個數字不只是具有天體／數學典故，當它被轉化為字母後，拼寫成SeQeR（60＋100＋200），意思是「這是隱藏著的」。在埃及，有一個名叫薩卡拉（Saqqarah）的地方，是早期皇家金字塔和墓地的「隱藏之地」，這個名字也起源於相同的字根。

《以諾書》（又稱《以諾一書》〔*I Enoch*〕）被認為是由以諾以第一人稱親自書寫的。儘管所有學術觀點都認為它是在西元前不久彙編的，但是它在其他早期著作中曾被引用，以及與其他偽經著作的相似處，（以及它在基督教早期被推崇的事實），證明了它是基於真正的古代文獻。

書中，以諾在簡短地介紹了誰是納菲力姆（《創世記》第六章中英武有名的人）之後，表示接下來是「永恆的納菲力姆的公義話語及訓誡之書」，這是他在異象中聽到的，並且他現在使用「人類的語言」，也就是「偉大者賜給人類並與之交談」的語言，將之寫下來。

以諾在被授予天國與地球的知識，以及它們的奧祕之後，被要求寫下未來事件的預言（根據《禧年書》，以諾被告知「過去是什麼，將來會是什麼」）。儘管學者們假設「預言」實際上是一種後見之明，然而，《以諾一書》對早期文獻的整合，以及它在後續被封為聖典，證明了在第二聖殿時期，人們堅信「未來」能夠、也已經被過去的神聖啟示給預言了——甚至是由上帝自己或他的使者口述給人類。這些都被記錄書寫下來，並傳給後世。

在全名為《以諾的祕密之書》（*The Book of the Secrets of Enoch*）的《以諾二書》（*II Enoch*）這個版本中，特別強調以諾所帶下來的書，不只包括科學知識，還有關於未來的預言。書中宣稱，神指示以諾「將手寫的書給孩子們」，那些書也許可以「一代傳一代，並從一個國家傳到另一個國家」。神向他透露了「創世的祕密」和地球上事件的循環。「在八千年的創始之初，是一個沒有計時的時期，沒有年，沒有月，沒有星期，沒有天，也沒有小時。」（《以諾二書》33：1－2）

其中提及了屬於以諾的先祖亞當和塞特的更早期著作，也提到「手寫著作直到時間完結之前都不能被銷毀」。此外，還提到「神將圖表放在地球上」並「命令要保留它，要保留祖先的手寫著作，而且不要讓它在我帶給你們種族的大洪水中滅亡」。

在《以諾二書》中，關於未來大洪水的資料，被神當作預言的啟示告訴了以諾，因此談到了亞當及其兒子塞特的手寫著作，以及一張存放在地球上且必須在大洪水中保存下來的神聖圖表。如果這些「手寫著作」曾經存在，它們必須被算在遺失的大洪水之前的作品中。在第二聖殿時期，認為這類大洪水之前的著作是《亞當和夏娃之書》（*Books of Adam and Eve*），其中提供了許多細節，擴大了聖經的故事。

學者一致認為，《以諾一書》清楚地逐字收錄了更早期的手稿《挪亞書》（*Book of Noah*）中的章節。《挪亞書》曾經在《以諾書》之外的其他著作被提到的，是《創世記》第六章中八個謎般的經文之來源。在《聖經》版本的大洪水和英雄挪亞出現之前，這些經文提到了納菲力姆，他們是那些娶了亞當的女兒為妻的「眾神（伊羅興）的兒子」，而他們的行為讓神決定將人類從地球上除去。在《挪亞書》中，這個故事很完整，確認了納菲力姆的存在，也解釋了神憤怒的原因。它追尋到蘇美時代和相關來源的所有可能性，包括了來自美索不達米亞《阿特拉－哈西斯》文獻的一些細節。

前面提到的兩本書（**《亞當和夏娃之書》和《挪亞書》**）有可能確實以某種形式存在，而且《舊約》的編輯者也都知道。《創世記》中，在描述了亞當和夏娃的創造、伊甸園的突發事件，以及該隱、亞伯和以挪士的出生之後，在第五章提到：「這是亞當後代之書。」（**編按：《和合本》譯為：「亞當的後代記在下面。」**）又重新開始了家譜紀錄，並且重述了創世故事。被翻譯為「後代」的希伯來單字 Toledoth，不只有「後代」的意思，還有指稱「歷史」的意思；因此，接下來的內容看起來像是基於一份更長的早期文獻的總結。

挪亞和大洪水的故事，同樣以 Toledoth 這個字展開。它再次被翻譯成「挪亞的後代」，但所展開的故事中，大洪水占據的部分比挪亞多，而大洪水的故事無疑是基於更早期的蘇美（**及之後的阿卡德**）文獻。

有趣且迷人的是，《挪亞書》可能包含的部分，也可以在《禧年書》中看到；《禧年書》是另一本來自第二聖殿時期（**或更早**）的偽經。它聲稱，天使「為挪亞解釋了所有的藥物和疾病，以及如何使用地球上的草藥治癒他們。挪亞把這些關於各種醫學的東西都寫在書上」，在大洪水之後，挪亞「將他所寫的一切，給了他的兒子閃（Shem）」。

在《聖經》中，不只用Toledoth這個字展開新的一章，關於人類事務的部分也有使用。《創世記》第十章講述著大洪水之後的時代，提到「挪亞的兒子閃、含、雅弗的後代，記在下面。洪水以後，他們都生了兒子。」（10：1）這個被聖經學者暱稱為「國家表」的列表，回到了閃及其後代上，並特別把注意力放在他中間的兒子亞法撒（Arpakhshad）那一支上。然後在第十一章中，回到了主題「閃的後代」，然後，我們很快就意識到，這是亞伯拉罕家族的傳承。

另一個大洪水之前的其他書寫傳統，暗示了有一部可能被我們武斷地稱為《閃之書》或更確切的《亞法撒之書》的著作，曾經存在過。在《禧年書》中也有提及這件事：它告訴我們，挪亞的孫子亞法撒，由他的父親閃教他寫作和閱讀，他在尋找定居的地方時，「發現了一種先輩刻在石頭上的著作，他讀了上面的文字，並且抄寫下來。」在其他資訊中，「它包括納菲力姆教導的，關於如何觀察太陽、月亮、星星和天空的徵兆。」對於納菲力姆著作之內容的這些描述，顯然來自大洪水之前，也與《以諾之書》中關於太陽、月亮、星星／行星的知識的用詞相似。《以諾之書》中提到他是從「天國碑刻以及寫在上面的文字」得到這些知識。以諾將所有知識傳給他兒子密圖希拉（Metuselah），並對他說：

> 我為你講述所有這些東西，並為你記錄下來；我已經給你揭示了所有東西，並把關於所有這些的書給你。
>
> 所以，我的兒子密圖希拉，你要好好保管這些從父親手中得到的書，並把它們傳給世界的後代。

關於對大洪水之前的著作的明確引用，以及它們在被雪崩之水淹沒之前發生了什麼事，可以在貝羅蘇斯的作品中發現。他是一位巴比倫歷史祭司，在亞歷山大死後，為近東的希臘統治者編譯人類的歷史，他能夠進入收藏了阿卡德文（可能也有蘇美文）古代著作的圖書館。（其著作的第一卷，描述了從艾飛降到地球上，直到大洪水為止的事件，並以蘇美名字「吉烏蘇他拉」來稱呼大洪水的英雄）。從希臘史學家那裡所得到的貝羅蘇斯著作的片段中，提到艾（恩基）已經告訴斯斯特洛斯（Sisithros，即吉烏蘇他拉）將有一場大洪水，並命令他把沙馬氏的城市西巴爾中那些有用的著作隱藏起來。斯斯特洛斯完成了這些事情後，立刻啟航到了亞美尼亞（Armenia），於是神曾經宣告的事，真的都發生了。那些作品是關於「開始、過程和完結」。

貝羅蘇斯繼續講述，那些躲在方舟裡並在大洪水中倖存下來的人類裡，有桑貝特（Sambethe），也就是吉烏蘇他拉（挪亞）的一個兒子的妻子。她的名字也許是蘇美文或阿卡德文的「沙比圖」（Sabitu，意思是第七個）的訛誤。貝羅蘇斯的著作提到，「她是第一個女預言家，預言了巴比倫塔（Tower of Babylon）的建造，以及發生在其計畫者的事業的所有事；這發生在語言分裂之前。」

這個神諭預言家行業（最有名的女預言家在德爾斐〔Delphi〕）的首位人士，扮演了神與大洪水倖存者的調解人角色。她對他們說出「來自空中的聲音」，指引他們如何在大洪水之後活下來，「如何從西巴爾找到那些描寫著人類未來的書。」

《聖經》裡的先知預言

這些關於大洪水之前的著作的普遍傳統和回憶，顯然都堅持主張著，除了各種科學知識之外，它們也包括了關於未來的預言。這些預言不只是關注在降臨到個人或國家的命運事件，也關注人類和地球的最終天命。

以諾被告知「過去是什麼，將來會是什麼」，並為後代寫下了創世的祕密和地球事件的循環。神已經將「圖表」放在地球上，決定了行星和其上一切的天命。來自大洪水之前的著作，是關於「開始、過程和完結」的。

事實上，當我們回顧這些不同聲明背後的信仰時，便不難理解，為什麼《創世記》的希伯來文版本的編輯者忽略了首字母 Aleph，而以 B（Beth）為開始。因為「開始」的概念中，包含了「完結」的概念。

那些包含了所有需要被瞭解的一切的古代著作（那些使用電腦術語的古代「資料庫」）必須被保存到「時間的完結」或「日子的完結」，這個強烈的訓誡暗示了有一個完結是被天命注定了。《聖經》的編輯者透過從「開始」為起點，贊成了這個信念。

這些觀念貫穿了希伯來《聖經》，從一開始的《創世記》到先知書，再到最後的幾本書。「雅各叫了他的兒子們來，說，你們都來聚集，我好把你們日後必遇的事告訴你們。」（《創世記》49：1）摩西害怕以色列人在他死後會背棄戒律，所以警告他們，「日後必有禍患臨到你們。」（《申命記》31：29）伴隨著這個警告的，是關於以色列每個支派的命運和未來的預言。以賽亞預言的異象以這個聲明開頭：「末後的日子……」（《以賽亞書》2：2）先知耶利米清楚地解釋了，「在日子的完結時」將要發生的事，它們從一開始「就在耶和華的心中安排好了」（《耶利米書》23：20，《和合本》譯為：「直到他心中所擬定的成就了，末後的日子你們要全然明白。」）「從起初指明末後的事。」以賽亞這樣讚美上帝（《以賽亞書》46：10）。

上帝是終極先知，是所有預言的來源。甚至在描述事件的內容部分，也能看到對這個聖經觀點的相關表達。對於亞當和夏娃在伊甸園裡吃了禁果之後的懲罰，預見了人類的未來道路。該隱得到了保護性的記號，否則他及其後代將連續七十七代遭到報復。在上帝和挪亞及其兒子的契約中，上帝發誓永遠不會再有一場大洪水。在上帝和亞伯拉罕的契約中，上帝預言他未來將是無數民族的祖先；然而，上帝也預見他的子孫會在異國被奴役，這個痛苦的經歷將持續四百年（就像以色列人逗留在埃及時那樣）。此外，關於不孕的撒拉，上帝預言她將有一個兒子，而且這個兒子將是很多民族和國王的祖先。

《舊約》中包括了從亞當和夏娃的人類故事，一直到耶路撒冷第一聖殿被摧毀，以及在西元前六世紀回歸的流放者重建聖殿的故事；同時，它也直接且幾乎不動聲色地講述了預言的轉化，先從上帝與某些人直接交流，再來透過天使（Angels，字面意思是使者），然後是透過先知。

摩西被指派為上帝的一位先知，而這種現象的普遍性由《聖經》中的巴蘭（Bile'am，或叫Balaam）故事所呈現。他是出埃及時期的知名預言家，他被摩押人（Moabite）國王留下來，以詛咒前進中的以色列人。但是，每當詛咒的場地和典禮準備好時，耶和華就出現在他面前，警告他不要詛咒他選擇的子民。經過幾次嘗試後，他在摩押人國王的勸說下，再試一次。但那時，他在神聖異象中可以「聽到上帝的語言，目睹那個最高貴者的知識」。「儘管不在附近，我可以看到它。」巴蘭宣布了雅各的命運：「儘管不是現在，但它不斷往前。」這就是神聖訊息，他說：以色列的子民擊敗並征服了擋在他們路上的國家。然而，讓人難以相信的是，那些注定的國家列表中，包括了亞述。在出埃及時期，亞述國還沒有出現在迦南地區，該國的國王在幾個世紀後才攻擊了尚未成形的以色列王國。

建立在過去預言的案例之一，是哥革和瑪各（Gog and Magog）的偉大戰役。這場戰役是由《以西結書》（第三十八至三十九章）揭露的。當時的啟示文學（apocalyptic literature）認為，那場戰役是千年末的最後一場戰役，即《新約》中的哈米吉多頓（Armageddon）之戰（編注：意思是末日善惡大決戰）。儘管在最後的著作中，哥革和瑪各被當成兩個不同的人或民族，但以西結提到哥革將成為瑪各之地的統治者，他也預言了當哥革攻擊「地球之臍」耶路撒冷時，他的統治盡頭就要到來。耶和華預言這將發生在「日子的完結」，也是這一時刻的徵兆，他透過以西結宣布：在日子的完結（編注：《和合本》譯為「末後的日子」）到來，哥革——

> 就是你麼，當日他們多年預言我必帶你來攻擊以色列人。（《以西結書》38：17）

耶和華透過以西結宣布，在那些最後的時光中，將會有一場大地震和強烈的毀滅、瘟疫、流血、驟雨洪流、從天而降的火和硫磺。

另一位召回了更早的第一個「先知」的先知，是撒迦利亞（Zechariah），他也看到了對於過去（所謂的「第一天」〔First Days〕）而言的未來。這也符合所有《聖經》中的預言：先知斷言，在預見未來上，完結被錨定在開始。先知以賽亞預見世界上的民族聚在一起，以發現儲存的是什麼，並預見他們互相詢問：「我們之中誰能讓我們聽到第一個事物，並預知未來？」以賽亞嘲笑那些在民族中互相詢問過去和未來的人，不知道要詢問上帝，他宣布只有上主耶和華才有那些知識（《以賽亞書》第四十三章）。這些事例在《以賽亞書》第四十八章中進一步詳述，耶和華宣布：

主說，早先的事我從古時說明，已經出了我的口，也是我所指示的，我忽然行作，事便成就。（48：3）

為了預言未來而探求隱藏的過去，不僅在先知書中有所透露，也充滿了《詩篇》、《箴言》和《約伯記》。「我的民哪，你們要留心聽我的訓誨，側耳聽我口中的話。我要開口說比喻，我要說出古時的謎語。」（78：1－2）《詩篇》這樣記述代代相傳的、永為世人銘記的聖言。他聲稱自己有資格講述這些謎語，他解釋道：「因為我已經計算了過去的天數以及古時的年。」（77：6，編注：《和合本》譯為：「我追想古時之日、上古之年。」）

「找出過去已經發生了什麼，我們就能知道將要發生什麼。」這種預言方法是建立在人類幾千年記憶的經歷上；這些記憶對大多數人而言是「神話」，對我們來說卻是真實事件。對於關心古代傳說的人（不只是現在，也在《聖經》所敘述的時代）來說，在每一個轉捩點上，人類顯然都要依靠其創造者（眾神，伊羅興）的計畫和奇想。

人類的王權與文明

在一開始，我們和幾千年以來的人類（當然也包括先知）已被告知，人類的存在是由眾神議會決定的，目的是為了解決金礦場的叛變。我們的基因組成是由兩位阿努納奇（恩基和寧瑪赫）認真卻輕浮地決定的。在主神議會上，他們投票並發誓要結束這個創造實驗，讓人類在大洪水中被毀滅。同樣的，阿努納奇眾神也是在開會討論下，決定在大洪水之後給予人類三個地區的「王權」：美索不達米亞文明、尼羅河文明和印度河文明。

西元前最後一個千年（《聖經》中的先知時代），當時的人對於創世、大洪水到國家崛起的「起點」紀錄感到好奇，也對於之前一、兩千年的古昔日子（Olden Days）的事件感興趣。《聖經》中描述了那個時代在蘇美的迦勒底人之烏爾、亞伯拉罕、諸王之戰，以及所多瑪和蛾摩拉城的劇變。人們要求那些被授予預言和知識的人：「告訴我們那些古昔日子的事，我們才能知道要期盼什麼。」

《聖經》提到了有幾本這樣的紀錄（書），它們也許已經提供了答案，卻完全消失了。其中一本就是《加沙爾書》（*Book of Jashar*），字面上的翻譯是「正義之書」，但是也許真正的意思是「正確事情的紀錄」。另一本，也是更重要的一本是《耶和華的戰爭之書》（*Book of the Wars of Yahweh*），以謎樣的標題暗示了其內容是關於伊羅興（眾神）之間的戰爭和衝突。

在蘇美的著作中，記錄了這樣的衝突有時會引發戰爭。而這些來自過去的著作是真正的聖言，因為它們都是由神聖抄寫員，或是由神指派的人類抄寫員記載下來的。最初由神親自記載的是發生在尼比魯的事件，包括阿努爭奪王位、繼續為另一顆行星（地球）的繼承權問題而對抗、祖（*Zu*）的故事、荷魯斯和塞特之間的競爭（導致了首次徵召人類參與眾神之間的戰爭）。

由眾神親自書寫的作品被歸類為「預言文獻」，其中以阿卡德文版本呈現的是馬杜克所寫的自傳。在另一個類別裡，書是直接由神口述，例如《艾拉史詩》就是由奈格爾講述的事件紀錄。這些文獻都是神企圖向人類解釋兩千年（古昔日子）的文明如何突然走到盡頭。

具有諷刺意味的是，引發蘇美偉大文明滅絕的事件，正好發生在它最輝煌的時代。一本「古書」（蘇美文獻）記載著，阿努納奇在主神議會中決定要將王權（文明）授予人類：

制定命運的大阿努納奇，交換了他們對大地的計畫。他們創造了這四個區域，他們建起定居點，他們視察大地，他們對人類而言太崇高了。

因此，他們決定應該要創立王權制度，以做為崇高者與人類之間的緩衝及聯繫的紐帶。從那時開始，地球人被允許生活在神聖區域旁的眾神城市裡；然後，他們擁有了自己的城市，這些城市由努戈（LU.GAL，意思是偉大的人，也就是國王）統治，他們是神聖之主的代理人。

在大洪水之後，阿努納奇等到底格里斯河和幼發拉底河之間的平原伊丁（Edin）已經變乾之後，才重回此處，並完全按照大洪水之前的計畫重建了城市。第一個城市是恩基的城市埃利都，我們相信，他們就是在那裡做出了授予人類王權的決定。考古證據顯示，當時大約是西元前三千八百年。

眾神決定人類的王權要在一座人類城市中展開，這座城市被命名為基什（Kish）。這個日期以授予人類曆法為標記。這份曆法是在恩利爾的「崇拜中心」尼普爾設計的，開始於西元前三七六〇年。

在蘇美國王列表中，記載了首都在蘇美的人類城市之間頻繁轉換。這樣的轉變其實無關於眾神之間的命運和權威的轉變，甚至是眾神之間的競爭；這些競爭發生在第一區域（美索不達米亞和附近的陸地）、第二區域（尼羅河谷），以及第三區域（印度河谷，此處的文明大約從西元前三千一百年到西元前二千九百年開始）。馬杜克和尼努爾塔的衝突在暗地裡進行且不時爆發出來；他們分別是恩基和恩利爾的子孫，將父輩的戰爭延伸到自己這一代。

事實上，直到馬杜克（他曾導致杜姆茲的死亡）被活埋在密封的大金字塔中，而後改被流放，地球上才有了和平。馬杜克用同樣的懲罰（流放至遙遠的地方）來處置同父異母的兄弟寧吉

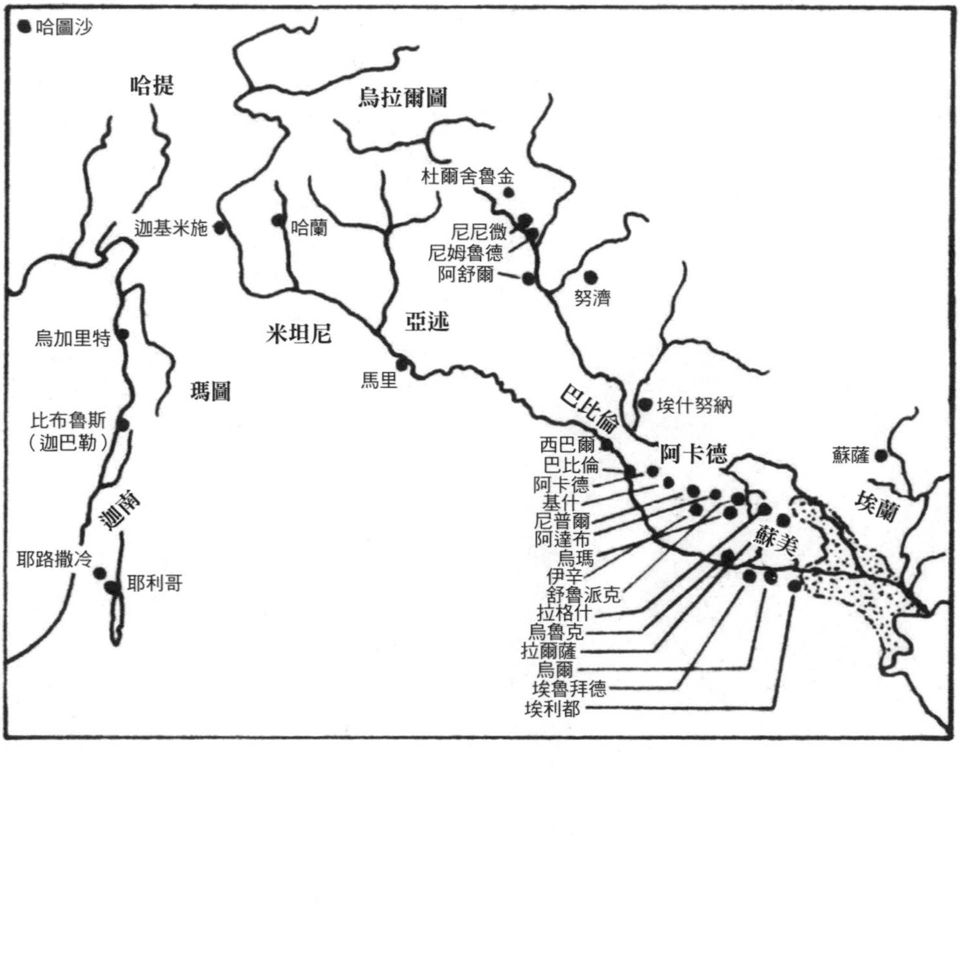
哈圖沙
哈提
烏拉爾圖
杜爾舍魯金
迦基米施
哈蘭
尼尼微
尼姆魯德
阿舒爾
努濟
烏加里特
米坦尼
亞述
瑪圖
馬里
埃什努納
比布魯斯
（迦巴勒）
巴比倫
西巴爾
阿卡德
蘇薩
巴比倫
阿卡德
基什
埃蘭
尼普爾
阿達布
迦南
蘇美
烏瑪
伊辛
耶路撒冷
耶利哥
舒魯派克
拉格什
烏魯克
拉爾薩
烏爾
埃魯拜德
埃利都

什西達（圖特）。圖特穿越了海洋，成為中美洲的羽蛇神「魁札爾科亞特爾」。

相對和平的時期開始於西元前三千年初期，當時蘇美文明擴展到附近的地區，並在偉大的國王（例如吉爾伽美什）的領導下繁榮發展。在幾個世紀中，向北擴展合併了一些閃族部落。大約在西元前二千四百年，在一個公正的國王（舍魯金，即薩貢二世）的統治下，阿卡德的首都在新城市亞甲（Agade）成立了。從那時起，就以蘇美和阿卡德的統一王國而聞名。

在很多已被發現的文獻（大多數是碎片）中，都記錄了連續幾個世紀以來的眾神和人類事務的事件過程。帝國的中心一直在改變，最後，到西元前二一一三年，蘇美和阿卡德歷史上最輝煌的章節開始了。歷史學家把這個時代稱為烏爾第三王朝，因為烏爾第三次成為帝國的首都。它是娜娜（辛）的「崇拜中心」，他和配偶寧加爾就居住在那裡的神聖區域（見圖65）。他們的統治是開明而仁慈的。

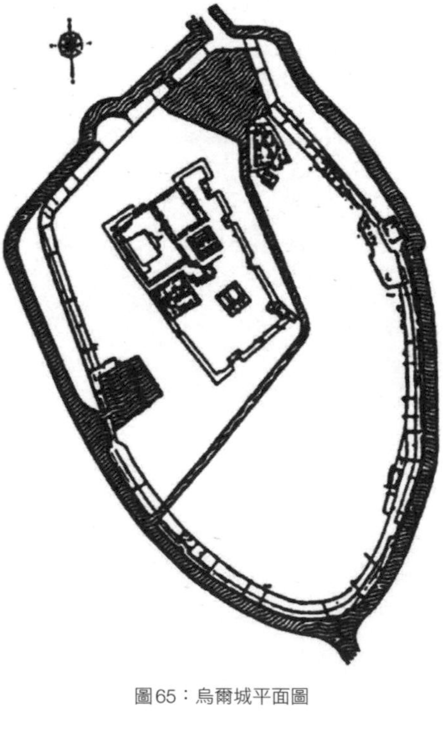
圖65：烏爾城平面圖

他們任命烏爾南姆（Ur-Nammu，意思是烏爾的喜悅）開創新的王朝，這位國王英明且公正，精通國際貿易，讓蘇美以穀物和羊毛製品交換到金屬和木材。根據《聖經》，即使在遙遠的耶利哥（Jericho），蘇美色彩繽紛的皮毛也受到好評。「烏爾商人」享譽國際且受到尊重，並使蘇美文明的各個方面都得以廣泛傳播。後來，由於蘇美人需要更多羊毛，便進入北方地區的放牧草原，那裡的主要貿易基地被建在通往小亞細亞（西臺族的土地）的門戶上。它被稱為哈蘭（意思是商隊旅館）。這個地方企圖成為小烏爾（遠離烏爾的烏爾），它在格局和神廟上都模仿烏爾。

馬杜克的返回與烏爾被毀

馬杜克因為被流放，始終帶著逐漸加深的失落和憤怒，關注著這些發展。在他的自傳中（在亞述巴尼帕圖書館發現的複本），馬杜克回憶了他如何在漫遊了很多地方之後（從日出之地走到日落之地），到達哈提之地（Hatti Land，西臺人的土地。）「我在它中間待了二十四年。」他寫道。在這些年裡，他一直在問眾神議會：「要到何時？」

馬杜克得不到一個清楚或令他滿意的答案，不免抬頭仰望天空。我們已經說過，命運有十二個站點。馬杜克的命運之站（黃道星宮）是白羊宮。歲差讓春季第一天的日出位置持續轉移，逐漸遠離金牛宮（恩利爾的黃道星宮），越來越靠近馬杜克的白羊宮命運之站。馬杜克十分肯定，實現他的天命的時間越來越接近了，他預想自己會隆重地返回巴比倫，任命一位值得敬重的國王，看護著和平且人民繁榮的國家。這是一個關於往後的日子將會發生什麼的預言想像，那時巴比倫將展現其名字的內涵：Bab-ili，眾神的門戶。

學者注意到一些被認為是《阿卡德預言》（*Akkadian Prophecies*）部分內容的文獻，記錄了天文學家的報告，他們觀察天空中與白羊宮有關的行星預兆。然而，這些預兆大多數是關於戰爭、屠殺、掠奪以及滅亡。最後，是這些預言成真了，而不是馬杜克的樂觀預言。

其他眾神在尼努爾塔和馬杜克的兄弟奈格爾的帶領下，使用了「來自古昔日子」的科學工具，以及「天國和地球的工藝品」，宣稱轉移到白羊宮時代的變化還沒有出現。不耐煩的馬杜克派出了兒子那布，在西地（幼發拉底河以西的土地）從追隨者中組成一支人類軍隊。在西元前二〇二四年，那布成功發動了一場入侵美索不達米亞的襲擊，為他的父親打開了巴比倫的門戶。

《艾拉史詩》中敘述了奈格爾（暱稱為艾拉，意思是殲滅者）和尼努爾塔（暱稱為以舜〔Ishum〕，意思是極熱者）眼中的重大事件。書中詳細描述了：為了和平解決紛爭而導致的激烈談判，並建議馬杜克要有耐心；在阿努納奇的議會中進行無休止的辯論，最後是連續舉行會議；對於那布及其人類軍隊的真正意圖提出警告；在馬杜克提到巴比倫要成為眾神的門戶，而他兒子那布與追隨者就在與西奈太空站接壤的地區，眾神終於懷疑他們打算占領太空站，繼而控制與母星尼比魯的聯繫。

主神議會的成員發覺沒有其他辦法可以阻止馬杜克和那布，便下令奈格爾和尼努爾塔開啟「七種威力無窮的武器」（Seven Awesome Weapons），這些武器被鎖住且封在阿普蘇（Abzu，恩基在非洲東南部的住所）。一場核屠殺爆發了，它使太空站瞬間蒸發，並在半島表面留下一個巨大的裂縫和周圍廣闊的黑色區域。當時在死海以南的肥沃山谷中，站在那布一邊的「罪惡諸城」被消滅了——這就是亞伯拉罕從迦南南部的住處所看到的劇變。

然而，因為命運就是如此，「死亡之雲」被盛行的地中海之風吹動，往東飄向美索不達米亞。在它所經之處，一切活的生物，包括人類、動物和植物，都以可怕的方式死去。當死亡之雲靠近蘇美時，阿努納奇眾神開始拋棄他們的城市。然而，娜娜（辛）不能接受他輝煌的城市烏爾的命運。他請求阿努和恩利爾想辦法寬恕烏爾，然而無濟於事。無助的恩利爾坦率地告訴他：「烏爾是注定的王城，但沒有被賦予永恆的統治權……它的王權和統治，已經被切斷。」它的蘭姆塔（NAM.TAR）不是永恆的，是可以被中斷和破壞的命運。

然而，命運實現了，當這些風到達美索不達米亞時，竟然改變方向往東南方而去。當蘇美和它的偉大舊城變得荒蕪時，北方的巴比倫城卻毫髮無損。

馬杜克的五十個名字

那時，馬杜克仰望天空，占卜自己的命運。巴比倫在核死亡和荒蕪中奇蹟般地倖存，使他不禁懷疑，如今他前往至高無上霸權的暢通之路，是否不僅僅是命運，而是他的天命？

也許當時馬杜克還不是神明，但可以確認隨之而來的是他被神化了。在這些情況下，讓我們將之稱為他被「天體化」（Celestialization）。其手段是透過對《伊奴瑪．伊立什》聖典的修改（也可以說是「偽造」）：稱尼比魯為「馬杜克」，進而使至高無上的行星神與地球上至高無上的神合而為一。使用「馬杜克」取代天幕之戰（天體碰撞）中的尼比魯，接著一些關鍵字就可以運用到他身上：從提亞瑪特最主要的衛星金古那裡獲得了天命碑刻。

他從他那裡奪走了天命碑刻，用印章將之密封後，把它固定在自己的胸口。

他的命運現在是一個天命。眾神在大會上，「聽從這種發言」。他們鞠躬，大聲吶喊：「馬杜克是國王！」他們接受這個必然的事實，阿努和恩利爾（在巴比倫國王漢摩拉比寫的碑銘文字上）：

為馬杜克，恩基的長子決定吧；

讓他成為觀看的眾神之間的偉大者，讓巴比倫之名變得崇高，讓它成為世界之最；
並在它的中間，為馬杜克建立一個永久的王權。

用一個比較好理解的詞語來說，馬杜克被加冕為「眾神之王」，是在五十主神和「天命七神」（Seven Gods of Destiny）的集會上所舉行的隆重儀式，而且有上百名阿努納奇出席。恩利爾象徵性地將他的神聖武器——弓箭（天空中有弓星與它對應）放在馬杜克之前。然後，透過將祕密數字階級「五十」移交給馬杜克，進一步慶祝了恩利爾的權力被移交給馬杜克。這個儀式由逐一朗誦五十個名字來完成。他們以馬杜克專有的名字開頭，宣稱是阿努在馬杜克出生時為他如此命名的，然後朗誦剩下的其他稱號，最後以尼比魯結尾，進而將地球上的神轉變為至高無上的行星神。

這五十個名字是由蘇美單字或音節組合而成的，早在《創世史詩》將它們偽造成馬杜克的稱號之前，就已經存在了。儘管這本阿卡德語文獻的巴比倫編輯者，試圖向同時代的人解釋神祕的蘇美音節單字，但他們顯然無法完全掌握每個名字所傳達的祕密訊息。這五十個名字的祕密意義或編碼，是由著名的亞述學家和聖經學者史本賽（E. A. Speiser）意識到的。他在《有關舊約的古代近東文字》（*Ancient Near Eastern Texts Relating to the Old Testament*）中，將《伊奴瑪．伊立什》翻譯為英文，他觀察到「該文獻是以詞源來命名，這是《聖經》中常見的方式；一長串列表中的每個名字，幾乎都伴隨有詞源，這些詞源具有神祕哲學性和象徵性，而非嚴格的語言學意義」。

在這五十個具「卡巴拉」神祕性質的名字裡，包含了比前述的觀察中更多的內涵。最前面的九個名字被列在《伊奴瑪．伊立什》第六塊碑刻的最後，並附有一些讚美詩。正如弗拉茨．伯爾（Franz M. Th. Bohl）在他的著作《馬杜克的五十之名》（*Die fünfzig Namen des Marduk*）中提到的，最前面的九個名字的發音，不僅屬於馬杜克的祖先，甚至是阿努本人的祖先。其中三個包含三重含義；在這種意義中的意義裡，「復活死神」的獨特能力（其他的沒有提到）被歸給馬杜克。弗拉茨．伯爾認為，這些可以當作奧西里斯（埃及傳說）的死亡和復活的參考資料，因為這三個受到保證的名字（數字十、十一、十二）是稱號ASAR（阿卡德文是Asars）的變形，根據弗拉茨．伯爾的說法，這三個稱號與這位埃及神的三個稱號相似。

在這三個稱號之後，文獻內容來到《伊奴瑪．伊立什》的第七個碑刻。《創世記》中，創世的第七天（前六天是活動期，第七天是休息和神聖的沉思）並非毫無意義；而且，「七」是地球的行星稱號，而恩利爾是地球的指揮者。

在這三個ASAR稱號之後，稱號名字變得多樣化，最後使名字總數達到十二個。有四節經文對它們進行了解釋，提供了這三個ASAR系列名字的四重含義，再次表明了將十二個名字結合到文獻中的嘗試。因此，對這五十個名字的朗誦，包含了恩利爾的神聖階級數字及其行星數字、太陽系成員和星宮成員的數字。

恩基在典禮總結中宣布：「我所有的教導，都包含在這五十個名字裡。」在這些名字裡，「所有的儀式已經合併。」他親自「寫下來，以保留到未來」，並且命令這份著作要保存在埃薩吉神廟中；這是眾神要在巴比倫為馬杜克建造的神廟。祕密知識將在那裡由祭司保護，並以父傳子方式相傳：「讓它們被保存（在那裡），讓年長者解釋它們，讓智者和懂得知識的父親傳授給兒子。」

根據恩基所說的，這五十個名字中包含了所有必須知道的什麼深層的意義和祕密知識呢？

也許有一天，當新的發現讓我們能夠解開亞述和巴比倫國王的數字編碼時，我們也會知道答案了。

10・地球之臍

在發生核災難的二十四年之前，有兩條路徑在哈蘭交叉了，而且並非偶然。一條是神馬杜克的，他確定自己的命運已經成為天命。另一條是人類亞伯拉罕的，他的天命變成了命運。

當巴比倫（現今的伊拉克）對耶路撒冷（現今的以色列）大地進行致命的導彈轟擊時，其結果持續到現今的時代。

從《聖經》上，我們得知亞伯拉罕曾經在哈蘭逗留。而從馬杜克的自傳，我們知道他在遙遠的國家流浪過，最後來到西臺之地。對於他在哈蘭這個特別的地方生活了二十四年這件事，我們是從馬杜克自傳中非常開放的詞句中得知的。他開始質問著：「要到何時？」將它傳達給可以立即出現的神伊魯哈蘭尼姆（ilu Haranim，意思是哈蘭眾神，見圖66），然後傳達給遙遠的審判主神。

圖66：馬杜克的自傳

確實，待在哈蘭是一個很有邏輯的選擇，因為它是坐落在交易路線交叉口的主要城市和宗教中心，也是蘇美和阿卡德邊界的交流中心，但確切來說不在蘇美的管轄內。對於這位神來說，若他的兒子要發動侵略戰爭，那麼哈蘭是一個完美的指揮部。

亞伯拉罕奉命離開哈蘭

在馬杜克停留了二十四年之後，核爆大屠殺在西元前二〇二四年發生了，這代表馬杜克在西元前二〇四八年到達哈蘭。根據我們的計算（基於對《聖經》、美索不達米亞和埃及等資料的仔細對照），對於亞伯拉罕（亞伯蘭）來說，那是很關鍵的時段。在我們的推算下，亞伯蘭出生於西元前二一二三年。我們在《眾神與人類的戰爭》中已經提過，他拉及其家族的每次搬遷，都與烏爾和蘇美帝國的快速發展有關。

《聖經》告訴我們，亞伯蘭（亞伯拉罕）在七十五歲時，按照神的指示，離開了哈蘭。那一年是西元前二〇四八年，也就是馬杜克來到哈蘭的那一年！就在那時，耶和華（不只是「上帝」）對亞伯蘭說：「你要離開本地、本族、父家，往我所要指示你的地去。」（《創世記》12：1）這是一個三重離開，離開亞伯蘭的國家（蘇美），離開他的出生地（尼普爾），還有離開父親的居住地（哈蘭）；到一個不熟悉的新地方，因為耶和華必須這樣指示亞伯蘭。

亞伯蘭帶著妻子撒萊和侄子羅得（Lot）前往「迦南地」。他們從北方出發（經過了他的孫子雅各後來經過的地方），迅速向南方前進，到達一個叫「阿龍摩利」（Alon-Moreh）的地方，字面意思是「橡樹指向點」（編注：《和合本》譯為「摩利橡樹」），很明顯是一個旅行者不會錯過的地標。為了確保他們行走的方向正確，亞伯蘭等待更多的指示：「耶和華向亞伯蘭顯現」，確定他沒有走錯方向。亞伯蘭繼續前進，到達了伯特利（Beth-El，意思是上帝的住所），然後再次「求告耶和華的名」，接著繼續前進，一直南地（Negev，意思是乾燥處），那裡是迦南的最南端，與西奈半島接壤。

因為當地食物匱乏，亞伯蘭沒有在那裡停留太久。他繼續前進，一路到了埃及。人們通常都把亞伯拉罕描述為遊牧民族貝都因人（Bedouin）的酋長，以看管羊群或是懶散地待在帳篷裡度日。事實上，他能做的事情更多，否則為什麼他會被耶和華選中去完成神所安排的任務呢？他是祭司的後代，而他和兄弟的妻子的名字：撒萊（意思是公主）和密迦（意思是女王的）象徵了與蘇美王族的關聯。

不久後，亞伯蘭到達埃及邊境，然後他教妻子，當他們被帶到法老的宮廷時該怎麼做（後來，他回到迦南，也平等對待迦南國王）。亞伯蘭在埃及逗留五年後，奉命回到南地，而法老賜給他一大批男人和女人供他差遣，以及一群羊、牛和驢子，還有一群貴重的駱駝。其中的駱駝具有重要意義，因為牠們在沙漠裡適用於軍事目的。

從《啟示錄》（第十四章）之後的章節可以知道，東方王國的結盟（包括蘇美及其攝政國，例如，在札格羅斯〔Zagros〕山脈的以攔〔埃蘭〕就以好戰的男性而聞名），入侵南方的迦南，導致了軍事衝突。他們沿著國王公路（King's Highway），攻破一個又一個城池。隨後，他們繞過死海，直接向西奈半島進攻（參見33頁地圖）。不過，亞伯蘭和他的武裝人員阻止了入侵者的前進。雖然入侵者為此感到失望，卻對於掠奪了死海以南的肥沃平原上的五座城池（包括所多瑪和蛾摩拉城）而感到滿意。此外，他們也把亞伯蘭的侄子羅得抓去當俘虜。

當亞伯蘭得知他的侄子被抓之後，就帶著精選的三百一十八名壯丁，一路追擊入侵者直到大馬色（Damascus，現今的大馬士革）。其實，當來自所多瑪的難民告訴亞伯蘭，關於他侄子被抓的事時，距離事發當時已經過了一段時間，所以亞伯蘭能在但（Dan，迦南的北部）趕上入侵者，確實是壯舉。我們認為《創世記》中所稱的「精練壯丁」是騎乘駱駝的騎兵（見圖67），就如美索不達米亞的雕塑所呈現的。

亞伯拉罕的使命

《聖經》上寫道：「這事以後，耶和華在異象中有話對亞伯蘭說，亞伯蘭你不要懼怕，我是你的盾牌，必大大的賞賜你。」（《創世記》15：1）

現在，該回顧亞伯蘭的傳奇並問一些問題了。為什麼是亞伯蘭被告知要放棄一切，前往一個完全陌生的地方？迦南有什麼特別之處呢？為什麼他要急忙趕往西奈半島邊界的南地呢？為什麼他在埃及受到皇室的接待，離開時還帶著軍隊和駱駝騎兵？來自東方的入侵者的目的是什麼？為什麼他們敗在亞伯蘭的手下後，亞伯蘭從神那裡得到「大大的賞賜」的諾言？

不同於傳統上把亞伯蘭畫成遊牧民族牧羊人的圖畫，他其實是超級軍隊的領導者，在國際舞臺上扮演重要的角色。我們認為，如果能接受阿努納奇在場的事實，並考慮當時發生的其他重要事件，所有一切都可以得到解釋。

當時，那布正在幼發拉底河西部土地上組織戰士，而最可能引發一場世界大戰的利益，就是位在西奈的太空站。與西臺族人結盟，並接受戰爭技巧之訓練的亞伯蘭，被急忙派遣去保護太

圖67：騎乘駱駝的騎兵

空站。位在孟斐斯（Memphis）埃及法老，正面臨著駐紮在南部的底比斯（Thebes）的拉（馬杜克）追隨者的入侵，才會賜予亞伯蘭一支駱駝騎兵，以及一大批男僕和女僕。而且，因為亞伯蘭成功保護了通往太空站的入口，耶和華才會向他許諾大大的賞賜，並答應要保護他在將來免於遭受失敗者的報復。

依照我們的推算，諸王之間的戰爭發生在西元前二〇四一年。那是埃及南方的王子占領了孟斐斯，罷黜亞伯蘭的盟友之後的那一年。南方的王子宣布效忠於阿蒙－拉（Amon-Ra），也就是「隱藏的」或「看不到的」拉（馬杜克），當時馬杜克還在流放中。（在馬杜克成為霸主後，埃及的新統治者在首都底比斯的郊區卡納克，開始建造埃及最偉大的神廟向阿蒙－拉致敬。他們建造了宏偉的大道直通神廟，大道兩邊立著公羊頭雕像，見圖68，以榮耀屬於神的白羊宮時代的到來。）

蘇美及其帝國的情況同樣忙亂。根據天象預兆，包括西元前二〇三一年的日全食，都預言著世界末日即將來臨。迫於那布的戰士的壓力，蘇美最後的幾任國王撤回部隊和保護哨所，使其距離首都烏爾越來越近。即使他們向眾神懇求也得不到安慰，因為眾神也身陷在與馬杜克的激烈對抗中。眾神和人類都看著天空尋求徵兆。人類，即使是有資格或被選中的亞伯蘭，已不能再保護阿努納奇太空站的基本設施。所以，在西元前二〇二四年，經過主神議會的同意，奈格爾和尼努爾塔動用了核

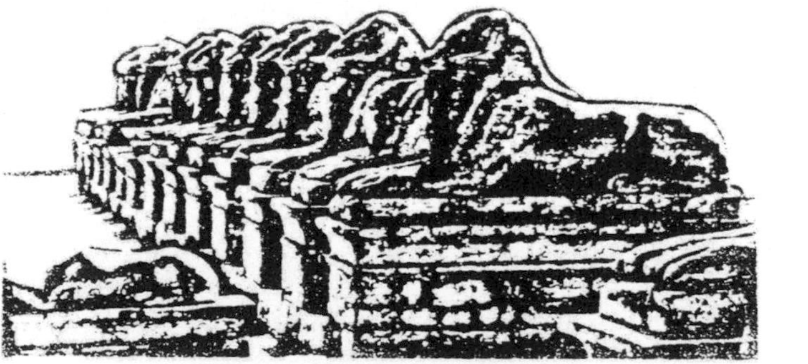

圖68：大道兩邊的公羊頭雕像

武器，以避免馬杜克得到太空站。這些情況都被具體且仔細地記錄在《艾拉史詩》中；其中也敘述了連帶發生的事件：「罪惡諸城」（包括所多瑪和蛾摩拉城）的劇變。

亞伯拉罕被事先預告了即將發生的事。在對太空站和城市發動核攻擊的前一天，上帝的兩位天使在亞伯拉罕的請求之下，被派遣去營救羅得和他的家人。羅得需要時間集合家人，要求這兩位聖者延後劇變，直到他的家人到達山裡的安全避難處。因此，這個事件不是自然災難，而是可以預測和延後的。

「亞伯拉罕清早起來，到了他從前站在耶和華面前的地方，向所多瑪和蛾摩拉，與平原的全地觀看。不料，那地方煙氣上騰，如同燒兕一般。」（《創世記》19：27－28）

亞伯拉罕按照神的旨意，離開那個地方，向海濱前進。在約旦東南面的山裡，羅得和他的女兒害怕得緊緊地抱著；他們的母親因為在逃出所多瑪時逗留在後面，在核爆炸中蒸發了。（一般都翻譯為「她變成了一根鹽柱」，但這個詞語來自對閃族單字的誤讀，那個單字可以表示「鹽」和「蒸氣」）。他們見證了世界的末日，羅得的兩個女兒決定，唯一可以使人類種族倖存的方式，就是和他們的父親同寢。之後，她們都有了一個兒子；根據《聖經》的記載，他們是約旦河東邊兩個支派的祖先：摩押人和亞捫人（Amonites）。

至於亞伯拉罕：「（耶和華）便照他所說的給撒拉成就。」（《創世記》21：1，在一年前，他帶著兩位天使出現在他們面前時所承諾的），「當亞伯拉罕年老的時候，撒拉懷了孕。」（《創世記》21：2）他們給兒子取名為以撒。在那時亞伯拉罕是一百歲，撒拉是九十歲。

在太空站被毀之後，亞伯拉罕的使命也結束了。現在，神決定結束協議了。神與亞伯拉罕「立約」，使他和後代擁有埃及小河及幼發拉底河之間的永久土地。現在，透過以撒，諾言將被實現。

大洪水前後的太空站

還有一個問題，就是要怎麼處理其他太空設施。

可以確定的是，除了太空站本身外，還有其他兩個設施。一個是登陸點，吉爾伽美什曾以此處來設定旅程路線。另一個是任務指揮中心，它已不再被需要了，但仍完整無缺；它是大洪水之後的「地球之臍」（Navel of the Earth），其功能與大洪水之前的「地球之臍」尼普爾相同。

為了理解類似的功能和布局，我們比較一下大洪水之前和之後的太空設施。在大洪水之前（見圖69），尼普爾被設計為「地球之臍」，它位於勾勒出登陸走廊的同心圓之中心點，並成為任務指揮中心。眾神之城的名字所代表的意思，分別是「看見紅燈」（拉爾薩／Larsa），「看見六點光環」（拉格什／Lagash）和「看見光環」（拉勒克／Larak），它們標記了相等的間距，以及通往太空站所在地「西巴爾」（意思是鳥城）的登陸通道。登陸通道位在一條拉長的登陸走廊之內，以亞拉拉特山（Ararat，編按：《聖經》中的亞拉臘山）的兩個山峰為基準。亞拉拉特山是近東最顯著的地形特徵。太空站就建在登陸通道與精確的朝北線相交之處，而登陸通道與地理平行線（緯度線）形成精確的四十五度角。

在大洪水之後，當人類被允許在三個區域生活時，阿努納奇為自己保留了第四個區域：西奈半島。當地的中心平原，地面既平坦又硬朗（絕佳的作戰地形，正如現代軍隊對此做出的結論那樣），不像大洪水過後的美索不達米亞平原，到處泥濘又淹水。阿努納奇再一次選擇亞拉拉特山的雙峰做為錨點，並畫出了同樣與地理平行線（北緯三十度線）呈四十五度角的登陸通道（見下頁圖70）。

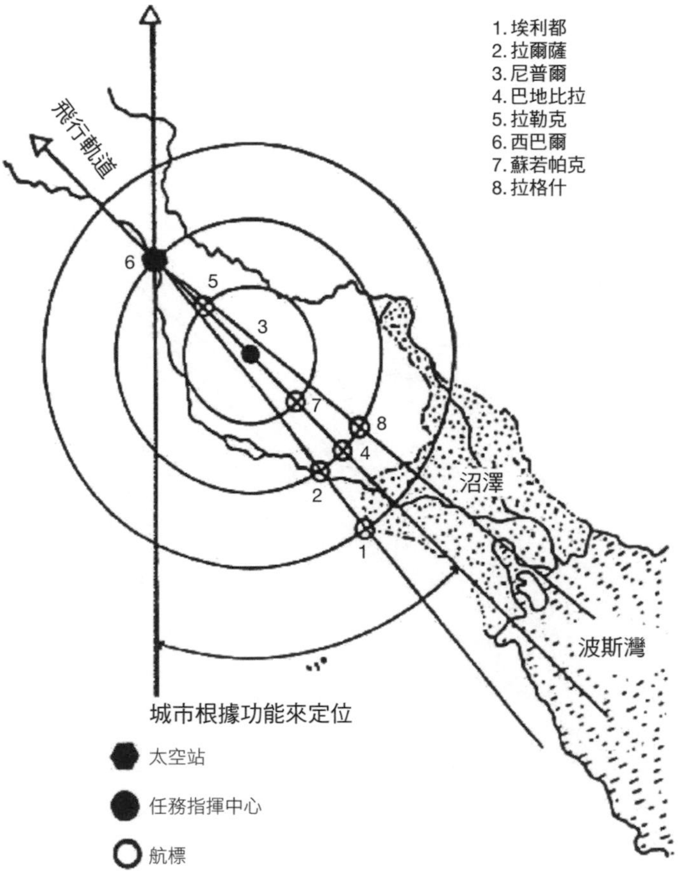

圖69：大洪水之前的西巴爾太空站周邊地圖

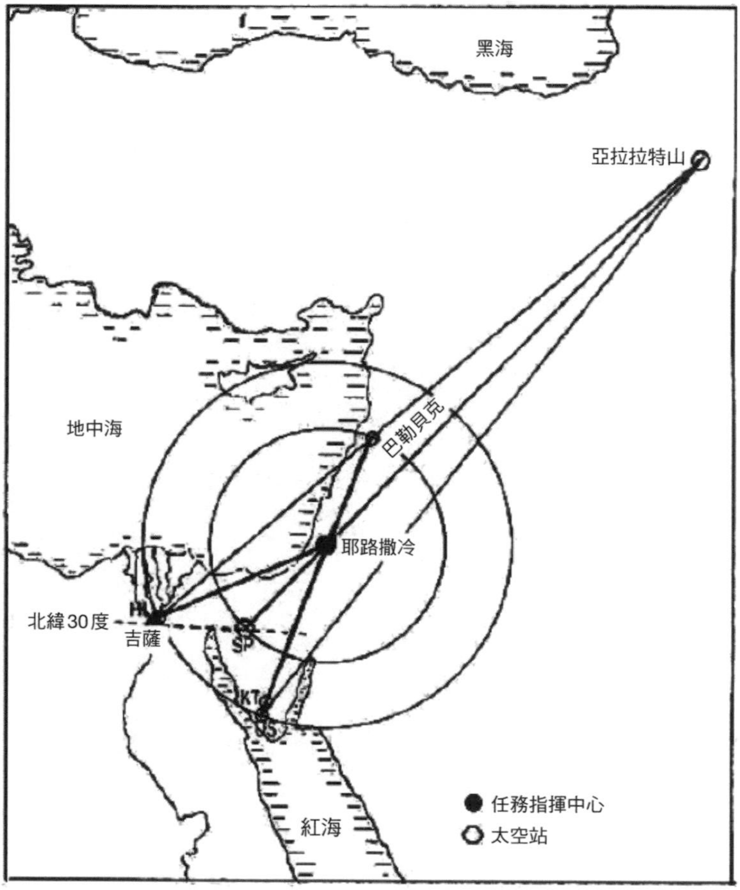

圖70：大洪水之後的西奈半島太空站

在西奈半島的中部平原，這條對角線與北緯三十度線相交的地方就是太空站。要完成這個布局，還需要兩個附屬設施：建立一個新的任務指揮中心，以及規畫（並錨定）著陸走廊。

我們認為，著陸走廊的輪廓優先於任務指揮中心的選址。原因為何？黎巴嫩雪松山登陸點的存在就是證據。

與那個地方有關的每個民間傳說、每個傳奇，都重複著同樣的宣言：那個地方在大洪水之前就存在了。在亞拉拉特山峰的洪水消退後，阿努納奇馬上登陸重返地球，他們擁有一個具實際功能的登陸點，它不是完整的太空站，而是一個可供登陸的地方。所有涉及人類「馴服」（也就是基因改變）植物和動物的蘇美文獻，都描述了恩利爾和恩基在雪松山的物種實驗室，一起恢復地球上的生命。所有的現代科學證據也確認了，小麥、大麥，以及最早的馴養動物都來自那個特別的地方（現代在基因學上的發展也加入了佐證的行列：在一九九七年十一月《科學》雜誌上發表的研究指出，大約在一萬一千年前，在近東的那個特殊角落，對野生一粒小麥〔einkorn wheat〕進行基因改造，創造出八種不同穀類的「奠基穀物」〔Founder Crop〕）。

我們有各種理由相信，在新的太空設施中，包括了這個有巨大結構的石頭平臺。然後，再由等距的同心圓確定任務指揮中心的位置。

為了完成太空設施，還要錨定登陸走廊。在它的東南端，有兩座鄰近的山峰，其中一座是摩西山（Mount Moses），直到今日仍具有神聖性。而在等距離的西北端，沒有山峰，只有一個平坦的高原。阿努納奇（而非任何一位人類法老）在那裡建造了兩座人工大山，也就是那兩座吉薩大金字塔（我們在《通往天國的階梯》中提到，比較小的第三座金字塔是被當作測試比例模型而建造的）。在布局完成後，他們使用當地岩石雕刻了「神話」動物：獅身人面像。它沿著北緯三十度線，精確地朝東方注視著西奈的太空站。

這些都是大洪水之後，阿努納奇在西奈半島的太空站組成部分，大約建於西元前一萬五百年。當西奈中心平原的登陸和起飛基地被轟炸後，太空站的附屬設施還在：吉薩金字塔、獅身人面像、雪松山登陸點和任務指揮中心。

巴勒貝克登陸點

我們從吉爾伽美什的冒險歷程可以得知，登陸點大約在西元前兩千九百年就在那裡了。在吉爾伽美什試圖闖入登陸點的前一晚，他目擊了一艘火箭飛船升空。在大洪水之後，那個地方仍然存在。腓尼基人的硬幣上，生動地描繪了停留在那塊石頭平臺上的東西（見圖71）。那塊巨大的石頭平臺仍然存在。那個地方被稱為巴勒貝克，因為它是迦南神巴爾的「北方祕密之地」。

《聖經》中稱那裡為伯示麥（Beth-Shemesh），意思是太陽神「沙馬氏的住所」，就在所羅門王的領地裡。亞歷山大大帝之後的希臘人，稱那個地方為「赫利奧波利斯」（Heliopolis），意思是「赫利俄斯（Helios，太陽神）的城市」，並在那裡建了三座神廟，獻給宙斯、他妹妹愛芙羅黛蒂（Aphrodite），以及他兒子赫耳墨斯（Hermes）。他們之後的羅馬人，則為朱比特（Jupiter）、維納斯（Venus）和墨丘利（Mercury）建蓋了神廟。其中，朱比特神廟是羅馬人

圖71：腓尼基硬幣上的描繪

在帝國各地建蓋的神廟中最大的一座，因為他們相信那裡是世界上最重要的神諭之地，可以預言羅馬及其帝國的命運。

羅馬神廟至今仍矗立在那塊巨大石頭平臺上，那塊平臺本身也未受到時間流逝的打擾，或是大自然和人類的蹂躪。它的平坦頂部靠在一層層的巨大石塊上，其中一些石塊重達上百噸。其中源自古代且知名的結構是三石牌坊（Trilithon），它由三個巨石塊組成，並排在一起形成中間層，是平臺支撐最大負載衝擊的地方（見圖72，有一個經過的人可當作大小對比）。這些大巨石每一塊重達一千一百噸，即使到了現代，也沒有設備能夠舉起並搬運那麼重的物體。

圖72：平臺上的三石牌坊

在古代，誰可以做到這些事呢？當地的傳說稱：是巨人種族。他們不僅把那些大石塊放在那裡，還開採了這些石塊，在造形加工後，把它們從大約一英里遠的地方搬過來；

這些事都得到確認，因為那座採石場已經被找到了。在那裡，一個巨大石塊突出於半開採的山腰上（見圖73）；坐在上面的人看起來就像在一顆冰塊上的蒼蠅。

在登陸走廊的南端，吉薩金字塔依然矗立著，並挑戰了所有的傳統解釋，讓埃及學家只能接受它們早在法老王國的千年以前就已經建好了，而不是任何一位法老建造的。獅身人面像依然精確地朝向東方，沿著北緯三十度線凝視著，守護著它自己的祕密，也許甚至是《圖特之書》上的祕密。

那麼任務指揮中心呢？

那個地方仍然存在，就在名叫耶路撒冷的地方。

在那裡，有一個巨大而神聖的平臺就在巨大石塊的頂部，那些石塊同樣是沒有人或古代機器可以搬動、舉起，並把它們放在那裡。

圖73：古代採石場遺址

亞伯拉罕與耶路撒冷

《聖經》中，關於亞伯拉罕在迦南的到來和離去的記載中，有兩個例子看起來好像是多餘的、離題的，而那個離題的地方就是之後的耶路撒冷。

第一次偏題的內容是在諸王之戰的結尾。亞伯拉罕一路向北，在大馬色附近趕上並打敗了入侵者，帶著俘虜和被掠奪的財物返回迦南。

亞伯蘭殺敗基大老瑪，和與他同盟的王回來的時候，所多瑪王出來，在沙微谷迎接他，沙微谷就是王谷。

又有撒冷王麥基洗德，帶著餅和酒出來迎接。他是至高神的祭司。

他為亞伯蘭祝福說，願天地的主、至高的神，賜福與亞伯蘭。

至高的神把敵人交在你手裡，是應當稱頌的。（《創世紀》14：17－20）

麥基洗德（Melchizedek，他的名字在希伯來語中的意思，與阿卡德語中的「舍魯－金」一樣，是指公正的國王），讓亞伯拉罕留下所得財物的十分之一。所多瑪的國王更慷慨大方：他說，「你把人口給我，財物你自己拿去罷。」但是，亞伯拉罕什麼都不要；他已經向「天地的主、至高的神耶和華」起誓，他說他連一根鞋帶也不要。（《創世紀》14：20－23）

（學者們已經長期爭論許久，而且一定會繼續爭論著，到底亞伯拉罕是向麥基洗德的「至高神」起誓，或者他的意思是：不，耶和華是我起誓的至高神。）

這是《聖經》第一次提及耶路撒冷，這裡叫做「撒冷」（Shalem）。耶路撒冷不僅有長久的傳統，在《詩篇》（76：2）中也有明確地提到。我們通常接受的說法是，它的希伯來文全名**Yeru-Shalem**，意思是「撒冷的城市」，而撒冷是一個神的名字。然而，有些人認為，這個名字也可以理解為「由撒冷建造」。其他的爭論還有「撒冷」不是一個名字甚或名詞，而是一個形容詞，意思是「完整的」、「沒有缺陷的」，因此，這個地名的意思就是「完美的地方」。或者，如果「撒冷」是一個神的名字，那麼全名的意思是：「完美者」的地方。

不管撒冷（耶路撒冷）表示尊敬神，還是由神所建造，或是完美之地，總之，它坐落在最不可能有人類城市的地方。它就在貧瘠的山脈之間，不是任何貿易或軍事交叉口，也不在任何食物和水源附近。確實，那個地方幾乎完全沒有水，適當的飲用水供應一直是耶路撒冷的主要問題和弱點。撒冷（耶路撒冷）在亞伯拉罕的遷移過程中並不重要，也不在從東方過來的入侵路線或是追擊入侵者的路線上。但是，為什麼要為了勝利慶典而繞道，前往那個人們傾向認為是「被神拋棄的地方」（雖然那裡沒有明確地被神拋棄）？它是迦南唯一一個有服侍至高神的祭司的地方。問題是，為什麼在那裡？那個地方有什麼特別的？

第二次看起來沒必要離題的，與亞伯拉罕為神奉獻的考驗有關。當時，亞伯拉罕已經肩負使命前往迦南。神已經向他承諾，會給他大大的賞賜，也將保護他。神讓他在極端年老時發生奇蹟：得到一個兒子做為合法繼承者；亞伯蘭的名字被改為亞伯拉罕，意思是「眾多民族之父」。土地被應許要給他及其後代；承諾被寫進了盟約裡，包括不可思議的儀式。所多瑪和蛾摩拉城被毀後，亞伯拉罕和他的兒子剩下的就是享受和平與寧靜，這是他們應得的。

之後，突然地，《創世記》（22：1）中提到：「這些事以後，神要試驗亞伯拉罕」，叫他去一個地方，並在那裡把他心愛的兒子當作祭品：

你帶著你的兒子，就是你獨生的兒子，你所愛的以撒，往摩利亞地去。在我所要指示你的山上，把他獻為燔祭。（《創世記》22：2）

《聖經》上沒有解釋為什麼上帝決定用這麼極端痛苦的方法來試驗亞伯拉罕。當亞伯拉罕準備執行神聖指令時，恰巧發現這只是對他的奉獻的試驗：上帝的天使指著一隻被困在灌木叢裡的公羊，告訴他，是那隻羊而不是以撒被用來當作祭品。但是，為什麼進行那個試驗？如果有必要的話，為什麼不在亞伯拉罕和以撒居住的地方（別是巴附近）執行呢？為什麼要前往一個需要三天行程才能到達的地方呢？為什麼要去神指定的迦南的摩利亞地，並在神指示的那座山上，執行試驗呢？

就像第一個例子那樣，選擇之地肯定有些特別的地方。我們從《創世記》（22：4）讀到，「到了第三日，亞伯拉罕舉目遠遠的看見那地方。」這裡到處都是貧瘠的山丘，無論在遠處或附近看，它們看起來都很像。然而，亞伯拉罕「遠遠的」認出了那座特別的山丘。那裡一定有些特別的東西，讓它看起來不同於其他山丘。嚴酷的試驗結束後，他為那個地方取了一個很長但好記的名字：「耶和華被看到的山丘」。（編注：《和合本》譯為「耶和華以勒」。）就像《歷代志下》（3：1）明確提到的，摩利亞山是耶路撒冷的山峰，那裡是聖殿最終被建造的地方。

從耶路撒冷變成城市以來，它包括了三座山丘。從東北到西南，分別是蘇弗山（Zophim，意思是觀察者之山，英文名稱為斯科普斯山〔Scopus〕），在中間的摩利亞山（Moriah，意思是指示之山、指路山），還有錫安山（Zion，意思是信號山）；這些用功能來命名的地點，讓人想起當太空站還位於美索不達米亞的時候，阿努納奇用來標記出尼普爾和登陸通道的那些燈塔城市。

猶太人的傳說中提到，亞伯拉罕遠遠的就認出摩利亞山，是因為他看到「一柱火焰從大地延伸到天國，濃雲密布中可以看到神的光輝」。這個描述，幾乎與《聖經》中出埃及時期，上帝在西奈山上現身的描述一樣。但是，把這些傳說放在一邊，我們相信亞伯拉罕看到的那座很不一樣的山丘，它可以與其他山丘區別的原因是，上面有一個大平臺。

雖然這個平臺比巴勒貝克的登陸點小一點，但也是阿努納奇太空設施的一部分。我們認為，

耶路撒冷就是大洪水之後的任務指揮中心。就像在巴勒貝克那樣，那個平臺也仍然存在。

大衛之城與所羅門聖殿

因此，偏離主題的理由（第一個例子）和目的（第二個例子）變成了焦點。在亞伯拉罕完成任務後，以正式的慶祝為標記，包括祭司帶麵包和酒來對他的祝福，在迦南唯一的，直接關聯到伊羅興（眾神）現身的地方。第二次離題是要試驗亞伯拉罕的資格，發生在太空站被摧毀並導致任務指揮中心的設備被拆除之後；同時，在亞伯拉罕的繼承者以撒面前，重新與亞伯拉罕立約。在試驗之後，神聖誓約的恢復確實存在：

耶和華的使者第二次從天上呼叫亞伯拉罕說，
耶和華說你既行了這事，不留下你的兒子，就是你獨生的兒子，我便指著自己起誓說，
論福，我必賜大福給你，論子孫，我必叫你的子孫多起來……
並且地上萬國都必因你的後裔得福……（《創世記》22：15—18）

神對亞伯拉罕的神聖諾言，在一段時間之後就變成了事實。據說，一千年後亞伯拉罕的後代擁有了聖山——摩利亞山。當以色列人在出埃及後進入迦南，發現耶布斯人（Jebusites）的部落已經在聖山的南邊定居時，他們沒有打擾耶布斯人，因為占據最神聖的土地的時間還沒到。這個獎勵落在大衛王身上，大約在西元前一千年，也是神對亞伯拉罕試驗後的一千年，他占領了耶

布斯人的定居點，把首都從希伯崙（Hebron）遷移到《聖經》中的大衛之城。

值得注意的是，我們應該認識到大衛占領的耶布斯人定居點，以及他的新首都，不是現在想像的「耶路撒冷」，也不是被城牆圍住的「古城」。大衛占領的區域和大衛之城，都是在錫安山上，不是在摩利亞山上。即使當大衛的繼承者所羅門向北擴建城市時，也只到了北邊一個叫俄斐勒（Ophel，見圖74）的地方，還是沒有侵略到北部的那塊特別區域。我們認為，這代表那座在摩利亞山上向北延伸的神聖平臺，在大衛和所羅門的時代之前就已經存在了。

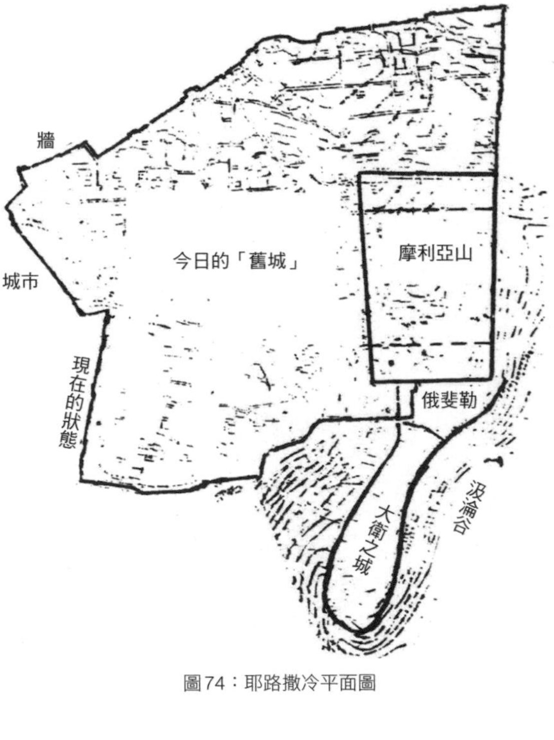

圖74：耶路撒冷平面圖

因此，耶布斯人定居點不是在摩利亞山及其平臺上，而是在它的南邊。（在美索不達米亞的「崇拜中心」，人類的住處通常都是在神聖區域附近，而非裡面，比如在烏爾〔見194頁圖65〕或恩利爾的尼普爾，這可以從畫在泥版上的尼普爾真實地圖得到證明〔見下頁圖75〕。）

大衛的首批行動之一，是把約櫃從它最近停放的位置移到首都，準備把它放在大衛計畫建造的耶和華殿中。

但是，先知者拿單（Nathan）告訴他，因為在國家戰爭和他個人衝突中所流的血，這個榮譽不屬於他；大衛被告知，這個榮譽將屬於他的兒子所羅門。他被允許的是建蓋一座祭壇；它的精確位置，是一位「站在天國和大地之間的耶和華的使者」，用拔出的劍為他指出的。他也看到了未來神殿的塔夫尼特（Tavnit，比例模型、樣式），並被告知了詳細的建築方法。當時間到了，他在公開儀式上把它轉交給所羅門，並說：

> 大衛說，這一切工作的樣式，都是耶和華用手劃出來，使我明白的。（《歷代志上》28：19）
>
> （神殿的詳細說明、它的各個部分，以及儀式器皿，都可以從《歷代志上》〔28：11—19〕得知。）

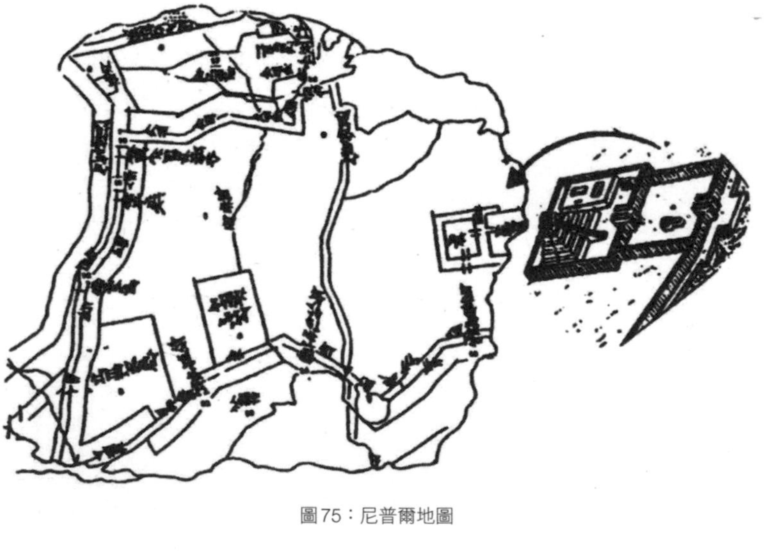

圖75：尼普爾地圖

《聖經》中提到，所羅門在他統治的第四年，出埃及後的四百八十年，開始建造神殿，「根據父親大衛的指示，建在摩利亞山上」。木材從黎巴嫩的雪松山砍伐下來，純金從俄斐（Ophir）進口而來，此外，被指定要用來建造臉盆的銅，在所羅門王的礦井開採並被提煉出來，建築結構本身還需要「開採並切刻巨大且昂貴的石頭」來建造。

石頭必須被準備好，並被切刻成合適的尺寸，而且處處都需要造形，因為神殿的建造需要服從嚴格的規定，也不准使用任何與鐵有關的工具。石塊必須被運送到那裡組裝。「建殿是用山中鑿成的石頭。建殿的時候，鎚子、斧子和別樣鐵器的響聲都沒有聽見。」（《列王記上》6：7）

他們花了七年的時間才完成神殿的建造和神殿儀式器皿的裝備。在接下來的那個新年（在第七個月）慶典中，國王、祭司和所有人民見證了約櫃被轉移到它永久的位置，就在聖殿的至聖所中。「約櫃裡惟有兩塊石版，就是……摩西在何烈山所放的。除此以外，並無別物。」（《列王記上》8：9，編注：作者原文寫「西奈山」。）當約櫃一被放在有翅膀的基路伯（Cherubim）下方之後，「有雲充滿耶和華的殿」（《列王記上》8：10）迫使祭司們跑出來。之後，所羅門站在庭院的祭壇上，向「住在天國的」神祈禱，希望他下來並居住在那個屋子裡。之後，在一天晚上，耶和華出現在所羅門的夢裡，並向他保證自己將會現身：「我的眼、我的心，也必常在那裡。」（《列王記上》9：3）

聖殿分成三個部分，經由兩邊立有特別設計的柱子的大門進入（見圖76）。前面的部分叫烏拉姆（Ulam，意思是前廳），最大的中間部分叫艾克堂（Ekhal，編注：在前書中用Hekhal，譯為赫克堂）這是一個希伯來詞語，源於蘇美的E.GAL（意思是偉大

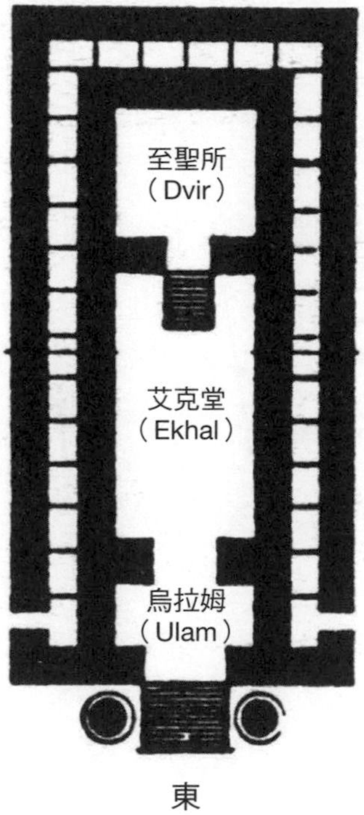

圖76：所羅門聖殿

的住所）。被遮蔽起來的是最裡面的部分：至聖所，名叫施恩座（Dvir），字面上的意思是「發聲者」，因為有上面附帶兩個基路伯的約櫃（見圖77），出埃及時，神曾透過它對摩西說話。大祭壇和臉盆放在庭院裡，不在聖殿裡。

《聖經》及大量參考資料、一些傳統習俗，還有大量的考古證據都證明了，所羅門建造的第一聖殿，矗立在大石頭平臺上，而那座平臺仍在摩利亞山（也被稱為聖山、上帝之山或聖殿山）的山頂上。撇開聖殿的尺寸和平臺的大小不談，大家一致同意的是聖殿坐落的位置（見圖78），還有至聖所裡的約櫃是被放在一塊突出於地面的岩石上。

圖77：附帶兩個基路伯的約櫃

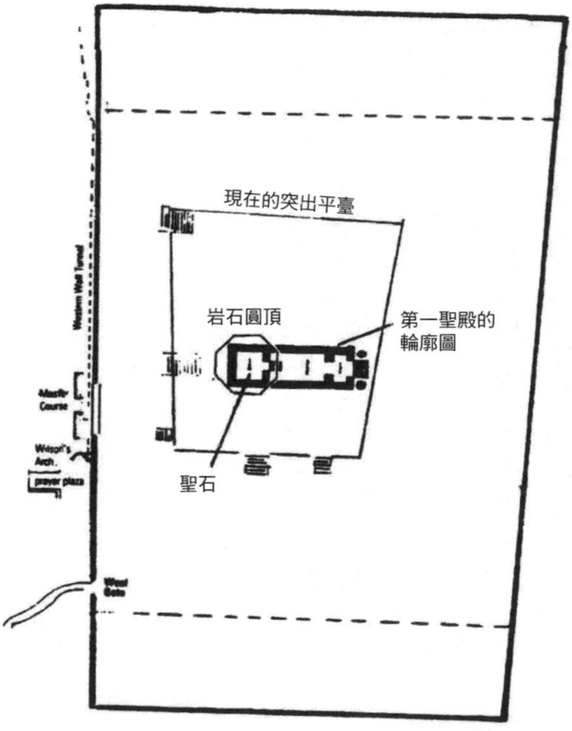

圖78：聖殿坐落的位置

根據不曾動搖的傳統可以得知，這塊聖石就是亞伯拉罕準備在其上將以撒當作祭品的岩石。在猶太人的手抄本中，那塊岩石被稱為Even Sheti'yah，意思是「基石」，因為在那塊石頭上，「整個世界被編織。」先知者以西結把它稱為「地球之臍」（《以西結書》38：12，編注：《和合本》中稱「世界中間」）。這個傳統是如此難以改變，以至於到了中世紀，基督教的藝術家還是把那個地方描繪成地球之臍（見圖79 a），而且在發現美洲之後仍是如此（見圖79 b）。

a

b

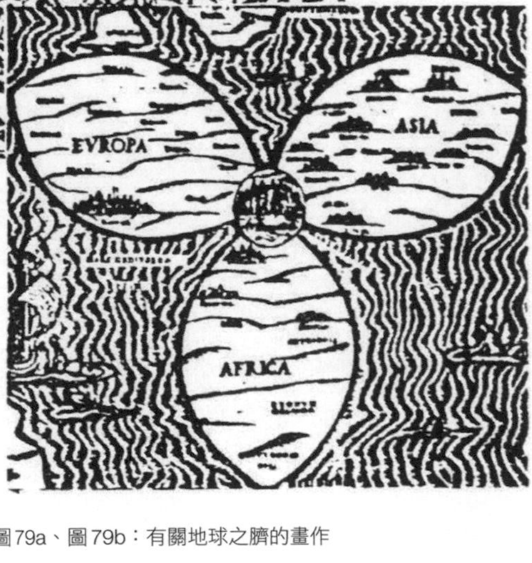

圖79a、圖79b：有關地球之臍的畫作

由所羅門建造的神廟（第一聖殿），在西元前五七六年被巴比倫國王尼布甲尼撒二世所毀，並在七十年後由從巴比倫返回的猶太流亡者重建。那座重建的神廟被稱為「第二聖殿」，後來猶大國王希律王（Herod）在其統治的西元前三十六年到西元前四年期間，逐漸將之擴建加大。不過，第二聖殿在各個方面都是依據原始的設計和格局，而且至聖所還是在那塊聖石上。西元七世紀，當穆斯林攻陷耶路撒冷時，他們宣稱，穆罕默德就是從那塊聖石上升到天堂，並且進行了夜間拜訪：他們把那塊地方建成岩石圓頂（Dome of the Rock，見圖80），以保護並讚美它。

圖80：穆斯林建造的岩石圓頂

從地質學上看，那塊岩石是地底下自然露出的一塊岩石，比石頭平臺高出五或六英尺（表面並不平整）。但是，它有許多不尋常的「露面」。它那可見的表面，以非常精確的手法（見圖81a）被切刻和造形，形成具有不同深度和尺寸的矩形、細長形、水平和垂直的插座和凹壁。

不管是誰在岩石上切刻這些人造凹壁和插座，它們一定具有某些用途。長久以來，由雨果·格雷斯曼（Hugo Gressmann，著有*Altorientalische Bilder zum Alten Testament*）等人推測的用途，已經被最近的研究者，如萊恩·里特邁爾（Leen Ritmeyer，著有*Locating the Original Temple Mount*）證實：約櫃和至聖所的牆，被安置在長直的切口和岩石表面的其他凹壁上。

這些發現暗示著，那塊岩石表面的切口和凹壁，至少始於第一聖殿時期。然而，在《聖經》的相關章節中，並沒有提到任何由所羅門做的切刻；這確實是不可能的，因為在聖山上，嚴格地

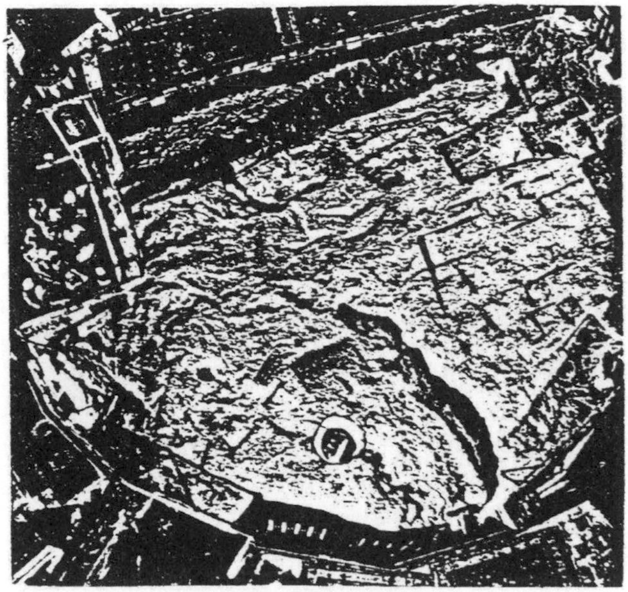

a

圖81a：岩石表面的精確切刻

b

圖81b：聖石下面還有另一個大洞穴

規定不准使用任何鐵器或其他相關工具。

聖岩以及曾置於其上的東西之謎團，被它背後隱藏的奧祕放大了。對於岩石來說，這不是簡單的露頭。它是中空的！

事實上，假如被允許的話，人們可以沿著由穆斯林當局建造的梯子一直往下，最後會到達一個像空穴的巨洞，它的頂部就是聖石突出的上部。這個巨洞還不能被確定是否為自然形成，但它也具有深凹壁和插座，這些深凹壁和插座就在岩石的牆壁和地面上（若地面沒鋪上祈禱地毯時可以看到）。其中一個地方看起來像是一條黑暗隧道的開口。但是，它是什麼以及通往何處，一直是穆斯林保守的祕密。

十九世紀的探險者宣稱，這個巨洞不是與聖石有關的最後一個地下洞穴，下面還有另一個洞穴（見圖81 b）。以色列的研究者相信人類不能去那個地方，但已經借助透地雷達和聲納技術，確定了聖石下面確實還有另一個大洞穴。

這些神祕的洞穴引起了許多猜測，人們認為它們可能與聖殿寶藏或聖殿紀錄有關。當第一聖殿和後來的第二聖殿即將遭到蹂躪和摧毀時，這些寶藏或紀錄可能被藏了起來。還有關於約櫃的猜測，在《聖經》中，當埃及法老示沙克（Sheshak）在大約西元前九五〇年洗劫（但沒有摧毀）神殿後，就沒有再提起約櫃了。它可能被藏在別的地方。但即使到現在，這仍只是清測。

但是，可以確定的是，聖經的先知和《詩篇》都提到了聖石，他們用「以色列之石」來委婉地表示「耶和華」。還有，先知以賽亞說過，未來在主之日（the Day of the Lord）的普遍救贖時，地球上的萬民將來到耶路撒冷，「上耶和華的山，到以色列的磐石那裡」（《以賽亞書》30：29），向上帝祈禱。

聖殿山上的平臺和西牆

聖殿山的頂部覆蓋著一塊水平石頭平臺，該平臺的形狀並不是一個很完美的矩形（因為地形彎曲），它的大小大約是一千六百英尺乘九百英尺，其中石頭覆蓋區域的完整面積將近一百五十萬平方英尺。但是，人們相信，現今平臺的南端部分，可能北端也有，是在建造第一聖殿到第二聖殿被毀壞期間所增加的，但可以確定的是，這個平臺的大小是原始的；當然，聖石（也就是岩石圓頂）所在的突出部分，也是原始的。

就如平臺上保存下來的牆面的可見邊側所顯示的，以及更多現代挖掘所揭露的，摩利亞山的自然岩床從北往南有很大的傾斜度。然而，沒有人可以很確定地說出所羅門時期平臺的大小，或是因為這樣的傾斜度而必須進行填充的精確深度。假設平臺只有一百萬平方英尺，平均深度是六十英尺（北部比此深度淺，南部比此深度深），那麼，將會需要六千萬立方英尺的混合物（泥土、石塊）。這是非常巨大的建築工程。

但是，《聖經》中並沒有提到或暗示這樣的工程。關於第一聖殿的說明，在《聖經》裡寫了一頁又一頁；每個小細節都被寫出來，包括驚人的測量精確度、這個或那個器皿或工藝品應該擺放的位置、搬運約櫃的柱子應該要多長等。但是，這些都是關於耶和華之殿的。沒有一句話是關於平臺的，這代表的唯一意思是，平臺已經在那裡了，沒有必要再建蓋它。

與此事沒被提及形成鮮明對比的是，《撒母耳記下》和《列王記上》中重複提到了Millo這個詞，字面意思是「填充物」，這是由大衛展開並被所羅門擴大的工程，目的是填滿神聖平臺東南角的部分山坡，讓大衛之城往北擴張，更接近古老的平臺。很明顯地，這兩位國王都對此成就感到自豪，並且記錄在皇室編年史裡。（然而，目前在那個區域的挖掘顯示，他們所做的是透過建蓋一連串臺階，而且這些臺階隨著高度的增加而變小，來增加坡度；這樣的做法，顯然比用高高的擋土牆圍起那片區域並填充混合物，要容易得多。）

這樣的對比無疑確認了這個結論：摩利亞山上這個需要廣大擋土牆和大量填充物的巨大平臺，並不是由大衛或所羅門所建造的。所有證據都顯示，那個平臺在考慮建造神殿之時就已經存在了。

是誰建造了那座平臺，並採集了所需要的土方和石塊？我們的回答當然是：在巴勒貝克建造平臺（以及吉薩大金字塔所矗立的巨大且位置精確的平臺）的主要建造者。

聖殿山頂部的大平臺，四周都是圍牆，可以用作擋土牆，也可以用作防禦工事。《聖經》中提到，所羅門建造了這些城牆，之後的猶大國王也建了城牆。城牆的可見部分，尤其是在南邊和東邊部分，顯示出之後各個時期建造的結構。不變的是，那些較下面的（更古老）層，都是由更大且造形得更好的石塊所建成。

在這些牆中，傳統上認為且經考古學家證實的是，只有西牆是第一聖殿時期保留下來的遺蹟，至少它最下層的方石（完美切刻及造形的石塊）是最大的，因此仍然是神聖的。自從第二聖殿被毀以來的兩千年間，猶太人保留著那塊遺蹟，在那裡敬拜神，向上帝祈禱，在方石之間插入紙條，以向上帝請求、尋求個人的救助，或是哀悼聖殿的毀滅和猶太人的分散，這類情況如此常見，因此，十字軍和其他耶路撒冷的征服者，為西牆取了綽號為「哭牆」。

直到一九六七年，耶路撒冷才被以色列人重新統一，那道西牆不再是一條單獨的長牆了，它大概有一百英尺長，被夾在住屋之間。前面留下一塊窄窄的空間給祈禱者，兩邊都是高聳的房子，吞食了聖山。當那些房子被拆除後，以色列人在西牆前方建造一個大型廣場，一直延伸到南邊的角落（見圖82）。而且，幾乎是兩千年以來第一次發現，這道擋土牆在地底下的部分，幾乎與暴露在地面上的部分一樣多。根據「哭牆」的可見部分，可以知道下層更大、被造形得更好，也更古老。

西牆帶著誘人的神祕和對古老祕密的許諾，一直向北延伸。

一八六〇年代，查理斯・威爾遜（Charles Wilson）對那裡的一道拱門進行了勘察（現在被命名為威爾遜拱門），發現它往北通向一個隧道之類的通道，往西通向一連串的拱廊和拱頂。在拆除侵占的住屋後顯示，現今的街道位在數個較低的、如今為地下的古代結構之上，而那些古代結構中有更多的通道和拱門。它們朝下和往北擴展了多遠？以色列考古學家終於開始處理這個謎團了。

最後，他們發現了令人費解的事。

根據《聖經》、《馬加比之書》的資料，以及猶太－羅馬歷史學家約瑟・弗拉維（Josephus Flaviu）的著作，（還可以考慮中世紀傳說提到的，大衛王知道從西邊登上聖山的一種方法），以色列考古學家得出結論，威爾遜拱門是一個入口，通向較早時期的戶外街道。那些街道沿著西

圖82：哭牆遺蹟

牆延伸，而西牆本身往北延伸了好幾百英尺。這些猜想在經過費力地清除碎石後得到證實，導致一九九六年「考古學通道」（Archaeological Tunnel）的開放（有好多理由使這個事件成為頭條新聞）。

西牆從威爾遜拱門開始，延伸一千六百英尺，到達位在苦路（Via Dolorosa，耶穌背著十字架走過那裡）的出口，這段路途會經過街道、水道、水池、拱門、建築物、市場的遺蹟，它們來自拜占庭、羅馬、希律王朝、哈斯蒙尼王朝（Hasmonean），還有《聖經》所敘述的時代。走過那條隧道（在地平面以下的深處），就像是在一部時光機裡被傳送一樣，每一步都走向過去，讓人感到毛骨悚然。

一路上，旅遊者可以看到，也可以觸摸到，最早期的西邊擋土牆的真實部分。它那掩埋了幾千年的結構已經被暴露出來。在隧道的最北部分，可以看到向上傾斜的天然岩床。但是，對旅行者和考古學家來說，最令人驚訝的是，裸露牆面更南邊的部分：

就在古老街道的地面（但不是最底層），有許多巨大石塊，而在它們上面的是四個龐大石塊，每個重達數百噸。

在西牆的那個部分，有一百二十英尺長的區塊，是由十一英尺高的石塊組成，大約是底層石塊的兩倍大。那裡只由四個石塊組成：一塊四十二英尺長（見圖83）；另一塊是四十英尺長，第三塊超過二十五英尺長。透地雷達和其他聲納設備已經顯示，這些石塊的深度為十四英尺。這三塊中最大的那塊，體積有六千五百立方英尺，重達一百二十萬磅，大約是六百噸！第二大的石塊重達五百七十噸，第三塊大約是三百五十五噸。

不管按什麼尺度，這些巨石的大小和重量都是非常巨大的。那些用來建造吉薩大金字塔的石塊，平均每塊重二．五噸，最大的大約十五噸。確實，這些石塊比較會讓人想起在巴勒貝克大石

頭平臺上的三石牌坊，它們也被放置在一些較小的石塊（但也是巨石塊）上構成基部（參見211頁圖72）。

是誰放置了這些巨石塊？又是為了什麼樣的目的呢？

因為這些石塊的邊緣上有凹痕，考古學家認為它們來自第二聖殿時期（或更明確一點，就是希律王時期，西元前一世紀）。但是，即使是那些認為原本的石頭平臺比現在的還小的人，也同意環繞聖石的中間部分屬於巨大擋土牆的一部分，從第一聖殿時期就已經存在了。在那個時候，禁止使用鐵器工具（那得回溯到約書亞時代）是被嚴格執行的。所羅門使用的所有石頭，毫無例外地都是在其他地方開採、切刻、造形，並被運到這裡組裝。前面所談的那些巨大石塊的情況也是如此，它們並非當地的岩石，卻穩穩地躺在那裡，還有一些不同的色調（事實上，在耶路撒冷西邊的最新發現顯示，它們可能來自那裡的採石場）。它們是怎麼被搬運、被抬到需要的高度，然後被推到相應的位置？這些都是考古學家們無法解釋的。

然而，對於那些問題的一個答案，已經被提出來了。該遺址的首席考古學家，丹．巴哈特

圖83：西牆南端的巨石

（Dan Bahat），在《聖經考古學評論》（*Biblical Archaeology Review*）中提到：「我們相信，在聖殿山下的西牆另一面（東面），是一個主層（Master Course，它現在被這麼稱呼），被設置來支撐和緩解裡面拱頂的反作用力。」

這個具有很多巨大石塊的部分，只被設置在聖石南邊的位置上。我們認為，唯一可行的解釋是，這個巨大的部分是被用來承受巨大重擊的，因為遺址的功能是任務指揮中心，而它的設備被放置在聖石上。

11．預言的時代

前面曾經提過耶路撒冷聖殿延遲建造的原因：大衛在戰爭和仇恨中使敵人流血。但這本身是否為藉口，背後有著更深刻的原因呢？

人們發現，奇怪的是，由於建造時間的拖延，讓神在摩利亞山上與亞伯拉罕（同時還有以撒）再次立約，到開始建造聖殿之間，時間跨度是整整一千年。讓這一點顯得奇怪的原因是，馬杜克的流放也持續了整整一千年；這看起來應該不只是巧合。

《聖經》中明確地指出，建造聖殿的時間是由神自己確定的；雖然建築細節甚至連比例模型都已經準備好了，但先知者拿單說：不，不是大衛，而是下一任國王，所羅門。同樣可以確定的是，並非由馬杜克自己設定流放的時間。事實上，他在絕望中大聲抱怨：「要到何時？」這代表他不知道自己被流放之日的結束時間。這是由所謂的命運，或是看不到的眾神之王（希伯來書中的耶和華神）決定的。

千年的意義

「千禧年（一千年）不僅代表著曆法事件，還預見了世界末日的事件」的概念，通常被認為源於《啟示錄》第二十章中描述的預見事件。「那龍，就是古蛇，又叫魔鬼，也叫撒但」（《啟示錄》20：2），他應該被捆綁一千年、扔在無底坑裡一千年，使他不得再迷惑列國，「等到那一千年完了」（《啟示錄》20：3），哥革和瑪各將被捲入一場世界大戰；死者的第一次復活將會出現，救世主／彌賽亞時間（Messianic Time）將會開始。

這些預示的文字寫於西元一世紀，介紹了基督教的世界末日概念（和期望）。雖然那本書把巴比倫視為「邪惡的帝國」，但學者和神學家認為它是羅馬的代名詞。即便如此，值得注意的是，《啟示錄》中回應了先知以西結（西元前六世紀）的話。以西結看到了死者在主之日復活（第三十七章），以及哥革和瑪各的世界戰爭（第三十八、三十九章）的異象。以西結說，它將「在年份完結時」發生。他說，這一切是由耶和華的先知在古昔之日預知的，「他預言了那個年份」。

「那個年份」（The Years）將在「年份完結」（End of Years）時實現。在以西結之前的許多世紀，《聖經》中提供了線索：

在你看來，千年如已過的昨日，又如夜間的一更。（《詩篇》90：4）

《詩篇》裡的這段陳述，在《聖經》裡是歸屬於摩西；若將一千年用於神聖時間的尺度，那麼至少可以追溯到出埃及時期。事實上，《申命記》（7：9）提到神和以色列的盟約持續「直到千代」；當約櫃被帶到大衛之城時，大衛所作的讚美詩中再次提起了「直到千代」（《歷代志上》16：15）。其他讚美詩也在耶和華及其奇蹟中重複應用數字「一千」，《詩篇》（68：18）甚至給了神（伊羅興）戰車一千年的時間。

希伯來文中代表「千」的詞語是Eleph，由三個字母拼出：Aleph（A）、Lamed（L）和Peh（P或Ph），可以讀為Aleph，意思是字母表的第一個字母，也就是數字「一」。把這三個字母的數值加起來，會得到數字「一百一十一」（1＋30＋80），這可以被看成是對唯一的耶和華、一神教，以及「一」是「神」的代碼的三重確認。同樣並非偶然的是，這三個字母可以被重新排列（P-L-A），拼出Peleh，意思是「一個奇蹟中的奇蹟」（a wonder of wonders）、一個用來指稱上帝手工的綽號，以及超越人類理解力的天地之間的奧祕。這些奇蹟中的奇蹟，主要涉及那些很久以前就被創造和預言的事物；它們也是但以理試圖預言時間完結之時的主題。（《但以理書》12：16）

因此，在那些關於千年時期的經文中，似乎具有輪中之輪、意義中的意義、代碼中的代碼：不僅是對經過的時間的明顯數字順序計算，也是盟約內設的持續時間、一神教主張的代碼，以及關於千年和年份完結的預言。

就像《聖經》中明確陳述的，那一千年是從聖殿的建造開始計算的，是預言的時代；這段時間恰好與現在所稱的西元前最後一千年相符。

六十進位法的退位

為了理解最後一千年的事件和預言，我們應該倒轉時鐘回到當時的一千年以前，也就是核災難和馬杜克的至高無上假設。

在《哀歌文獻》（*Lamentation Texts*）中，描述了當致命的核爆雲被吹到美索不達米亞時，大破壞和荒蕪席捲了蘇美和阿卡德。文獻中還生動地描述了，當邪惡之風吹向蘇美眾神時，他們如何慌張地遺棄「崇拜中心」。一些「躲在山裡」，一些「逃到遠處的平原」。伊南娜丟下財產，駕著潛水艇前往非洲；當恩基在北方尋找避風港時，他的配偶寧基「像鳥一樣飛走」，到了非洲的阿普蘇；恩利爾和寧利爾去了不知名的目的地，單身的寧呼爾薩格也是。在拉格什，女神巴烏（Bau）獨自一人，因為尼努爾塔在核爆炸開始時就離開了；她「為她的神廟悲痛地哭泣」並且繼續逗留；最後的結果則是悲劇性的，因為「在那天，暴風雨趕上了她；巴烏，她像人類一樣，暴風雨趕上了她」。

逃亡的神一個接一個，直到烏爾的神。就像我們已經提到的，在那裡，娜娜（辛）拒絕相信他的城市的命運被確定了。他的配偶寧加爾之後在極大的悲傷中親自寫道，儘管散發著腐爛氣味的死屍充滿了整座城市，他們繼續停留，「沒有逃離」。即使在可怕的那一天之後的那個夜晚，他們也沒有逃離。但是，快到早上時，這兩位擠在廟塔（ziggurat）地下室裡的神，明白這座城市的命運是被注定的，便也離開了。

核爆雲隨著風向南轉移，避開了巴比倫；這被視為預兆，加強了對馬杜克五十個名字的授予，以表明他應得的至高無上。他的第一步是執行父親的提議，也就是阿努納奇應該在巴比倫為他建蓋屋子／神廟，埃薩吉（E.SAG.IL，意思是高聳的頭之屋）。在那個神聖區域裡還建造了另一座神廟，以做為新年慶典和朗讀修改後的《伊奴瑪．伊立什》之用；這座神廟的名字是伊天門安基（E.TEMEN.AN.KI，意思是天地基礎之屋），明確地指出它已經取代了恩利爾的杜爾安基（DUR.AN.KI，意思是天地紐帶），杜爾安基位在用作任務指揮中心的尼普爾之心臟地帶。

學者們很少關注《聖經》裡的數學議題，留下了一些未解決的謎題：為什麼亞伯拉罕是伊比利人（Ibri，來自尼普爾的蘇美人），而且《創世記》中的所有故事（在《詩篇》和其他地方都有所呼應）都是基於蘇美文獻，希伯來《聖經》採用的卻是十進位？為什麼蘇美人的六十進位制完全沒有在《聖經》的數字學中得到呼應，而是形成了千年的概念呢？

也許有人會懷疑，馬杜克是否意識到這個議題。他透過宣布新時代（白羊宮時代）、修改曆法，以及建造新的眾神門戶，顯示他的至高無上權力。在這些步驟中，人們也可以找到新數學的證據：從六十進位到十進位的默默轉移。

那些改變的焦點，在於向馬杜克致敬的神廟塔，恩基曾表示那是阿努納奇自己建造的。對於該遺蹟（經過多次重建）的考古發現，以及碑刻上記錄的精確建築資料，揭露了廟塔有七層高，最高層是馬杜克的真實住所。按照馬杜克自己的說法，這座廟塔「根據上層天國的著作」來設計，將被建成正方形結構，基部或第一層的每一邊是十五加爾（gar，大約三百英尺），向上五．五加爾（大約一百一十英尺）；在上面的第二層會小一些及短一些；依此類推，直到神廟的高度達到跟基部一樣的三百英尺。最後的結果是一個立方體，三個維度的周長都是六十加爾，使這個結構的尺寸在進行平方計算後，得到天體數字「三千六百」（60×60），立方計算後得到天體數字「二十一萬六千」（60×60×60）。但是，數字中隱含了小數點的移位，因為它是黃道週期數字兩千一百六十乘一百的結果。

廟塔的四個角精確地指向指南針的四個方位點。考古學家的研究顯示，從第一層到第六層的高度，是精確計算好的，以便在那個特殊的地理位置進行天體觀測。因此，這座廟塔不僅是為了超越恩利爾過去的伊庫爾（Ekur）神廟，也接替了尼普爾的天文／曆法功能。

這是透過修改曆法的方式來進行的，而且是兼具神學性和必要性的事務。因為黃道宮的轉移（從金牛宮到白羊宮）而需要在曆法中調整月份，以便使尼散月（意思是標準承載者）維持在第一個月以及春分日所在的月份。因此，馬杜克命令那一年的最後一個月，阿達加月（Addaru），重複一次。（猶太曆採用了在十九年的週期內將阿達加月增加七次的方式，以定期重新調整陰曆年和陽曆年。）

和美索不達米亞一樣，埃及的曆法也做了修改。最一開始，它是由圖特設計的，他的「祕密數字」是五十二，把一年分為每週七天共五十二週，結果一個陽曆年只有三百六十四天（在《以諾書》中，這是一個很顯著的議題）。馬杜克（拉）所創立的一年，是基於十的倍數：他把一年分成每組十天的三十六組「十度分度」；最後是以三百六十天，再加上五個特殊日子，構成三百六十五天。

近東各國的興衰起伏

馬杜克迎來的新時代並非一神教。他並沒有宣稱自己是唯一的神；事實上，他需要其他神在場，歡呼他為至尊。為了達到這個目的，他在巴比倫神廟的神聖區域中，為其他主要的神提供了小神廟和住所，並且邀請他們把那裡當成家。然而，沒有任何文獻指出眾神接受了他的邀請。事實上，馬杜克想像中的皇家王朝，大約在西元前一八九〇年才終於在巴比倫設置好，而那時分散的眾神已經在美索不達米亞各個地區建立自己的新領地了。

其中最突出的是東方的埃蘭，它以蘇薩（Susa，後來在《聖經》中叫書珊〔Shushan〕）為首都，以尼努爾塔為「國神」。在西部，首都名為馬里（Mari，來自詞語阿姆魯〔Amurru〕，意思是西方人）的王國，正在幼發拉底河西岸繁榮發展；在其宏

圖84：伊師塔為國王授權

偉宮殿的壁畫中，呈現了伊師塔為國王授權的畫面（見圖84），證實那位女神在當地有很高的地位。在多山的哈提（Hatti）之地，西臺人敬拜恩利爾最年輕的兒子阿達德，並以西臺語名字「特舒蔔」（風／風暴神）來稱呼他，當地有一個具備皇室實力和渴望的王國開始成長。在西臺人和巴比倫的土地之間，興起了一個嶄新的王國：亞述，該國有著與蘇美和阿卡德相同的神系，但國神是阿舒爾（意思是全視者）。他身上結合了恩利爾和阿努的權力與身分，而關於他在有翼的圓形物體中的神像描繪（圖85）是亞述古蹟中的重要主題。

在遙遠的非洲有埃及，尼羅河的王國。那裡有過一段被學者稱為第二中間期的動盪時期，使得這個國家退出國際舞臺，一直到大約西元前一六五〇年的新王國時期才又嶄露頭角。

圖85：阿舒爾在有翼的圓形物體中

學者們還是很難解釋，為什麼古代近東會在那個時期比較活躍。控制埃及的新王朝（第十七個）充滿了帝國的狂熱，大力攻向南方的努比亞、西方的利比亞（Libya），並從地中海沿岸的土地往東推進。在西臺人的土地上，新的國王派遣軍隊穿過托魯斯（Taurus）山脈的障礙，也沿著地中海海岸推進；他的繼任者制服了馬里。在巴比倫，卡西人（Cassites）不知道從哪裡（其實是從接壤裏海的東北部山區）冒出來襲擊巴比倫，使得那個始於漢摩拉比的王朝突然滅亡。

當每個國家都宣稱以國神的名義和命令前往戰場時，逐漸增加的衝突可能代表了眾神之間透過人類代理者而進行的對抗。有一個線索可以證實這件事，就是第十八王朝的法老，他們包含神名的名字中，都刪去了前綴或後綴的「拉（Ra）」或「阿蒙」

（Amen），改為「圖特」（Thoth）。這個改變開始於西元前一五二五年的托米斯一世（Thothmes I 或 Tuthmosis I，又譯湯瑪斯一世），而這也標記了對以色列人的壓制之開始。由托米斯一世提出的開戰理由是具啟發性的：對幼發拉底河上游的納哈林（Naharin）進行軍事遠征時，他害怕以色列人會成為內奸。原因呢？納哈林是哈蘭的所在地，而且那裡的人民都是父系親戚的後代。

這些足夠解釋對以色列人進行壓制的理由，但它留下了未能解釋的問題，即：為什麼現在崇拜圖特的埃及，要派遣軍隊去征服哈蘭？這是必須牢記的疑問。

埃及在軍隊遠征的同時，也進行對以色列人的壓制。這樣的行為在托米斯三世時達到高峰，他公告要求殺害所有以色列的新生男孩，迫使為人民挺身而出的摩西不得不逃亡。直到托米斯三世於西元前一四五〇年過世後，摩西才從西奈曠野返回埃及。十七年後，經過一再要求，以及耶和華對「埃及及其眾神」施加的一連串苦難後，以色列人被釋放，出埃及的行動就展開了。

聖經中提到的兩件事，以及埃及發生的重大變化，顯示了由於耶和華支持他選中的子民而發生的奇蹟和奇觀，在其他人之間產生的神學迴響。

「摩西的岳父米甸祭司葉忒羅，聽見神為摩西和神的百姓以色列所行的一切事。」我們從《出埃及記》（18：1）第十八章中讀到，葉忒羅來到以色列人的營地，聽摩西說了全部的故事。葉忒羅說：「我……得知耶和華比萬神都大。」（18：11）之後他為耶和華進行獻祭。下一個事件（《民數記》第二十二至二十四章）發生在摩押人國王把預言家巴蘭留下來，以便對前進中的以色列人進行詛咒時。但是，「神臨到巴蘭那裡」，他用「神的視線」，看到雅各之屋受到耶和華的保佑，而且他的話不能被反駁。

一位非希伯來的祭司和預言者，認識到耶和華的力量與至高無上，這在埃及皇室家族中引發意想不到的影響。在西元前一三七九年，以色列人進入迦南時，一位新法老將自己的名字改為

「阿肯那頓」（Akhenaten，Aten代表有翼的圓盤，見圖86），他把首都遷到一個新地方，開始只敬拜一位神。但這是一個短暫的實驗，阿蒙－拉的祭司很快就讓它終結了……這個實驗雖然短暫，卻是一個伴隨著信仰宇宙之神的宇宙和平概念。在西元前一二九六年，一直朝著哈蘭前進的埃及軍隊，在卡疊石（Kadesh，現今的黎巴嫩，編按：《聖經》裡譯為加低斯）戰役中被西臺人打敗。

當西臺人和埃及人使彼此精疲力竭時，亞述人就有足夠的空間能夠發展。

在所有方向上的一連串擴張，最終讓亞述國王圖庫爾蒂－尼努爾塔一世（Tukulti-Ninurta I，這是一個含有神名的名字，表示了宗教忠誠度）重新奪回巴比倫，並奪取了巴比倫的神馬杜克。

在那之後是典型的多神時代：亞述人非但沒有詆毀神馬杜克，還將他帶回亞述的首都，而且在新年慶典到來時，在古老的儀式中出現的是馬杜克，而非阿舒爾。但這「宗教的統一」，無法阻止這個曾經的帝國逐漸衰竭；並且在接下來的幾個世紀裡，美索不達米亞這兩個古老的力量，加入了埃及和西臺之地的行列，退縮並失去了征服的熱情。

毫無疑問的，亞述帝國觸角的撤回，使得西亞有可能出現繁榮的城邦，特別是在地中海沿岸、小亞細亞，甚至阿拉伯半島。然而，他們的繁榮吸引了來自各個方向的移民和入侵者。被埃及人稱為「海上民族」的入侵者駕船而來，企圖定居埃及並在最終占領迦南海岸。在小亞細亞，希臘人駕著一千艘船往特洛伊（Troy）進攻。說著印歐語言的民族，一路挺進到小亞細亞，再往

圖86：有翼的圓盤

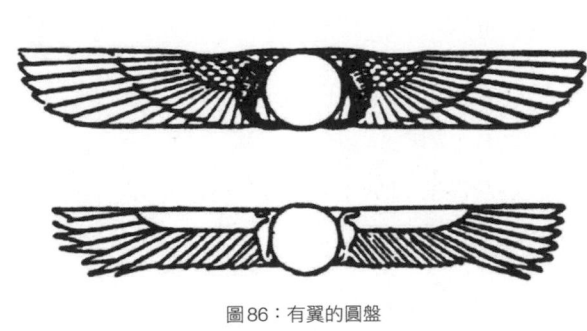

下到幼發拉底河。波斯人的先驅部隊侵犯埃蘭。而在阿拉伯半島，憑靠控制貿易路線而變得富有的部落，開始把眼光投向北方富饒的土地。

在迦南，以色列人厭倦了不斷與周圍的城邦君王和王權交戰，透過大祭司撒母耳向耶和華提出請求：讓我們成為一個強大的國家，給我們一個國王！

第一個出現的國王是掃羅（Saul），之後是大衛，然後他們把首都遷到耶路撒冷。

《聖經》中列舉了那個時期的神之人（Men of God），甚至稱他們是「先知」，而從最嚴格的意義上來說，他們是：神的「代言人」。他們確實傳遞了神聖的訊息，但他們更像是古代其他地方所熟知的神諭祭司。

實際上，是在耶和華聖殿建造好之後，預言（預言即將發生的事）才變得興盛。然而，這與《聖經》中的希伯來先知並不相同。這些先知將正義和道德的講道，結合了對於那些即將發生在古代世界各地的事物之預見。

《聖經》中事蹟的考古證據

以後見之明看來，那個時期就是西元前第一個千年，也是蘇美文明開始綻放的四千年人類故事中的最後一個千年。在人類戲劇（我們稱其故事為《地球編年史》）的中心，是核爆炸大毀滅、蘇美和阿卡德的滅亡，還有蘇美指揮權被交棒給亞伯拉罕及其後代。那是頭兩千年後的分水嶺。這一切始於蘇美，以及阿努在西元前三七六〇年左右對地球的國事訪問；現在，故事的後半段，最後的兩千年也即將結束。

的確，那是當時連接聖經預言的線索：週期即將結束，在年份開始（Beginning of Years）時

所預言的事情，將在年份完結（End of Years）時實現。

人類被給予了懺悔的機會，得以返回正義和道德，認識到只有一位真神，他甚至是伊羅興（眾神）本身的神。先知透過每一句話、異象、象徵性行動，發出了訊息：時間被用完了，巨大的事件即將發生。耶和華不要惡人的命，而是尋求他們回到正義。人類不能控制自己的天命，但可以控制自己的命運；人類、國王、國家，都可以選擇要遵循什麼路線。但是，如果惡人盛行，如果不公義充斥了人類的關係，如果國家繼續屠殺其他國家，所有這些都將在主之日受到審判和宣判。

正如《聖經》自己承認的，對接受的讀者來說它不是訊息。猶太人的周圍都是看起來知道自己崇拜誰的人們，但猶太人根據一位不可見的神（**因為他的肖像不為人所知**）的要求，堅持著嚴格的標準。耶和華的真實先知全力反擊那些聲稱自己也在傳布神的話的「假先知」。後者說，向神廟祭祀和捐獻，將能彌補所有的罪惡；但以賽亞說，耶和華不希望你犧牲，而是希望你正義地活著。以賽亞說，大災難將降臨給不義之人；而假先知說，不，不，和平即將來臨。

為了得到信任，《聖經》中的先知借助於奇蹟，就像摩西，在神的指示下，必須借助奇蹟來獲得法老對以色列人的釋放，然後讓以色列人相信耶和華的全能。

《聖經》中詳細描述了先知以利亞（Elijah）在亞哈（Ahab）及其腓尼基人妻子耶洗別（Jezebel）統治（**以色列北部的王國**）期間所面對的困難。耶洗別帶來了她崇拜的迦南神巴爾（**編注：《和合本》譯為巴力**）。以利亞藉由讓一個貧苦的女人持續有麵粉和油，以及讓一個死去的男孩甦醒，建立了自己的聲譽。但以利亞的最大挑戰，是在迦密山（Carmel）面對「巴爾的預言家」。他們在以國王為首的群眾前面，透過表演一個奇蹟，來決定誰是「真正的預言家」：一個祭品被準備好放在一堆木頭上，但不能用火點著，火必須來自天國。巴爾的預言家從早上到中午，一直叫著巴爾的名字，但是沒有任何聲音和回答（《列王記上》第十八章）。以利亞嘲諷地對他們說：「也許你的神睡著了，為什麼不叫大聲點？」然後他們大聲地叫到晚上，卻什麼也沒有發生。之後，以利亞搬了石頭，重修耶和華的壇（以前的已經毀壞了），把木頭和祭祀的公牛放在上面，並讓人們往祭臺上潑水，確保那裡沒有隱藏的火種。然後，他呼喚亞伯拉罕、以撒及雅各的神耶和華之名；「於是耶和華降下火來，燒盡燔祭。」（《列王記上》18：38）人們信服於耶和華的至高無上，抓住了巴爾的預言家，並且殺死了他們。

在以利亞乘著火焰戰車到天國後，他的弟子兼繼承者以利沙（Elisha）也透過表演奇蹟，來證明自己是耶和華的真先知。他把水變成紅色的血、使一個死去的男孩甦醒、用一小滴油裝滿空的容器、用一點剩下的食物餵飽了一個饑餓的人，並且使一塊鐵條浮在水上。

這些奇蹟有多少值得相信的呢？我們從《聖經》（從約瑟的時代到出埃及的故事），還有埃及文獻（例如《魔法師傳說》）可以知道，皇家法庭充滿了魔法師和占卜者。美索不達米亞有預兆祭司和神諭祭司、占卜者和預言家，還有解夢人。然而，當「聖經考證學」（Bible Criticism）在西元十九世紀變得流行時，使人們更加堅信，《聖經》中所有這類創造奇蹟的故事內容，都必須得到獨立來源的支持，才能令人信服。幸運的是，在十九世紀考古學家的最早發現中，有摩押人國王米沙（Mesha）的銘刻石碑，不僅證實了以利亞時代關於猶大地區的資料，也少見地提到了耶和華的全名（見圖87）。雖然這不是確切地證實奇蹟本身，卻驗證了《聖經》中記錄的事件和個人。

儘管我們從考古學家發現的文獻和工藝品中得到了佐證，但它們也清楚地顯示了《聖經》的先知和其他國家的算命者之間的深刻差異。從最一開始，希伯來文的Nebi'im（被譯為「先知」，但字面意思是神的「代言人」）解釋了奇蹟和預見不是他們的，而是神的。奇蹟是神造的，所預言的內容就是神頒布的命令。然而，他們不是像宮廷員工那樣的「應聲蟲祭司」，這種祭司很少因為個人的不法行為或錯誤的國家決定，而批評和告誡高層人士。像是大衛王就因為垂涎手下將領西臺人烏利亞（Uriah）的妻子，而被譴責。

很巧合的是，在大衛王占領了耶路撒冷，並且在神聖平臺上進行建蓋耶和華之殿的初步步驟時，衰敗的老亞述王朝突然滅亡，歷史學家所稱的新亞述時期興起了。不久後，耶和華聖殿被建好了，耶路撒冷開始引起遠方統治者的注意。直接的結果是，它的預言家開始把注意力轉向國際舞臺，並且預言關於世界各地的事，包括猶大地區、分裂的以色列北部王國、他們的國王，還有他們的人民。這些預言是全世界性的，其範圍和理解力都是讓人驚訝的，因為那些預言家在受到神召喚之前，大部分都是普通的村民。

圖87：提到耶和華全名的石碑

關於遠方大地和國家的深刻知識、他們國王的名字（甚至國王的綽號）、他們的商業和貿易路線，以及他們的軍隊和戰鬥的供給等，這些預言在那時肯定讓人驚奇，甚至對猶大的國王們來說亦然。對此，至少有一個解釋曾經被提出。先知哈拿尼（Hanani）在警告猶大國王反對與亞蘭人的條約時，對國王解釋道：用耶和華的話說，因為「那是遨遊在整個大地上的耶和華的眼睛」。

同樣的，在埃及，一段不統一的時期也結束了，新的第二十二王朝重新統一了國家，並且參與國際事務。新朝代的第一任國王，法老王舍順克（Sheshonq）成了當時一個強大國家的第一位外國統治者，並強力推進到耶路撒冷，獲取了它的寶藏（然而，沒有破壞和玷污聖殿）。那件事發生在西元前九二八年，在《列王記上》第十四章和《歷代志下》第十二章有敘述：這些都由耶和華的先知示瑪雅（Shemaiah），在事前就向猶大國王和貴族們預言過了；這也是一個《聖經》中的記事被外面的獨立紀錄所證實的例子，它由法老自己記錄在卡納克的阿蒙神廟的南牆上。

《聖經》中精確地記錄了，亞述人從北部王國以色列開始侵犯猶太人的王國。而這些記錄再次被亞述國王的年鑑所證實，撒縵以色三世（Shalmaneser III，西元前八五八年至八二四年）甚至把它畫了下來：以色列國王耶戶（Jehu），在以尼比魯的有翼圓盤符號為中心的場景裡，向他鞠躬（見圖88 a）。幾十年後，另一位以色列國王透過向亞述國王提格拉特帕拉沙爾三世（Tiglat-Pileser III，西元前

圖88a：以色列國王耶戶向亞述國王鞠躬。

七四五年至七二七年）敬獻貢品，阻止了一次攻擊。但這只贏得了一點時間：在西元前七二二年，亞述的國王撒縵以色五世向北部王國進軍，占領了它的首都撒瑪利亞（Samaria，希伯來文是Shomron，意思是小蘇美），並且流放了它的國王和貴族。兩年後，下一任亞述國王，薩貢二世（西元前七二一年至七〇五年）流放了其他人民，引發了以色列十個失落支派的謎團，也結束了那個國家獨立存在的生涯。

亞述國王在記錄無數次的軍事戰役時，都以「按照我的神阿舒爾的命令」開始，為他們的征服賦予了宗教戰爭的光環。對以色列的征服和鎮壓是如此重要，以至於薩貢（把他的勝利記錄在宮殿的牆上）開始題寫碑文，並把自己描述成「薩貢，撒瑪利亞和整個以色列之地的征服者」。他帶著這項成就，在其他地方為自己的征服加冕，他寫道：「我擴大了屬於眾神之王阿舒爾的領地。」

亞述人對耶路撒冷的進攻

根據《聖經》的記載，因為以色列北部地方的領導者和人民未能注意到先知的警告和告誡，災難便降臨了，而南方的猶大國王對預言的指導更留意一些，因此享受了相對和平的一段時間。但是，亞述人已經把眼光投向了耶路撒冷和它的聖殿；他們的年鑑並未解釋其中的一些原因，但許多遠征軍隊開始進駐哈蘭地區，之後向西擴展到地中海沿岸。值得注意的是，在亞述國王年鑑中，描述在哈蘭地區的戰利品和控制的領域時，把一座城市稱為「拿鶴」（Nahor），另一座稱為「拉班」（Laban），正是亞伯拉罕的兄弟和妹夫的名字。

亞述很快就轉向攻擊猶大地區，特別是耶路撒冷。西元前七〇四年，擴大領土，並將神阿舒爾的「命令」擴展到耶和華之殿的任務，落在薩貢二世的兒子暨繼承者西拿基立（Sennacherib）身上。他為了鞏固父親所占的領地，以及結束亞述各地區的叛亂，投入了第三次戰役（西元前七〇一年），占領了猶大和耶路撒冷。

這次事件被廣泛地記載在亞述國王年鑑和《聖經》上，使它成為證明《聖經》記載之真實性的例子。它展示了《聖經》預言的真實性，《聖經》做為預言指導的價值，以及其中地緣政治的範圍。

此外，直到今天，有物理證據可以證實並說明這些事件的重要方面，讓人能親眼目睹這一切的真實性。

隨著我們開始把那些事件和亞述王西拿基立的話連結起來，可以注意到，對於遙遠的耶路撒冷戰役，是開始於繞道到哈提之地，然後到達哈蘭地區，之後一路往西到地中海沿岸，在那裡襲擊的第一個城市是西頓（Sidon，編按：現今譯為賽達）：

> 在我的第三次戰役中，我向哈提行軍。
>
> 路利（Luli），西頓的國王，無法負荷我的主所帶來的震憾人心的恐怖，他逃到遙遠的海外並死去。
>
> 令人敬畏又輝煌的阿舒爾（我的主）之武器，推翻了偉大西頓的強大城市……
>
> 所有國王，從西頓到阿瓦德（Arvad）、比布魯斯（Byblos）、阿什杜德（Ashdod）、貝絲—阿蒙（Beth-Ammon）、摩押和阿多姆（Adom），都帶來了奢華的禮物；
>
> 亞實基倫（Ashkelon）的國王被我流放到了亞述……

碑銘繼續著（見圖88 b）：

至於猶大國王希西家（Hezekiah），
還沒屈服於我的統治，
四十六座具有結實防護牆的城市，
以及它們臨近的許多小城市，數不勝數……
我包圍並攻下它們，並且帶走二十萬一百五十名老的、年輕的、男性和女性，還有馬、騾、駱駝、驢、牛和羊。

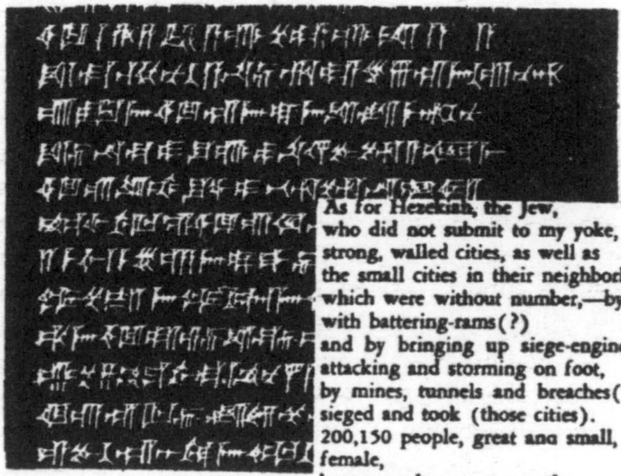

As for Hezekiah, the Jew,
who did not submit to my yoke, 46 of his strong, walled cities, as well as
the small cities in their neighborhood,
which were without number,—by levelling with battering-rams(?)
and by bringing up siege-engines(?), by attacking and storming on foot,
by mines, tunnels and breaches(?), I besieged and took (those cities).
200,150 people, great and small, male and female,
horses, mules, asses, camels,
cattle and sheep, without number, I brought away from them
and counted as spoil. Himself, like a caged bird
I shut up in Jerusalem his royal city.

圖88b：亞述王的年鑑

儘管有這些損失，希西家仍然保持著堅強，因為先知以賽亞已經預言過：不要害怕攻擊者，因為耶和華將把他的意願施加給他，他將會聽到謠傳，之後會回到自己的國土，並在那裡被劍刺倒……「所以耶和華論亞述王如此說，他必不得來到這城……他從那條路來，必從那條路回去……因我為自己的緣故，又為我僕人大衛的緣故，必保護拯救這城。」（《列王記下》19：32－33）

西拿基立受到希西家的反抗，繼續在年鑑裡寫道：

在耶路撒冷，我把希西家變成了在他的皇室宮殿裡的囚犯，像籠子中的鳥一樣，我用土方工程圍住了他，騷擾那些離開城門的人。

「之後我接管了希西家王國的行政權，並把它們送給了阿什杜德、以革倫（Ekron）和迦薩（Gaza，非利士人的城邦）的國王，並且增加希西家的貢品。」西拿基立寫道；之後他列舉了希西家「稍後在尼尼微送給我」的貢品。

因此，年鑑非常仔細地提到了，他沒有占領耶路撒冷，也沒有抓住它的國王，只是強加繁重的貢品：黃金、白銀、寶石、銻、紅琢石、嵌有象牙的家具、象皮，「還有各種珍貴的財寶」。

以上的自誇內容，遺漏了真實發生在耶路撒冷的事；完整故事的來源是《聖經》。在《列王記下》第十八章中有記載，《以賽亞書》和《歷代志》也有類似的內容，也就是：「希西家王十四年，亞述王西拿基立上來攻擊猶大的一切堅固城，將城攻取。猶大王希西家差人往拉吉去，見亞述王，說，我有罪了，求你離開我。凡你罰我的，我必承當。於是亞述王罰猶大王希西家銀子三百他連得，金子三十他連得。」（《列王記下》18：13－14）希西家付清了這一切，還額外包括了聖殿和宮殿門上的青銅鑲嵌物（編注：《和合本》譯為「金子」）當作貢品，將它們移交給西拿基立。

但是，亞述國王沒有遵守交易，不但沒有撤回到亞述，反而派遣了一大支軍隊來到猶大的首都；亞述的攻城策略是，首先要控制城市的水源。這個策略在其他地方是有效的，但不適用於耶路撒冷。因為，亞述人不知道希西家在城牆底下挖了一條輸水管道，並把基訓泉（Spring of Gihon）的豐沛水流引到城市裡的西羅亞池（Pool of Silo 'am）。這個地下的祕密水通道，為這座被圍困的城市供給了新鮮的水源，抵抗著亞述人的計謀。

在圍困城市的計策失敗後，亞述的指揮官轉向心理戰。為了讓那些守衛者明白他在說什麼，他用希伯來語說話，指出反抗是無意義的。沒有其他國家的神可以拯救他們；這個「耶和華」是誰？為什麼他要對耶路撒冷好一些呢？他是和其他神一樣容易犯錯的神……

希西家聽到這些話後，換下衣服，穿上哀悼者的麻布衣，前去耶和華的聖殿，並祈禱：「坐在二基路伯上耶和華以色列的神啊，你是天下萬國的神，你曾創造天地。」（《列王記下》19：15）先知向他保證，神聽見了他的祈禱，並且重複說了神的諾言：亞述國王永遠進不了這座城市，他將帶著失敗返回家鄉，並且將在那裡被刺死。

那天晚上，神聖的奇蹟出現，預言的第一個部分實現了：

> 當夜耶和華的使者出去，在亞述營中殺了十八萬五千人。清早有人起來，一看，都是死屍了。
>
> 亞述王西拿基立就拔營回去，住在尼尼微。（《列王記下》19：35—36）

之後，《聖經》中記錄了預言的第二個部分也實現了，寫道：「一日在他的神尼斯洛廟裡叩拜，他兒子亞得米勒和沙利色用刀殺了他，就逃到亞拉臘地。他兒子以撒哈頓接續他作王。」（《列王記下》19：37）

《聖經》中關於西拿基立之死的方式，長久以來一直困擾著學者，因為在亞述國王年鑑中沒有記載國王的死因。直到最近，學者借助其他考古發現，證實了《聖經》中的闡述：西拿基立確實是被他的兩個兒子刺死的（在西元前六八一年），王位繼承人是另一個小兒子，名叫以撒哈頓

（Esarhaddon）。

我們還可以增加另一個後記，以進一步確認《聖經》的真實性。

在十九世紀早期，考古學家在對耶路撒冷的發掘中發現，希西家的隧道是真實的，不是傳說：這條地下隧道在耶路撒冷確實被用來祕密輸水，從猶大國王時期開始，在防護牆下方穿過城市的原生岩石建造而成！

在一八三八年，愛德華．羅賓森（Edward Robinson）是近代史上第一個橫越全長一千七百五十英尺的探險家。在接下來的幾十年，其他在古耶路撒冷方面的知名探險家，如查理斯．沃倫（Charles Warren）、查理斯．威爾遜、克勞德．康得（Claude Conder）、康拉德．希克（Conrad Schick）等，清理並檢查了隧道及其所有連接軸，發現它確實是基訓泉水源（防護牆的外面）和城裡的西羅亞池的連接通道（見圖89）。

之後，在一八八〇年，正在玩耍的孩子發現，大約在隧道的中間，有一個碑銘被刻在牆上。那時的土耳其當局下令，把碑文部分從牆壁裡切取出來，並帶回伊斯坦堡（土耳其的首都）。之後，人們確知了這份碑文（見圖90）是用猶大國王時期的優美古希伯來文書寫的，以紀念隧道的竣

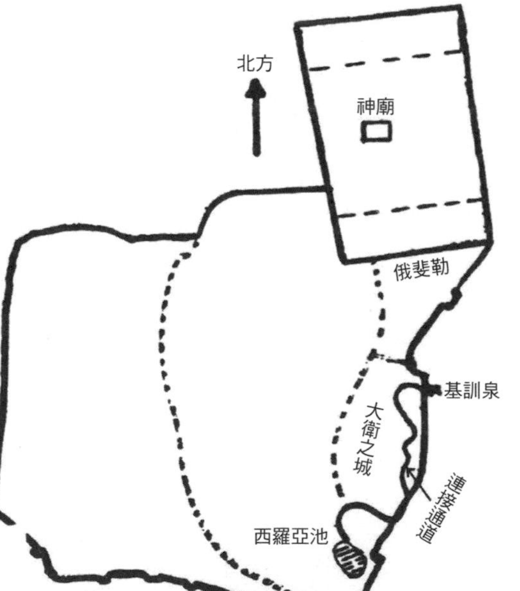

圖89：地下輸水道圖

工。當時希西家從兩端打通了岩石，碑文就是在那個特殊的地點被發現的。

那塊碑文（從牆壁上切取的一塊石頭上）現今在伊斯坦堡考古博物館展出，上面記錄的內容如下：

……隧道。這裡記述那個重要時刻。當（隧道修建者舉起）斧子相互對著他的夥伴，當只有三個庫比特（即腕尺）的距離需要挖通時，可以聽到對面一個人在叫他的夥伴，因為有一塊岩石在右側……在打通的那一天，隧道修建者互擁他的同伴，斧子對斧子。這時，水開始從水源流向水池，有一千兩百庫比特的長度；而隧道修建者頭頂上的岩石有一百庫比特高。

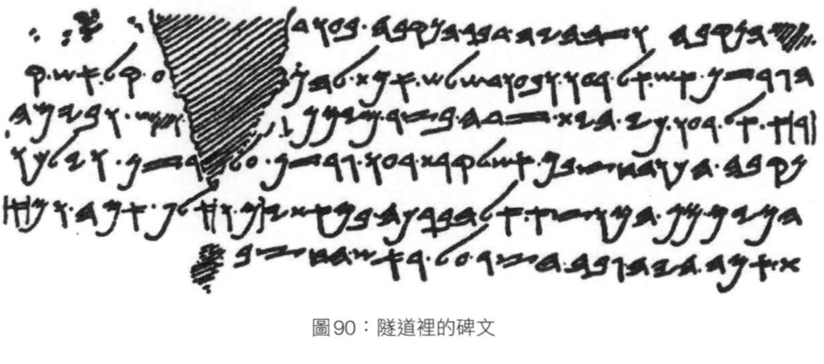
圖90：隧道裡的碑文

耶和華審判各國

《聖經》中關於耶路撒冷事件相關紀錄的精確性和真實性，擴展到遙遠的尼尼微，涉及亞述王位繼承這件事：這確實是一個血腥的事件，西拿基立的兒子殺死了他，最後較小的兒子以撒哈頓（也拼作Asarhaddon），繼承了王位。流血事件被記錄在《以撒哈頓年鑑》（*Annals of Esarhaddon*，在名為Prism B的工藝品上）中，他寫到，由他當國王而不是他哥哥，是根據神沙馬氏和阿達德給予西拿基立的神喻。也就是說，他的繼承受到了偉大的亞述和巴比倫之神，「還有其他居住在天地之間的神」的同意。

西拿基立的血腥結局，只是一部關於神馬杜克的角色和地位的激烈戲劇。亞述試圖讓巴比倫服從他們，但實際上，透過把馬杜克帶到亞述首都來併吞巴比倫，是行不通的，幾十年內，馬杜克重回到他在巴比倫受尊敬的地位。文獻中提到，這位神的復興的關鍵面向，是在慶祝新年的阿基圖（Akitu）節中，公開宣讀《伊奴瑪．伊立什》，並且在巴比倫等地的受難復活劇中重演馬杜克的復活。到了提格拉特帕拉沙爾三世的時代，國王的合法性需要謙卑地在馬杜克面前，直到馬杜克「用他的手扶起我的雙手」（**國王的原話**）。

西拿基立為了鞏固他選擇以撒哈頓為繼承人一事，任命以撒哈頓為巴比倫的總督（**他稱自己為「蘇美和阿卡德的國王」**）。後來當以撒哈頓繼承王位後，做了就職的莊嚴宣誓，「在亞述的眾神面前：阿舒爾、辛、沙馬氏、尼波（Nebo）和馬杜克。」（**雖然伊師塔不在場，也被寫進後來的年鑑裡。**）

但是，所有這些虔誠的努力，沒能帶來穩定或和平。從蘇美時期開始計算，到了西元前七世紀，迎接了後半場，是最後一個千禧年，動盪充滿了偉大的首都，並且向整個古代世界擴展。《聖經》的先知看到即將來臨的事；於是他們代表耶和華宣告，這是完結的開始。

在即將發生的事件之預言情景中，耶路撒冷及其神聖平臺將是全世界宣洩的焦點。神聖的憤怒首先要向這座城市及其人民表現出來，因為他們已經放棄了耶和華和他的誡命。各個偉大國家的國王成了耶和華發怒的工具。但之後，他們一個又一個在審判日受到審判。「這將是對一切肉體的審判，因為耶和華與所有國家爭吵。」先知耶利米宣告道。

先知以賽亞引用耶和華的話說，亞述是他的懲罰藤條；他預見它突襲了許多國家，甚至入侵了埃及（**這個預言確實成真**）；但是，亞述也將因為它的罪惡而受到審判。巴比倫將是下一個，先知耶利米說；它的國王將會突襲耶路撒冷，但是七十年後（確實如此）巴比倫也將受到審判。各個國家的罪惡，不管是大與小，從埃及和努比亞，一直到遙遠的中國（！），都將在耶和華之日受到審判。

所有預言一個接一個地成為現實。先知者以賽亞預見到埃及在三年戰爭後將被亞述的軍隊所占領。而這個預言在以撒哈頓（西拿基立的兒子）手上成為現實。值得注意的是，除了預言成真的這些事實外，在亞述國王帶領軍隊向西再向南挺進埃及時，他先繞道到哈蘭！

那是在西元前六七五年。在同一個世紀裡，亞述的命運被決定了。巴比倫的國王那布坡拿沙（Nabupolassar）帶著復甦的軍力，透過破壞河壩並淹沒城市，占領了亞述的首都尼尼微，就如同先知那鴻所預言的（《那鴻書》1：8）。那一年是西元前六一二年。

亞述所有地方的殘餘軍隊撤退到哈蘭，但是最終的神聖審判工具在那裡出現了。耶和華對耶利米說，它將是「一國的民從遠方來……他們的言語你不曉得，他們的話你不明白」。（《耶利米書》5：15）

> 看哪，有一種民，從北方而來。並有一大國被激動，從地極來到。
> 他們拿弓和槍。性情殘忍。不施憐憫。他們的聲音。像海浪匉訇。他們騎馬，都擺隊伍，如上戰場的人要攻擊你。（《耶利米書》6：22－23）

在美索不達米亞地區關於那個時期的紀錄中，提到了這些人從烏曼－曼達（Umman-Manda）的北方突然出現。他們可能是來自中亞的斯基泰人（Scythians）的前進部落，可能是來自高地（現今的伊朗）的米底人（Medes）的前導，還可能是這兩者的組合。在西元前六一〇年，他們占領了亞述殘餘部隊的躲藏地——哈蘭，並控制了重要的交叉路口。在西元前六〇五年，一支由法老尼科（Necho）帶領的埃及軍隊，再次（因為托米斯三世在出埃及時期之前已經嘗試過）推進並占領幼發拉底河上游的納哈林。但是，巴比倫和烏曼—曼達的聯合軍，在哈蘭附近的迦基米施（Carcemish）的關鍵戰役中，給了埃及帝國致命而優雅的一擊。這些都如同耶利米所預言的，關於傲慢的埃及和它的國王尼科的命運：

> 埃及像尼羅河漲發、像江河的水翻騰。他說，我要漲發遮蓋遍地。我要毀滅城邑和其中的居民。（《耶利米書》46：8）
>
> 那日是主萬軍之耶和華報仇的日子，要向敵人報仇。刀劍必吞喫得飽，飲血飲足。因為主萬軍之耶和華，在北方伯拉河邊有獻祭的事。（46：10）
>
> 萬軍之耶和華以色列的神說，我必刑罰挪的亞捫〔埃及尊大之神〕和法老，並埃及，與埃及的神，以及君王。也必刑罰法老和倚靠他的人。
>
> 我要將他們交付尋索其命之人的手，和巴比倫王尼布甲尼撒與他臣僕的手。（46：26）

亞述被征服了，勝利者變成了犧牲品。埃及被挫敗，而且它的眾神受到玷污。沒有其他勢力能再與巴比倫抗衡，當巴比倫按照耶和華的旨意入侵猶大時，也沒有受到阻撓，之後，它遇到了自己的命運。

現在，在巴比倫掌握政權的是野心勃勃的國王。他被授予君王之位，以表彰他在迦基米施所取得的勝利，同時被賦予了皇家名字「尼布甲尼撒」（二世），這個含神名的名字，包含了馬杜克的兒子暨代言人那布的名字。他很快就「藉由我的主那布和馬杜克的力量」而發動軍事戰役。西元前五九七年，他把部隊派到耶路撒冷，表面上是去剷除前國王約雅敬（Jeho'iakim），並以其少年兒子約雅斤（Jeho'iachin）取代他。結果這只是一個嘗試；無論如何，他注定扮演自己的角色，因為耶和華指派他去懲罰罪惡的耶路撒冷及其人民；但最終，巴比倫自己也受到審判：

> 耶和華藉先知耶利米論巴比倫和迦勒底人之地所說的話。
>
> 你們要在萬國中傳揚報告，豎立大旗。要報告，不可隱瞞，說，巴比倫被攻取，彼勒蒙羞，米羅達驚惶。巴比倫的神像都蒙羞，他的偶像都驚惶。
>
> 因有一國從北方上來攻擊他，使他的地荒涼，無人居住。連人帶牲畜，都逃走了。（《耶利米書》50：1—3）

這將是全世界範圍的宣洩，不僅僅是國家，還有他們的眾神也將受到責問，萬軍之主耶和華解釋道。但是，在宣洩快結束時，主之日來臨之後，耶路撒冷將被重建，世界上所有國家都將集結起來，敬拜在耶路撒冷的耶和華。

先知以賽亞說完這些話之後，宣稱耶路撒冷和它重建的聖殿將是唯一的「諸國之上的光」。耶路撒冷將行使它的命運，它將崛起並完成天命：

> 末後的日子，耶和華殿的山必堅立，超乎諸山，高舉過於萬嶺。萬民都要流歸這山。
>
> 必有許多國的民前往，說，來罷，我們登耶和華的山，奔雅各神的殿。主必將他的道教訓我

們，我們也要行他的路。因為訓誨必出於錫安，耶和華的言語，必出於耶路撒冷。（《以賽亞書》2：2－3）

曾在遙遠哈蘭的迦巴魯河（Khebar，今日稱哈布爾河）岸邊示現了神聖異象的先知以西結，在關於大國、耶路撒冷及其聖殿，還有末日將發生之事的那些延伸的事件和預言中，加入了聖地先知的行列。

在哈蘭，當馬杜克和亞伯拉罕的路線交叉時，神和人類的戲劇展開了，然而，它也注定要走到盡頭，在那時，耶路撒冷及其聖殿都將面對命運。

12．從天國回歸的神

馬杜克和亞伯拉罕的路線在哈蘭交叉，這只是一個偶爾的巧合，還是哈蘭被無形的命運之手選中？

這是一個令人困擾的問題，需要一個神聖的答案。因為在那裡，耶和華曾選擇亞伯蘭（亞伯拉罕）執行一項大膽的使命，而馬杜克在消失幾千年後於該處重新出現，這個地方後來發生了一連串令人難以置信的事件（也可以說是奇蹟般的事件）。它們是預言範圍內的事件，影響了人類和眾神的進程。

那些由目擊者為後代記載下來的重要事件，以關於埃及、亞述和巴比倫的聖經預言的履行，做為開始和結束。這些事件也包括了神離開神廟和他的城市，上升到天國，以及半個世紀後從天國回來。

也許，這個理由有更多部分是超自然的，而不是地理或地緣政治上的。在過去兩千年裡發生的這麼多重要事件，開始於眾神聚齊於議會，決定給予人類文明的時候，而會議地點就在哈蘭或其附近。

哈蘭城的辛神與神廟

我們已經提過，以撒哈頓曾繞路到哈蘭。那次朝聖的細節被記錄在一個碑刻上，它是以撒哈頓的兒子和繼承者亞述巴尼帕的皇家通訊的一部分。當以撒哈頓企圖襲擊埃及時，他轉而北進，取代了原來的西進，在哈蘭尋找「雪松神廟」。在那裡，「他看到辛神背靠一根權杖，頭上有兩個王冠。神努斯庫（Nusku）站在他前面。我威嚴的父親國王進入神廟中。那位神將一個王冠戴在他的頭上，說：『你將去那些國家，在那裡，你將是一個征服者。』他啟程前往埃及，並征服了它。」（我們從蘇美神列表上得知，努斯庫是辛的隨從）。

以撒哈頓入侵埃及是一個歷史事實，完全使以賽亞的預言成為現實。前往哈蘭路途中的細節，也證實了西元前六七三年辛神的出現，因為幾十年後，辛「對那座城市及其人民很生氣」，並且離開那裡，去了天國。

如今，哈蘭仍然如亞伯拉罕及其家族所在的時期那樣，矗立在那裡。在城市破碎的圍牆外（這些牆來自伊斯蘭征服時期），雅各遇見利百加的那口井仍然流淌著清水，周圍的草原上，羊群仍然盯著草，就像四千年前的羊群那樣。

在幾個世紀前，哈蘭是學術和文學的中心，亞歷山大之後的希臘人在那裡取得了那些累積的「迦勒底」（Chaldean，引申為占星術）知識（貝羅蘇斯的著作是這些知識其中之一）。再後來，穆斯林和基督教徒在那裡進行文化交流。然而，這個地方的驕傲，是獻給辛神的神廟（見圖91），在它的遺址裡，關於娜娜（辛）的奇蹟事件的見證，已經被寫下來且存在了千年。

這些證詞並不是傳聞，而是由目擊者的報告所組成。他們不是匿名的目擊者，而是一個名叫

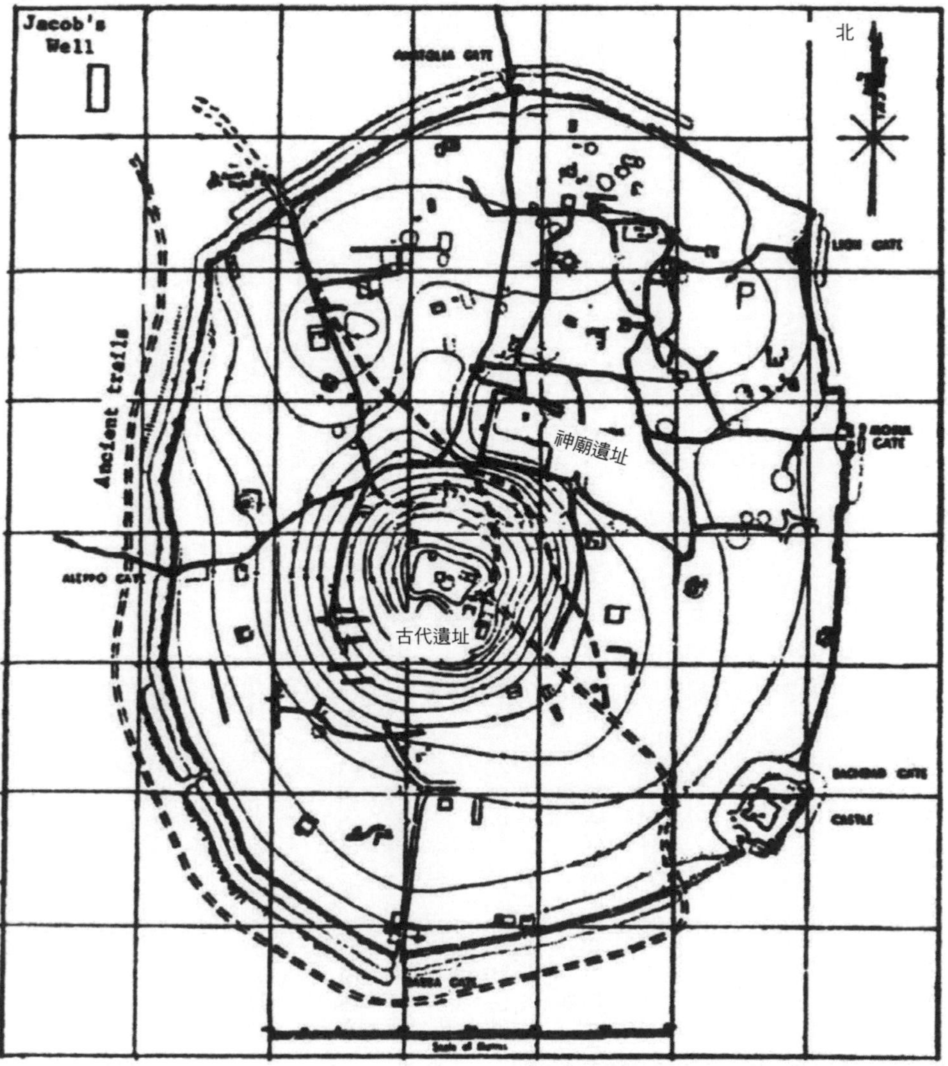

圖91：獻給辛神的神廟

阿達－古皮（Adda-Guppi）的婦女和她的兒子那布納德（Nabuna' id，又譯拿波尼度）。他們不是像如今發生的那樣，由鄉村警長和他的母親報告在某個人煙稀少的地方看見一個不明飛行物體。阿達－古皮是辛神主神廟的高級女祭司。這座神廟從她那個時代的幾千年前，就是一個神聖而受人崇拜的聖殿。她的兒子是那個時期地球上最偉大的帝國巴比倫的最後一任國王。

這位高級女祭司和她的國王兒子在石碑上記錄了那些事件，這些石柱以楔形文字記載，並帶有圖像描繪。其中四個已經被考古學家發現，他們認為，石碑是由國王和他的母親放在哈蘭的著名月神神廟伊胡胡（E.HUL.HUL，意思是雙喜神廟）的每個角落。

一對石柱上有母親的陳述，另一對石柱上記錄著國王的話語。在神廟的高級女祭司阿達－古皮的石柱上，辛神啟程上升到天國的事被記載下來。在國王那布納德的碑銘中，辛神的奇蹟和獨特的回歸也被記載下來。阿達－古皮帶著一種清晰的歷史觀，以及受過訓練的神職官員的風格，在她的石柱上為重大事件提供了精確的日期。現代學者已經證實，這些日期與目前所知道的王朝年代有所關聯。

在一個保存更完好的石柱上（學者將它歸類為H_1B），阿達－古皮開始她的書面證詞（以阿卡德語）：

> 我是阿達－古皮夫人，巴比倫國王那布納德的母親，
> 神辛、寧加爾、努斯庫和沙達努拉（Sadarnunna）的奉獻者，
> 我將虔誠地對待我的神，從我小時候就已開始。

阿達－古皮寫道，她出生於亞述國王亞述巴尼帕二十年，大約在西元前七世紀中葉。儘管阿

達－古皮在碑銘中沒有提到她的族譜，但其他來源顯示，她出身於一個高貴的血統。根據她的碑銘，她經歷了幾個亞述和巴比倫國王的統治，在她九十五歲高齡時，奇蹟般的事件已經發生。學者已經發現，她所列出的統治表，與亞述和巴比倫的年鑑相符。

以下是阿達－古皮親自記錄的第一個非凡事件：

這是巴比倫國王那布坡拿沙十六年，
眾神之主辛，對他的城市和神廟生氣，離開去了天國；
這座城市和裡面的人民就變成廢墟了。

這個年份是值得記錄的，因為事件（從其他來源得知）的確在那時發生，證實了阿達－古皮記錄的內容。那年是西元前六一〇年，被打敗的亞述軍隊為了做最後的抵抗，撤退到哈蘭。

這份陳述裡有很多問題需要加以解釋：辛是因為人們讓亞述人進來而「對他的城市和人們生氣」嗎？他決定離開是因為亞述人或阿曼－曼達部落的進犯？他是如何到達天國？又去了哪裡？他去了地球上的另一個地方，或者遠離地球，到了天上的某個地方？阿達－古皮的書寫掩蓋了這些問題，就目前而言，我們也將保留這些問題。

高級女祭司聲明的是，在辛神離去後，「這座城市和裡面的人民就變成廢墟了」。一些學者更願意將碑銘上的那個單字翻譯為「荒蕪的」，以更好地描述那座城市到底發生了什麼事。一座繁榮一時的大都市，一個在《以西結書》中被列為當時偉大的國際貿易中心，特別是「美好的貨物，包在繡花藍色包袱內，又有華麗的衣服，裝在香柏木的箱子裡，用繩捆著」（27：24）。事實上，廢棄的哈蘭之荒蕪景況，讓人想起《耶利米書》中對於荒蕪和被褻瀆的耶路撒冷的開篇語：「先前滿有人民的城，現在何竟獨坐，先前在列國中為大的，現在竟如寡婦。先前在諸省中為王后的，現在成為進貢的。」（1：1）

儘管其他人都逃走了，阿達－古皮還是留在那裡。「每天不放鬆地，日日夜夜，數個月，數年」，後來她來到被拋棄的神殿。她悲泣著放棄了精緻的羊毛服裝，拿掉了她的珠寶，再也不穿金戴銀，放棄了香料和甜甜的香油。她像一個漫遊在空蕩神殿中的鬼魂。「我穿著破舊的衣服，我靜悄悄地進來，無聲無息地離開。」她寫道。

後來，她在廢棄的神聖區域裡，發現了一件曾屬於辛神的長袍。它肯定是一件華貴的外衣，與當時許多神明所穿的服飾是同一種樣式，就像美索不達米亞的雕塑所呈現的那樣（見86頁圖28）。對於沮喪的高級女祭司來說，這個發現似乎是來自神的預兆。好像是他突然給了她一個實體的現身證據。她無法將自己的眼睛從這件神聖的衣服上移開，不敢觸碰它，除了「扯扯它的褶邊」。好像神就在那裡傾聽似的，她跪下來，「在祈禱和謙卑中」，發出以下的誓言：

如果你回到你的城市，所有黑頭人將禮拜你的神威！

「黑頭人」是一個蘇美人用於描寫自己的詞語。在哈蘭的高級女祭司使用這個詞語，是非常罕見的。在阿達－古皮的時代之前，蘇美這個政治－宗教實體已經消失了大約一千五百年。那片大地和它的城市烏爾，在西元前二〇二四年因為一場致命的核爆雲而滅亡。因此，在當時蘇美只是一個神聖的記憶，它往昔的首都烏爾已變成粉碎的廢墟，它的人民（黑頭人）分散到許多國家。那麼，在哈蘭的高級女祭司，要怎麼向她的神獻祭，以使他重獲遙遠的烏爾的統治權，請他再一次成為所有蘇美人的神，無論蘇美人去了哪裡？

這是流亡者回歸的真實願景，而在一位神的古老崇拜中心的恢復，也值得聖經的預言。阿達－古皮為了達到這個目的，與神進行交易：如果他願意返回，並運用自己的權威和神聖能力，讓她的兒子那布納德成為下一位帝國國王，在巴比倫統治著巴比倫和亞述兩個領土，那麼那布納德將在烏爾重建辛的神廟，恢復居住在各地的黑頭人對辛的禮拜！

月神喜歡這個主意。「辛，天地眾神之主，為了我的善行，微笑地來到我這裡。他聽到我的祈禱，接受我的誓約。他憤怒的內心平靜下來了。他來到哈蘭的辛神廟伊胡胡，神聖住所讓他內心高興，他變得順從了。他有了心態上的轉變。」

阿達－古皮在她的碑銘上寫道，微笑的神接受了這項交易：

> 辛，眾神之主，欣喜地看著我的詞語。
> 那布納德，我唯一的兒子，從我的子宮而來，他呼喚王權，那蘇美和阿卡德的王權。
> 從埃及的邊境過來的所有領地，從上海域到下海域，都被委託到他的手中。

阿達－古皮既高興又不安，她舉起了雙手，「虔誠地，帶著懇求」，感謝神「宣告那布納德的名字，授予他王權」。之後，她懇求辛神確保那布納德的成功，期望辛神能說服其他主神，當那布納德與敵人交戰時站在他那一邊，使他能夠履行誓約，重建伊胡胡神廟，恢復哈蘭至高無上的地位。

一百零四歲的阿達－古皮臨終之際（或是別人在她死後記錄下她說的話），在碑銘中增加了後記，提到雙方信守契約：「我看到契約的履行」；辛神「信守他給我的承諾」，使那布納德成為一個新蘇美和阿卡德的國王（在西元前五五五年）。那布納德信守誓約，在哈蘭重建伊胡胡神廟，並「改善它的結構」。他恢復了對辛神及其配偶寧加爾的禮拜，「他再一次實行那些已被遺忘的禮拜」。那對神聖夫妻由神聖的使者努斯庫和他的配偶（？）沙達努拉陪伴，在莊嚴正式的儀仗隊伍中回到伊胡胡神廟。

石柱碑銘的複本包括了十九個額外的句子，無疑是阿達－古皮的兒子添加的。在那布納德第九年（西元前五四六年），「命運奪去了她的生命。從她的子宮出來的，她的兒子，巴比倫國王那布納德，用（皇家）長袍和純白色的亞麻布包裹她的遺體。他用燦爛的金飾和美麗的寶石裝飾她的身體。他用芳香的油擦拭她的身體，將她的遺體放在一個祕密的地方。」

各地的人們都為了國王的母親而服喪。「巴比倫和博爾西帕（Borsippa）的人們，來自上海域的埃及邊境」，以及從地中海到波斯灣的「下海域的遠方居民、國王、公主和統治者」。人們在死者的頭上撒灰燼、哭泣落淚、自殘，這種服喪儀式持續了七天。

人類與神的溝通

在我們提到那布納德的碑銘和充滿奇蹟的故事之前，有人肯定想問，假如阿達－古皮記錄下來的內容是真實的，她如何憑藉自己的陳述，與這位不在神廟或城市中，已經離開並前往天國的神祇交流的？

首先，阿達－古皮與神交談的方式很簡單：她向神訴說祈禱。所謂的祈禱，是在神的面前傾訴一個人的恐懼和擔憂，祈求健康、好運或長壽，甚至尋求做出正確選擇的指引，這樣的文化仍延續到今天。從蘇美人開始書寫時，祈禱以及向神明祈求的內容都被記錄下來。事實上，祈禱是一種與神交流的途徑，也許在書寫文字之前就已經存在了，根據《聖經》，在第一個人類成為智

人時，祈禱就存在了：當亞當和夏娃的孫子以挪士（一個「智人」）出生時，人類「纔求告耶和華的名」。（《創世記》4：26）

阿達－古皮觸摸神的長袍的褶邊，非常謙卑地向辛神祈禱。她日復一日地堅持，直到辛神聽到她的祈求並有所回應。

現在，有一個更令人不解的部分，辛神是如何回答的？他的話語或訊息是如何傳達給高級女祭司的？碑銘本身提供了答案：神的回答是在她的夢中出現的。當她暈倒，或是處在昏昏欲睡的狀態時，神出現在她的夢中：

在夢中，辛，眾神之主，將他的雙手給我，然後他對我說：

「因為你，神明將會回到哈蘭並住下來。
我將在哈蘭的神聖住所委託給你的兒子那布納德。
他要重建伊胡胡，改善它的結構；他將重建哈蘭，使它比以前更加完美。」

像這樣由神直接與人交流的方式，並非不尋常。事實上，它是最常被使用的一種方式。整個古代世界的國王和祭司、族長和先知，都透過以夢為媒介的方式，接收到神的話語。它們可能是神諭夢或預兆夢，有時只能聽到話語，有時還包括異象。事實上，《出埃及記》中引用了耶和華告訴摩西兄妹的話：「假如你們之中有一個先知，我將會在異象中現身，並與他在夢境中對話。」

那布納德也說自己是透過夢的方式與神交流。然而，他的碑銘中記錄了更多內容：一個獨特的事件和一個罕見的理論。他的兩根石柱（學者稱之為 H_2A 和 H_2B），頂部都裝飾了圖案，描繪著國王拿著一根不常見的長杖，面朝三個天體（他所崇拜的行星神）的符號（見下頁圖92）。以下的長碑銘以偉大的奇蹟及其不同之處為開頭：

這是辛的偉大奇蹟，自未知的古昔日子以來，從未由神和女神在地球上發生過；
大地上的人類從來沒見過，也沒有發現從古昔之日就寫在碑刻上的文字：
神聖的辛，神和女神之主，住在天國，而他已經從天國下來，在巴比倫國王那布納德的全景中。

他會聲稱這是一個獨特的奇蹟，並非沒有道理，因為這個事件帶來了神和神學的回歸。正如碑銘謹慎提及的，人類與神互動的這兩個方面，在古代並非不為人知。

圖92：手拿長杖的國王

眾神的飛行工具

不管那布納德（因為他對發現和挖掘早期遺址的廢墟感興趣，被一些學者稱為「第一個考古學家」）是否有資格證明他的聲明是可靠的，或者他是否真的透過古代的碑刻而熟悉那些發生在很久以前的此類事件，我們不知道；然而，事實上這些事情的確發生過。

大約在西元前兩千年，那個以蘇美帝國的滅亡而告終的動蕩時代，神恩利爾原本在其他地方，當他得知自己的城市尼普爾處於危險之中時，便迅速趕回蘇美。根據蘇美國王舒辛（Shu-Sin）的紀錄，恩利爾「飛越重重地平線，從南方旅行到北方；他趕快穿過天空，越過地球」。

然而，這次的回歸是突然的、不公開的，也不是顯現的部分。

大約在五百年後（幾乎就在辛神歸來並顯現的一千年前），記載中最偉大的聖靈顯現事件發生在西奈半島，在以色列人出埃及的時期。以色列的子民（總共六十萬人）事先得到通知，並被告知如何為目睹主降下西奈山這一事件做準備。《聖經》中強調，這些是在「在眾百姓眼前」（《出埃及記》19：11），但是這次偉大的顯現也不是回歸。

這樣的神聖到來和離去，包括辛神升上天國再從那裡回來，暗示著大阿努納奇擁有必要的飛行工具，事實上，他們確實擁有。耶和華坐在一個物體中降落到西奈山上，《聖經》中稱之為卡博多（Kabod），它帶有「熊熊的火焰」（《出埃及記》24：10，編注：《和合本》譯為「他腳下彷彿有平鋪的藍寶石，如同天色明淨。」）。先知以西結將卡博多（常常被翻譯為「榮耀」，但是字面意思是「沉重的東西」）描述為輪子裡裝有輪子的發光輻射交通工具。他可能想到了一個類似於亞述神阿舒爾乘坐的圓形戰車之描繪的東西（見237頁圖85）。尼努爾塔擁有伊姆杜吉德（Imdugud），意思是「神聖黑鳥」。馬杜克有一個特別的屋子，是為了他的「至高無上旅行者」而建在巴比倫的神聖區域。「至高無上旅行者」也許與埃及人所稱的「拉的天船」是相同的飛行工具。

辛神如何在天體之間來去呢？

他確實擁有這樣的飛行工具，因為它是在哈蘭碑銘中提到的往天空出發及回歸的基本條件。

而這個事實由許多獻給他的讚美詩所證實。一個蘇美人描述了辛神飛在他熱愛的城市烏爾的上空，甚至將天船當作是他的「榮耀」。

父親娜娜，烏爾之主，你的榮耀是神聖的天船……
當你在天船上升時，你是榮耀的。
恩利爾用權杖裝飾你的手，你登上聖船，永久停駐在烏爾上。

儘管現在還沒有關於月神的「天船」之描繪被辨認出來，但這個描繪是可能存在的。耶利哥（Jericho）坐落在連接東西方、穿過約旦河的主要通道旁邊，是目前所知最古老的城市之一。《聖經》（及其他古代文獻）都指出它是月神的城市；它的聖經名字Yeriho，指的就是這個意思。先知以利亞（西元前九世紀）在那裡被《聖經》中的神告知要穿越約旦河，然後在火焰戰車（編注：《和合本》譯為「火車火馬」）裡被帶到天上。正如在《列王記下》第二章描述的那樣，這不是一個巧合，而是預先安排的會面。先知以利亞的最後旅程是從一個名為吉甲（Gilgal）的地方開始，並由助手以利沙（Elisha）和一群門徒陪伴。當他們到達耶利哥，門徒詢問以利沙：「耶和華今日要接你的師傅離開你，你知道不知道？」（2：3）以利沙知道，但是勸誡他們保持安靜。

當他們到達約旦河時，以利亞堅持其他人留在後面。五十名門徒前進到河邊就站住。但是，以利沙不會離開。於是，「以利亞將自己的外衣捲起來，用以打水，水就左右分開，二人走乾地而過。」（2：8）然後，在約旦河另一邊的人看見：

忽有火車火馬，將二人隔開，以利亞就乘旋風昇天去了。（2：11）

一九二〇年代，由梵蒂岡派出的考古探險隊，在約旦的一個名為特爾佳蘇爾（Tell Ghassul，意思是信使山丘）的遺址進行挖掘。那裡的古代遺物可以追溯到數千年前，而且當地還有一些古代近東最古老的房屋。考古學家在一些倒塌的牆上，發現了漂亮而不尋常的壁飾，上面塗有不同的顏色。一個壁飾上描繪了一顆「星」，但它看起來更像是一個羅盤，而且指向主要的點及其細分部分。另一個壁飾描繪了黑色球根形狀的物體，上面有類似眼睛的開口和伸出的腳（見圖93）。後者很可能是一種「火焰戰車」，就是它帶著以利亞升上天。事實上，這個地方很可能正是以利亞升上天的地點：站在那裡，爬上山丘，就可以看到不遠處的約旦河，在河的另一邊，遠處微微發亮的是城市耶利哥。

根據猶太人的傳統，先知以利亞有一天將回來，宣布救世主／彌賽亞時間。

圖93：疑似火焰戰車的描繪

神已離開地球

阿達－古皮和她的兒子那布納德認為，這個時間已經真的到來了，月神歸來的信號和象徵就是證據。他們期望救世主／彌賽亞時間將迎來一個和平與繁榮的紀元，這個新紀元將始於重建哈蘭的神廟，並為之奉獻。

關於上帝和耶路撒冷聖殿的類似的預言異象，都發生在同一個時期，雖然人們很難意識到這一點。事實上，這是以西結預言的主題，當「天國打開之時」，他看到放射光線的天體戰車在旋風中飛來。

學者也從亞述和巴比倫的年鑑中，證實了哈蘭碑銘中提供的編年史，由此可知，阿達－古皮大約生於西元前六五〇年，辛神大約是在西元前六一〇年離開在哈蘭的神廟，並於西元前五五六年回歸。這個時期，與曾是耶路撒冷祭司的以西結，在美索不達米亞北部的猶大流亡者中被任命為先知，確實是同一個時期。我們可以從以西結那裡得到準確的日期：在猶大國王約雅斤被流放的第五年第四個月的第五天，「在迦巴魯河邊，被擄的人中，天就開了，得見神的異象。」以西結在他的預言開頭這麼寫（《以西結書》1：1）。時間是西元前五九二年！

迦巴魯河是發源於現今土耳其東部山脈的幼發拉底河支流。在迦巴魯河的東方不遠處，是幼發拉底河的另一條重要支流巴厘克河（Balikh），而哈蘭就矗立於巴厘克河岸一千年。

以西結發現自己離耶路撒冷非常遙遠，位於上美索不達米亞的一條河岸邊，在西臺人領地（楔形文字紀錄中的「哈提地」〔Hattiland〕）的邊緣。他是數千名猶大貴族、祭司和其他領導人中的一個。因為巴比倫國王尼布甲尼撒二世占領了猶大，並將其人民流放。而這位國王曾於西元前五九七年蹂躪耶路撒冷的土地。

這些悲劇事件被詳細地記載在《列王記》中，主要在第二十四章第八至十二節。值得注意的是，一個巴比倫泥版（《巴比倫編年史》〔*The Babylonian Chronicles*〕系列的一部分）記錄了十分類似的事件，日期也十分相近。

同樣引人注目的是，這支巴比倫探險隊（就像早期以撒哈頓領導的那一支）也是從哈蘭附近的起點發起的！

巴比倫的碑銘詳細記錄了耶路撒冷被占領、國王被俘虜、尼布甲尼撒二世挑選了另一位國王取代猶大的王位，以及被俘的國王和其土地上的領導者遭到流放（被送往巴比倫）。因此，祭司以西結才會身處在哈蘭省的迦巴魯河岸邊。

被流放的人們曾經一度（顯然是在頭五年）相信，這些已經降臨到他們的城市和神廟，還有他們自己身上的這些災難，是一個暫時性的困難。儘管猶大國王約雅斤被囚禁，但是他還活著。儘管聖殿的財寶被當成戰利品帶到巴比倫，但它仍然完好無缺。大多數子民仍然留在他們的土地上。那些被流放的人們，透過信使與耶路撒冷當地保持聯繫，他們希望有一天約雅斤將會恢復原職，聖殿也會恢復神聖的榮耀。

然而，在以西結被任命為先知後，在流放的第五年（西元前五九二年），上帝指示他向人們宣布，流放和洗劫耶路撒冷及其聖殿，並不是折磨的盡頭。它只是對人們的警告，警示他們要改正習慣：要正直對待彼此，根據誡命敬拜耶和華。但是，耶和華對以西結說，人們沒有改正他們的習慣，反而轉向崇拜「異教神」。因此，上帝說，耶路撒冷將再一次遭到攻擊，而且將被徹底摧毀，包括聖殿及其他一切。

耶和華說，他發怒的工具將再次是巴比倫國王。一個已成真的歷史事實是，西元前五八七年，尼布甲尼撒二世不信任他本人任命的猶大國王，再一次圍攻耶路撒冷。這一次，被占領的城市在西元前五八六年被燒為灰燼。所羅門在半個世紀前所建的耶和華聖殿也被摧毀了。

這確實是眾所周知的。但是，很難知道的是，為什麼相關警告沒有被耶路撒冷的人民及留在那裡的領導人所注意。因為他們相信「耶和華離開地球了」！

在以西結所認為的「遙遠的異象」中，他首先看到耶路撒冷的長老在緊閉的大門後方，然後他被帶到對城市街道的預見遊覽。那裡的正義和宗教信仰遭到徹底的破壞，因為出來的話語是：

耶和華不再看我們——

耶和華已經離開地球了！

根據哈蘭碑銘，西元前六一〇年，「眾神之主宰，對他的城市和神廟生氣，離開去了天國」。西元前五九七年（正好是十年後），耶和華對他的城市耶路撒冷及其子民發怒了，讓異教的尼布甲尼撒二世（接受馬杜克恩惠的國王）進入耶和華聖殿，掠奪並摧毀了它。

人們哭喊著：「神已經離開了地球！」

他們不知道，神何時或是否還會再次回來？

結語

那布納德的母親對他的巨大期盼是，成為一個重新統一蘇美和阿卡德、重建輝煌的古昔日子的人，卻沒有讓這位新國王準備好應對不久後將面臨的動盪。他也許曾預期會有軍事挑戰，但沒有預料他所占領之地的宗教狂熱。

巴比倫國王的離開

那布納德按照母親與辛神之間的協議，一坐上巴比倫的王位之後，就意識到必須得滿足馬杜克（曾經被移走，現在回到巴比倫）並給予他應有的待遇。在一連串真實或虛假的預兆夢境中，那布納德宣稱自己得到馬杜克（和那布）對於其王權的祝福，也祝福他承諾在哈蘭重建辛神的神廟一事。

為了讓這些夢境訊息的重要性無可置疑，國王提到馬杜克特別詢問他是否看到「偉大的星，馬杜克的行星」（直接提及尼比魯星），還有其他與其會合的行星。當國王提到它們是「神三十」（月亮，辛神的天體對應物）和「神十五」（伊師塔和她的對應物金星）時，他被告知：「在這個會合中，沒有邪惡的徵兆。」

然而，無論是哈蘭人或巴比倫人，都不滿意神的這種「聯合統治」，他們也不是伊師塔和「其他神」的膜拜者。辛神在哈蘭的神廟最終重建了，同時要求他在烏爾重要的神廟也要再次成為禮拜的中心。伊師塔抱怨，她在烏魯克（《聖經》中的「以力」）的金塞拉（golden cela）一定要重建，她還需要一輛由七頭獅子駕馭的戰車。而且，正如人們在國王碑銘的字裡行間所讀到的，他已經受夠了多位神及其祭司的拖拉和拉扯。

在這份被學者稱為《那布納德和巴比倫的神職人員》（*Nabuna'id and the Clergy of Babylon*，現在存放於大英博物館的碑刻）的文獻中，馬杜克的祭司拿出了一張控告那布納德的列表，包括民事錯誤（「法律和命令不能由他發布」），到經濟疏忽（「農民的境況很糟」、「貿易者的路被阻礙了」），以及失敗的戰爭（「貴族死在戰爭中」），到最嚴重的指控：宗教褻瀆。

他畫了一幅神的肖像，那是沒有人在大地上看過的神；
他將肖像放在神廟中，將它放到基架上……
他用天青石裝飾它，用頭飾為它加冕。

它是一個奇怪的神的雕像（祭司強調從來沒有見過），「它的毛髮一直垂到基座。」它如此不尋常或不切實際，甚至連恩基和寧瑪赫都不會想到；它如此奇怪，「以至於博學的阿達帕都不知道他的名字。」讓事情更糟的是，還有兩個不尋常的野獸被雕刻成它的守護者：一個代表洪水惡魔，另一個代表一頭野牛。為了褻瀆祭祀，國王還將這個令人厭惡的東西放在馬杜克的埃薩吉神廟，並宣稱不再慶祝阿基圖（新年）節日。而這個節日是讓馬杜克等同天體尼比魯的核心。

祭司宣布所有人都聽到了「那布納德的保護神開始對他懷有敵意」、「以前眾神的最愛現在注定不幸」。因此，那布納德宣布他將離開巴比倫，「到遙遠的地方探險」。他任命兒子貝沙烏祖（Bel-shar-uzur，意思是貝爾／馬杜克保護著國王，也就是《但以理書》中的伯沙撒〔Belshazzar〕）為攝政者。

正如許多碑銘證實的，他的目的地是阿拉伯半島，隨從中包括猶大流亡者中的猶太人。他主要的基地是名為「提瑪」（Teima，一個可在《聖經》中看到的名字）的城市，而且他為追隨者建立了六個定居點。一千年後，其中五個被伊斯蘭相關資料列為猶太城鎮。一些人認為，那布納德尋求在沙漠的隔離中實現一神教。在庫姆蘭（Qumran）的《死海古卷》中所發現的文字片段提到，那布納德在提瑪受到一種「不舒服的皮膚病」折磨。「一名猶太人告訴他，只有敬畏至高無上的神」，疾病才能被治癒。然而，一些零落的證據顯示，他宣揚對月神辛的崇拜。月神的象徵符號是一彎新月，而這個符號被阿拉伯人採用為真主阿拉的象徵。

無論那布納德被什麼宗教信仰迷惑，它們都受到巴比倫祭司的詛咒。因此，當波斯的阿契美尼德（Achaemenid）統治者吸收了美狄亞（Medea）王國，並將領地擴張到美索不達米亞，國王居魯士（Cyrus，編按：《和合本》譯為古列）在巴比倫受到歡迎，因為他不是征服者，而是解放者。他一進入這個城市，就明智地趕往埃薩吉神廟，「雙手托起馬杜克的手」。

那年是西元前五三九年；它標示出巴比倫獨立存在的預言結果。

居魯士最初的行為之一，是發表允許猶太流亡者回到猶大，並重建耶路撒冷聖殿的公告。這個布告被記錄在居魯士圓柱（Cylinder of Cyrus）上，目前被保存在大英博物館裡，證實了《聖經》所宣告的，居魯士「受到天國之神耶和華的吩咐而這麼做」。

聖殿的重建由以斯拉（Ezra）和尼希米（Nehemiah）領導，完工於西元前五一六年，就如耶利米所預言的，在聖殿被毀滅後的第七十年。

但以理的疑問：什麼時候？

巴比倫滅亡的故事，在《聖經》中最不可思議的部分被提到，這本書就是《但以理書》。它介紹但以理是一個被帶到巴比倫囚禁的猶大流亡者，講述了他和其他三個朋友，如何一起被選中在尼布甲尼撒二世的宮廷裡工作，以及他如何（正如在埃及的約瑟）解開國王關於未來事件的預兆夢後，被提升到高級職位。

這本書提到了巴比倫最後的國王伯沙撒時期的事件，在一場重大宴會中，一隻漂浮的手出現了，並且在牆上寫下 MENE MENE TEKEL UPHARSIN。國王的預言家和巫師中，沒有人可以解譯這個碑銘。最後，早已退休的但以理被叫進來。但以理向巴比倫國王解釋了這些字的意思：神一直計算著你的王國的日子。你已經被測試過，而且被發現不夠格當國王。你的王國將要走到盡頭，將要在米底人和波斯人中被劃分。

之後，但以理自己開始做一些預兆夢，看到「亙古常在者」（Ancient of Days）的未來異象，他的大天使發揮了重要作用。但以理對自己的夢境和異象感到困惑，要求天使解釋。在每個例子中，它們變成未來事件的預言，不只是巴比倫的滅亡，甚至是聖殿重建的七十年預言的實現。波斯帝國的那些浮浮沉沉也被預見到了。還有，希臘人在亞歷山大的統治下到來、領地在亞歷山大死後分裂，以及隨後發生的事情，都被預見了。

儘管很多現代學者（但不是猶太智者或基督教會的神父）認為這些預言（只是部分精確）是事後之明，並指出一個更晚期的作者（或甚至是幾個作者），然而，但以理經歷的夢境、異象和預兆的中心點，關注於這個問題：什麼時候？唯一可以生存並持續下去的最後王國在什麼時候？

這只有最高神（「亙古常在者」）的追隨者能活著看到（甚至其中的一些死者將會復活）。然而，但以理一次又一次問神的使者：什麼時候？

在一個例子中，神的使者回答，在未來事件中的某個階段，當一位邪惡的國王想要「改變節期和律法」時，這個時期將持續「一載、二載、半載」。在那之後，「天下諸國的大權，必賜給至高者的聖民。」（《但以理書》7：25、27）

另一次，給予啟示的使者說：「為你本國之民，和你聖城，已經定了七十個七，要止住罪過，除淨罪惡，贖盡罪孽，引進永義，封住異象和預言。」（《但以理書》9：24）

但以理又一次要求神的使者：「這奇異的事，到幾時才應驗呢？」他再一次得到神祕的答案：預言的事物實現將在「一載、二載、半載」後到來。（《但以理書》12：6、7）

但以理寫道：「我聽見這話，卻不明白，就說，我主阿，這些事的結局是怎樣呢？」神仍然用代碼告訴他：「從除掉常獻的燔祭，並設立那行毀壞可憎之物的時候，必有一千二百九十日。等到一千三百三十五日的，那人便為有福。」（《但以理書》12：8、11－12）

當但以理迷惑不解地站著時，神的使者告訴他：

你，但以理，將安息並在末日起來前往你的天命……

但是，這些話要保密，把書封好，直到時間的終結。

（編注：《和合本》譯為：「你且去等候結局，因為你必安歇。到了末期，你必起來，享受你的福分。」（12：13））

先知西番雅（Zephaniah，意思是由耶和華編碼）敘述道，在時間的完結，當地球上的萬民聚集在耶路撒冷，他們將用「一種清潔的言語」說話，不再需要讀取混雜的語言和字母背後隱藏的編碼。

就像但以理一樣，我們仍然在問：什麼時候？

The Other 20

宇宙密碼

地球編年史第六部（全新校譯版）

The Cosmic Code: The Earth Chronicles VI

作者／撒迦利亞・西琴（Zecharia Sitchin）
譯者／徐冬妲、宋易
校譯／洪禎璐
責任編輯／于芝峰
協力編輯／洪禎璐
內頁排版／宸遠彩藝
封面設計／陳文德

新星球出版 New Planet Books

總編輯／蘇拾平
發行人／蘇拾平
業務發行／王綬晨、邱紹溢
行銷企劃／陳詩婷
出版／新星球出版
105台北市松山區復興北路333號11樓之4
電話／（02）2718-2001
傳真／（02）2718-1258
發行／大雁文化事業股份有限公司
105 台北市松山區復興北路333號11樓之4
Email:newplanet@andbooks.com.tw
劃撥帳號／19983379
戶名／大雁文化事業股份有限公司

CIP國家圖書館出版品預行編目（CIP）資料

宇宙密碼：地球編年史・第六部／撒迦利亞・西琴（Zecharia Sitchin）作；徐冬妲，宋易譯.－初版.－臺北市：新星球出版：大雁文化發行，2020.07
288面；17*22公分. --（The other ; 20）
譯自：The Cosmic code: the Earth chronicles. VI

ISBN 978-986-96857-6-4（平裝）

1.古代史　2.文明史　3.神話

735.521　　109008010

印刷／中原造像股份有限公司
初版一刷／2020年07月　定價：480元
初版三刷／2021年07月

ISBN：978-986-96857-6-4